우리는 군대를 거부한다

양심에 따른 병역거부자 53인의 소견서

우리는 총을 거부한다

전쟁없는세상 엮음

pob
포도밭

책을 엮으며

어느 것 하나 쉽게 적힌 글이 없다. 수감을 앞두고 두려움과 걱정에 망설이고 또 망설이는 그 마음, 쓰다 지우다를 반복하며 고민으로 지새우는 수많은 밤, 읽을 사람들의 표정과 질문을 상상하며 수도 없이 고친 노력들이 소견서마다 고스란히 담겨 있다. 이 글들은 그 모든 걱정과 고민과 망설임에도 불구하고 더 이상은 숨길 수 없었던 고백이자 도전이고, 어쩌면 세상에서 가장 설레고 긴장되는 편지들이다.

    병역거부자들의 소견서를 마주할 때면 무언가 먹먹한 심정에 마음이 가라앉는다. 그렇지만 마냥 무겁지만은 않다. 각양각색의 소견서들은 날카로운 송곳처럼 나를 자극하기도 한다. 전쟁과 폭력의 악순환을 멈추기 위해 자신이 먼저 총을 내려놓겠다는 이 바보같은 사람들의 고백을 듣다 보면 어쩔 수 없이 나 자신을 돌아보게 된다. 평화를 원하는 사람으로서 나는 어떤 고민과 어떤 행동을 하고 있는지, 끊임없이 스스로에게 묻게 된다. 나는 어떻게 살고 있냐고.

    한국은 70년이 넘도록 병역거부자들을 처벌하고 있다. 병역거부권을 실현하는 한 방식으로 오래 전부터 수많은 나라들이 대체복무제를 잘 시행하고 있는데, 굳이 한국에서만 도입되지 않는 이유는 무엇일까. '특수한 안보상황' 때문이라고 흔히 말하지만, 사실 대체복무는 안보상 가장 위기상황인 전쟁 시기에 주로 인정되었던 것이다. 지난 정부 때 대체복무제 도입을 약속하기도 했고, 국가인권위의 권고도 있었고, 위헌 제청도 계속되고 있고, 유엔에서 '대체복무 없이 무조건적으로 병역거부자들을 처벌하는 것은 규약 위반'이라는 권고를 한국 정부에 수차례 내렸어도, 전 세계 병역거부 수감자의 90% 이상이 한국의 감옥에 갇혀 있는 현실은 바뀌지 않고 있다. 유엔 사무총장까지 배출한 유엔 인권이사국이 유엔의 권고를 계속 무시하고 있는 상황이다. 병역거부자에 대한 처벌이 이어져온 70년이라는 시간을 통해 군사주의의 벽이 얼마나 높고 강고한지를 새삼 느끼게 된다.

대부분의 남성이 군대에 가야 하는 사회에서 살면서 자신이 병역거부자임을 드러내는 것은 결코 쉬운 일이 아니다. 그 쉽지 않은 시간 동안 앞선 병역거부자들은 새로운 병역거부자들에게 길을 열어주었다. 오태양을 비롯한 초창기 병역거부자들의 공개적인 선언은 이후 군대 문제를 고민하던 이들을 병역거부의 길로 이끈 계기가 되었음을 소견서를 통해 확인할 수 있다. 또 소견서에 자주 등장하는 이라크 전쟁과 한국군 파병, 평택 대추리와 '여명의 황새울' 작전, 용산참사, 그리고 강정마을과 밀양에서의 사태 등은 국가폭력의 도구로써 군대가 사용되는 모습을 보여준다. 그런 사건을 통해 시대와 정권에 상관없이 유지되고 움직이는 군대의 본질을 마주하며, 군대가 실제로 평화를 위해 존재하는 것인지에 대한 의문을 품을 수밖에 없었던 이들은 결국 '군인이 될 수 없다'는 결론에 이르게 된다.

우리는 소견서들을 통해 병역거부자들의 구체적이고 힘 있는 시대의 증언들을 만날 수 있다. 이런 증언들은 결국 병역거부자들이 국가폭력의 현장을 강 건너 불구경하듯 본 것이 아니라, 자기 삶에 맞닥뜨린 문제로 치열하게 고민했기 때문에 나올 수 있었을 것이다. 한국 정부와 공권력이 자행한 국가폭력이 어떻게 스스로를 정당화하며 작동하는지, 강제 징집된 젊은이들이 국가폭력의 도구로 어떻게 활용되고 있는지, 우리 사회의 팽배한 군사 문화가 얼마나 폭력적인지를, 병역거부자들의 소견서를 통해 우리는 한번 더 생각해 보게 된다.

소견서들에는 위와 같은 공통점과 더불어 시대의 변화에 따라 미묘한 차이점도 존재한다. 한국 사회가 병역거부를 어떻게 인식하는지에 따라 병역거부자들의 발언도 달라지는 것이다. 2000년대 초반, 병역거부자의 존재가 사회적으로 처음 알려지기 시작하면서 공개적인 병역거부는 그 자체만으로도 사회적 이슈가 되던 때였다. 언론을 통해 병역거부자의 소식이 알려지면, 병역거부 소견서가 올라와 있는 '전쟁없는세상' 웹사이트는 방문객이 몰려다운될 정도였다. 물론 '악플' 때문이었지만, 어떤 이유에서건 소견서를 읽는 사람들의 숫자가 상당히 많았고, 그래서인지 현실적인 대안으로 대체복무제에 대한 언급이 자주 등장했다. 병역을 거부하는 것을 나라를 팔아먹는 것과 동치시키며 온갖 비난을 퍼붓는 사람들 앞에서 자신의 이야기를 꺼내는 것이 어려울 수밖에 없었던 초창기 병역거부자들의 조심스러움은 소견서에 그대로 드러난다. 결코 군인들을 비난하는 것이 아니라는 전제를 깔고, 국방의 의무와 군대의 존재 자체를 부정하는 것이 아니며, 본인에게도 나라를 위해 봉사할 수 있는 다른 기회를 달라고 호소하기도 한다. 군대 문제에 관련해서는 대화 자체가 불가능한 사회 분위기 속에서, 자신의 말을 단 한 명이라도 오해없이 들어주고 이해해주기를 바라는 간절한 마음이 소견서에 담겨 있다. 소견서를 발표하기 전에는 미리 작성한 초고를 주변 사람들에게 보이고 조언을 구해서 여러 번씩 고쳤던 일도 기억난다. 이 책의 앞부분에 실린 초창기 소견서들은 대개 그렇게 탄생했다.

　긴 시간 동안 자신의 신념을 묵묵히 지켜온 이들의 발걸음과 병역거부운동의 영향으로 한국 사회에도 여러 변화가 있었다. 병역거부를 지지하는 사람들도 많아졌고, 사회적으로 유의미한 결정들도 생겨나면서 병역거부자들의 소견서 역시 예전보다는 자유로워졌다. 글의 길이나 형태도 다양해졌으며, 감옥 대신 대체복무를 허용해달라는 내용보다는 각자가 병역을 거부하는 이유에 더 집중하게 되었다. 인권과 관용의 문제에서 평화와 반군사주의의 지향이 좀 더 뚜렷해지고 있다. 비록 '병역거부는 감옥행'이라는 현실적 조건은 바꿔내지 못하고 있지만, 자신들의 꿈이 그 이상으로까지 향하고 있음을 스스로의 목소리로 이야기하기 시작한 것이다. 이러한 변화는 '전쟁없는세상'과 병역거부운동이 변화해온 흐름과도 연결되어 있다. 병역거부자의 감옥행, 그리고 그것을 끝내기 위한 대체복무제도 도입을 중심에 두고 벌인 활동들이, 다양하고 새로운 평화운동의 영역과 언어를 만들어가고 있다.

　폭력의 피해자와 연대하겠다는 외침과 폭력의 가해자로 동원될 수 없다는 외침은 우리에게 질문을 던진다. "나는 군인이 될 수 있을까?"
　저 외침의 목소리를 따라가다 보면 '나라를 지킨다'는 행위는 결국엔 누군가를(어쩌면 아무나를) 적으로 만들어놓고, 그 사람을 죽이는 행동일 뿐이라는 사실을 새삼스레 깨닫게 된다. 군대란 과연 무엇인지, 얼마나 필요한지, 왜 필요한지에 대한 고민없이 무조건 군복무를 강제하는 우리 사회의 군사주의에 대해 근본적인 질문을 던지게 된다. 사실 같은 사회를 살아가고 있는 우리 모두가 몸으로 겪어 알면서도 애써 외면하고 싶었던 병영 국가 한국의 치부를 드러내는 질문들과 마주하게 되는 것이다.

이렇듯 가장 민감하고 또 피하고 싶은 부분에 단도직입적으로 문제제기하는 병역거부자들의 존재는 불편할 수밖에 없다. 하지만 불편한 그 존재들을 통해 우리가 사는 사회가 어떤 곳인지를 다시 한 번 생각해볼 수 있다. 우리가 너무 당연하게 여기던 것들에 대해, 국민의례와 국기에 대한 맹세, 얼차려와 단체기합, 강한 군대가 평화를 지켜준다는 믿음 등에 대해, 불편하지만 반드시 필요한 질문을 던질 수 있다. 사실 다른 사람들을 불편하게 만드는 존재로 사는 것은 굉장히 피곤하며 때로는 지독한 외로움과 두려움을 겪게 된다. 이들이 그런 역할을 기꺼이 맡아준 덕분에 우리는 외면하면 안 되는 불편한 질문에 마주할 수 있다.

누군가가 이 책을 읽고 군대 문제에 대해, 전쟁과 폭력의 구조에 대해, 우리 사회의 강고한 군사주의에 대해 고민을 시작할 수 있다면 좋겠다. 그 고민의 결과가 꼭 병역거부일 필요는 없다. 지금 서 있는 그 자리에서 평화의 목소리에 귀 기울이는 것, 평화의 목소리를 함께 내는 것에서 시작하면 된다.

병역거부자들이 던진 불편한 질문들. 그 답을 찾아가는 것은 우리의 몫이다.

2014. 5.
여옥(전쟁없는세상 활동가)

양심에 따른 병역거부란 무엇인가

'양심에 따른 병역거부'란 양심상의 이유로 혹은 종교적·정치적·윤리적·철학적 신념에 따라 군복무 또는 군인으로서의 역할을 거부하는 것을 말합니다. 이들을 '양심에 따른 병역거부자' 또는 '양심적 병역거부자'(conscientious objector, 약칭 CO)라고 부릅니다.

병역거부자는 특정 무기 사용이나 특정한 전쟁을 거부하는 선택적 병역거부자부터 군사적 훈련과 복무 일체를 거부하는 병역거부자까지 다양합니다. 또 어떤 경우에는 국가에 의한 강제징집 자체를 반대하기도 합니다. 양심에 따른 병역거부는 16세기 유럽 기독교 소수종파에서 시작해서 점차 확산된 것으로 알려지고 있습니다. 제1, 2차 세계대전 때 많은 사람들이 징집 및 참전을 거부하면서, 병역거부운동은 병역거부자의 인권 존중과 대체복무제에 대한 문제의식을 사회에 부각시켰습니다. 주로 종교적인 이유에서 이뤄지던 이러한 흐름은 핵전쟁을 전제로 한 냉전체제에 들어오면서 핵무기에 대한 자각, 베트남전과 같은 강대국의 횡포에 대한 자각과 결부되어 종교와는 다른 정치적 병역거부 흐름으로 확대되었습니다.

한국의 양심에 따른 병역거부 역사는 일제시대 신사참배 거부 및 징병거부에서 시작되는데, 본격적으로는 한국전쟁을 겪고 국민개병주의에 입각한 징병제도가 정착되면서 이루어졌습니다. 병역거부자들은 1950년대 후반부터 법적으로 처벌받기 시작했는데 처벌 내용과 강도는 정권이 바뀔 때마다 조금씩 달라져왔습니다. 1950년대에는 처벌 기간이 길어야 징역 1년이었고 정부도 병역거부 문제를 해결하려고 노력하였지만, 박정희 정권 들어서는 형량이 점점 늘어나 한 사람에게 2~3차례 실형을 선고하여 5년, 6년씩 감옥에 가두는 일이 많았습니다. 1980년대에는 항명죄로서는 법정 최고형인 2년형을 선고하는 것이 관례였으나 현역 군복무 기간이 30개월에서 26개월로 줄어든 1994년에는 항명죄의 법정 최고형이 오히려 3년으로 늘어났습니다. 2001년에 본격적으로 병역거부운동이 시작되고 민변 소속 변호사들이 변론을 맡기 전까지는 일괄적으로 법정 최고형인 3년형을 선고하였습니다. 지금은 병역법위반죄(병역법 88조)나 항명죄(군형법 44조) 위반으로, 다시 징집되지 않을 최소한의 형량인 1년 6월형이 선고되고 있습니다.

　　수십 년 동안 1만 명이 넘는 병역거부자가 계속해서 감옥에 갔지만, 이 문제가 한국사회에서 공론화되기 시작한 것은 2000년이 지나서부터였습니다. 그동안 여호와의증인들만의 문제로 치부되어왔었는데, 2001년 말 불교신자이자 평화주의자인 오태양이 공개적인 병역거부선언을 하면서 본격적으로 사회운동으로서 병역거부 '운동'이 시작되었습니다. 이후 위헌심판제청, 무죄선고, 병역거부자들에게 대체복무를 허용하는 병역법개정안 발의, 국가인권위 권고가 발표되는 등 조금씩 변화가 있어왔습니다.

　　병역거부권은 본래 '사상·양심·종교의 자유'에 관한 권리로부터 유래한 것입니다. '사상·양심·종교의 자유'는 「세계인권선언」(1948년) 제18조에 근거한 것으로, 「시민적·정치적 권리에 관한 국제규약」(1966년) 제18조에 명시되어 있는 인간의 기본권입니다. 양심에 따른 병역거부권 및 병역거부자의 처우와 관련된 권리들은 「세계인권선언」, 「유럽인권헌장」, 「시민적·정치적 권리에 관한 국제규약(ICCPR)」에서 도출되는 유엔의 각종 결의안과 권고안 등에서 그 근거를 찾을 수 있습니다. 특히 유엔은 1980년대부터 결의안과 일반논평을 통해 '사상·양심·종교의 자유'에서 병역거부권이 도출됨을 명시하고 있고, 한국은 1990년에 ICCPR에 가입을 했지만 여전히 국제규약을 지키지 않고 있습니다.

　　국제사회에서는 한국의 병역거부 상황을 인지하고 정부에 대한 압박이 이루어졌습니다. 유엔 인권이사회(예전 인권위원회)와 자유권규약위원회는 한국 병역거부자들에 대한 구제방안을 모색할 것을 촉구하는 결정을 반복해서 내렸습니다. 병역거부자들이 신청한 개인청원에 대해서도 한국이 가입한 국제규약을 위반했다는 직접적인 권고를 내리면서 재발방지와 효과적인 구제

조치를 취할 것을 권고했습니다.

 헌법 제6조 제1항에서 헌법에 의하여 체결·공포된 조약과 일반적으로 승인된 국제법규는 국내법과 같은 효력을 인정함으로써 국제법 질서존중의 원칙을 명백히 하고 있습니다. 한국은 1991년 9월 유엔회원국이 되었으므로 유엔헌장 및 자유권규약 등에서 규정하고 있는 인권보호에 관한 각종 책임을 이행할 의무가 있고,「세계인권선언」과 일반적인 유엔의 인권관련 결의를 존중하여야 합니다. 병역거부권에 대해서도 마찬가지입니다.

 이미 다수의 국가들이 양심에 따른 병역거부권을 인정하고 있습니다. 또 많은 국가들이 대체복무제도를 도입했거나 실시하며 사회복지 분야에서 큰 성과를 거두고 있습니다. 영국, 미국, 네덜란드 등은 이미 제1, 2차 세계대전과 베트남전쟁 중에 대체복무제도를 도입했고 지금은 징병제에서 모병제로 전환된 나라들입니다. 대체복무와 관련해서 가장 많이 소개되었던 독일과 대만은 최근 징집을 중단하여 대체복무제도 역시 필요가 없게 되었습니다. 대체복무제도는 양심의 자유와 국방의 의무가 충돌했을 때 어느 한 쪽의 일방적인 희생을 강요하지 않고 공존할 수 있도록 하는 제도입니다.

 한국 정부는 2007년 9월 병역거부자들에게 대체복무제도를 허용하겠다는 발표를 했지만, 정권이 바뀐 이후 2008년에 이 약속은 뒤집혔습니다. 정부의 변덕과는 상관없이 군대 문제를 진지하게 고민하는 사람들은 꾸준히 생겨나고 병역거부자들은 묵묵히 감옥에 가고 있습니다. 대체복무제 도입을 위한 노력 역시 계속될 것이고 결국에는 병역거부자들이 감옥 대신 다른 방식의 복무를 선택하는 것이 가능해지는 시기가 오겠지요. 그렇다고 병역거부 문제가 완전히 해결되는 것은 아닙니다. 병역거부가 품고 있는 군대와 국가에 대한 여러 고민들이 감옥에 구애받지 않고 더 다양하게 생겨날 것입니다. 그렇게 군사훈련의 의미에 대해, 우리의 의무와 권리에 대해, 군대의 존재에 대해 더 많은 사람들이 고민하고 생각을 나누고 실천한다면 그 과정에서 우리가 바라는 평화는 한걸음 더 우리 곁에 다가올 것입니다.

전쟁없는세상 작성

목차

책을 엮으며 4
양심에 따른 병역거부란 무엇인가 8

2001 ~ 2005 병역거부선언 13
2006 ~ 2009 병역거부선언 93
2010 ~ 2014 병역거부선언 167

• 소견서들을 엮는 과정에서 전쟁없는세상의 노력에도 불구하고 필자와 연락이 닿지 않은 경우가 있었습니다. 앞으로도 여러 연락망을 통해 소식이 전해지도록 노력하겠습니다.

2001 ~ 2005 병역거부선언

사회봉사로서 병역의무를 이행하고픈 어느 젊은이의 기록

2001년 12월 17일 '종교적 신념과 평화·봉사의 인생관'에 따라 입영을 거부한 지 꼬박 넉달이 지났습니다. 그동안 개인적으로나 사회적으로 참으로 많은 변화가 있었던 듯싶습니다. 우여곡절 많았지만 틈틈이 최선을 다하고자 노력하는 '자비의집'과 '희망학교' 사회봉사는 현재의 삶에 자긍심을 부여해주는 참으로 소중한 하루일과가 되었습니다. 제 마음 한편의 미안함과 죄스러움이 있습니다. 다른 수많은 양심에 따른 병역거부자들이 드러나지 않게 감수하고 있는 고통과 사회적 차별의 상황에 견주어 저의 드러남이 마냥 특혜처럼 느껴질 때가 있기 때문입니다. 양심은 그 자체로서 소중하고 차등이 없을진데, 양심에 따른 행위에 대해서는 이렇듯 다른 사회적 조치들이 취해지고 있는 현실이 안타까울 따름입니다. 그럼에도 불구하고 희망을 갖는 것은 지금까지 60여 년동안 병역거부자들에게 부과되었던 보이지 않는 형벌, 즉 '종교적·국가적·사회적 이단자'라는 낙인과 편견의 색안경들을 국민들이 하나둘 벗기 시작했다는 것이라 하겠습니다. 그렇게 오랜 겨울을 지나고 봄은 오는 것이겠지요.

양심에 따른 병역거부와 비폭력적 삶의 지향

병역거부 문제를 고민하는 이들에게 집총을 비롯한 군사훈련은 추상적인 논리가 아닌 매우 구체적인 현실과 상황으로서 다가온다고 생각합니다. 가령 저는 제 군생활을 상상해 보았습니다. 사람 모양의 사격판을 향해 얼굴과 심장을 정조준하여 방아쇠를 당긴다는 것, '찔러 총! 베어 총!'을 외치며 불특정 대상을 향해 총검술을 익힌다는 것, 더 많은 사람들을 더 효율적으로 살상할 수 있도록 수류탄을 조작하고 투척하는 연습을 하는 저의 모습이 몇 날 며칠을 제 머릿속에서 유령처럼 맴돌았습니다. 각종 군사훈련이 직접적인 살상행위는 아닐지언정 살심(殺心)을 유발하는 행위임에는 분명하였습니다. 제가 진정 두려웠던 것은 극박한 상황에서 우발적으로 발현되는 폭력행위 그 자체가 아니라, 그런 위기상황에서 직·간접적 폭력행위가 당연하고 자연스럽게 유발되도록 쉴새없이 주입받고 훈련받는다는 사실이었습니다. 매일같이 불특정 다수를 대상화하여 총과 칼을 휘둘러야 하는 행위는 그 목적과 방법, 모든 면에서 도저히 받아들일 수 없는 것이었습니다. 어쩌면 저는 많은 사람들이 정상적으로 수행하는 군사훈련을 이행할 수 없는 전투불능자이자 군인으로서는 하등 쓸모없는 존재일 수 있습니다. 제게 군사훈련의 위험성은 그것이 외부의 명령과 강제적 규율에 따라 살상행위를 반복함으로써 '일상화·내면화·자기정당화'될 것이라는 점이었습니다. 결국 그 과정을 통해 형성된 살심은 제 의식 깊은 곳에 잠재되어 있음으로 해서, 언젠가는 불특정한 대상과 예측불가능한 상황에서 자기통제력을 넘어서는 행위로 어떻게든 표출될 것이라는 사실이었습니다. 그것이 바로 교육과 훈련의 기능일테니까요.

평화를 원하거든
전쟁을 준비할 것이 아니라
평화를 준비하라

'평화를 원한다면 전쟁을 준비하라'는 낡은 역사적 명제 앞에서, 제가 선택한 것은 '평화를 원한다면 평화를 준비하라'는 새로운 관점과 접근이라고 하겠습니다. 폭력적 상황에서 자신을 보호하기 위해 무력행위를 연습하고 준비하는 것보다, 자신은 물론 상대방마저 폭력으로부터 보호할 수 있는 '비폭력의 훈련과 체화'야말로 궁극적 평화를 달성할 수 있으며, '폭력의 악순환'을 막을 수 있다는 것이 저의 현재적인 종교적 믿음이자 가치관입니다. 그것은 제 삶의 모델인 부처님의 가르침이자 삶의 방식이었고, 대학 시절 인류의 평화 문제를 연구하던 끝에 내린 일단의 결론이었으며, 여호와의증인들을 비롯한 전 세계 병역거부자들의 유구한 전통과 존재 자체가 일깨워준 소중한 교훈이었습니다. 그렇기에 저에게 있어서 '비폭력적 삶과 사회발전'의 실현은 단지 군사훈련 거부에만 한정되는 것이 아니라, 채식과 한 끼 금식, 명상과 사회봉사 등의 일상적 실천을 통해 부족하지만 끊임없이 닦아나가는 것이라 하겠습니다. 개인으로서든 사회로서든 '평화의 실현'은 이론적 체계나 짜임새 있는 언변만으로가 아니라 일상생활에서의 실천과 교육이 병행되어질 때 비로소 완성되어질 것이라 생각합니다. 이러한 이유로 제게 있어 병역거부는 진리와 평화를 추구하는 한 평범한 개인으로서의 이상을 실현해가는 일련의 실험에 다름아닙니다.

개인의 자기진정성과 사회적 기준 및 의무

여전히 곤혹스러운 것은 삶을 통해 온전히 검증되지 않은 '내면의 소리'—일반적으로 양심이나 신념으로 명명되는 것—들을 많은 사람들에게 애써 드러내고 설명해야 한다는 사실이었습니다. 양심을 공개하고 사회적으로 판단받는다는 것, 이것은 제게 있어서나 우리 사회에 있어서도 매우 낯선 것처럼 느껴졌던 것이 사실입니다. 그것도 대다수의 사람들이 '정상적으로 생각하는 기준'과는 전혀 다른 이유에 따르는 것들을 말입니다. 사실 저는 고등학교 시절까지는 기독교 신앙을, 대학에 들어와서는 사회과학적 지식을, 졸업 후 사회참여 활동 과정에서는 불교적 세계관에 영향 받았습니다. 저에게 있어 기독교적 '사랑', 불교적 '자비', 사회적 '정의'는 본질적으로 일치합니다. 저에게는 단일한 사유체계와 개념으로 설명이 불가능한 무수한 병역거부의 동기와 이유들이 존재합니다. 한 인간으로서 30여 년 가까이 축적해온 세계관과 가치관을 무 자르듯이 개념적으로 분석하고, 설명가능한 논리체계로 정리하고, 그것들을 일일이 말과 글로 설명해낸다는 것이 얼마나 어려운 일인지요. 저에게 있어 병역거부의 근거가 되는 양심이라고 한다면 종교적 신념임과 동시에 정치적 사상이기도 하며, 아울러 개인적인 인생관과도 부합되는 것이라고 하겠습니다. 하기에 저는 병역거부의 결정이 어떤 기준과 종교적 교리에 기초했는가를 밝히기 전에, '내면의 자기진정성에 기초한 것인가'라고 스스로 끊임없이 반문해볼 수밖에 없었습니다. 개인적으로는 비폭력을 신봉하지만, 그것이 절대적 진리라고는 생각하지 않습니다. 다만 인류에게는 비폭력과 정당폭력의 두 길이 있었으며, 그것은 여전히 각자의 선택에 의해 끊임없이 실험되고 있을 뿐이라고 생각하고 있습니다. 역사적으로 그래왔기에, 다수가 그렇게 생각하기에 그것이 절대적으로 옳고 선하다고 말할 수는 없을 것입니다. 왜냐하면 진리와 정의는 다수결에 기초하는 것이 아니라 진실성에 기초하기 때문이라고 생각합니다. 제 개인의 진실이 사회적 진실에 합치되는 것인지는 확신할 수 없습니다만, 저는 그 양자가 일치되도록 노력하고 있을 따름입니다.

그 불완전한 것들을 입영거부 선언 이후 저는 사회적으로 드러내놓고 있습니다. 그것의 진실성에 관해 많은 사람들이 판단하기를 원하며, 한두 마디씩 덧붙이기를 원합니다. 그 과정은 때로는 매우 주관적이며, 심지어는 공격적이기까지 합니다. 저는 지극히 개인적이고 평범한 종교관과 인생관을 가지고 있을 뿐인데, 많은 사람들은 그것이 틀렸으며, 이기적이고 매우 해악적이라고까지 합니다. 어떤 이들은 그것이 종교를 가장한 '거짓양심'이라고도 말합니다. 저는 그럴때면 참과 거짓, 선과 악, 개인적인 것과 국가적인 것을 가늠하는 사회적 기준과 판단근거 들에 대해 그들과 대화하고 싶습니다. 저에게는 '개인의 양심과 사회적 의무'를 갈라놓고 찬반을 나누어 시비와 우열을 따지고 싸우는 것이 목적일 수는 없습니다. 이 세상은 대립적인 것들로 분열되어 있는 것처럼 보이지만, 그것은 현상적인 측면일 뿐 세계의 본질은 '조화와 공존의 질서'를 따른다고 믿고 있습니다. 양심의 자유는 개인적 차원의 지고지순한 정의이며, 국방의 의무는 사회적 차원의 정의라고 생각합니다. 과연 이 양자가 반드시 대립할 수밖에 없는 것인지, 양자를 '시비와 우열의 관계'가 아닌 '상생과 조화의 관계'로 재정립할 수는 없는지, 양심에 따른 병역거부자와 자의에 의한 군복무자의 삶이 모두 존중받을 수 있는 길은 없는지 되묻지 않을 수 없습니다. '양심의 자유와 국방의 의무'는 영원히 만날 수 없는 평행선이라기 보다는, 그렇게 양자가 적당한 거리를 존중하며 함께 가는 '조화로운 길'이라고 하겠습니다. 만약 한 쪽 길만 있다면 기차도 앞으로 나아갈 수 없을 뿐더러, 어느 한 쪽의 존재 이유가 사라질 것이 분명합니다. 마찬가지로 양심의 자유와 국방의 의무는 우리 사회를 발전시켜나가는 두 개의 축이라 할 것입니다.

자기실현과 사회의무로서의 사회봉사

병역거부를 두고 많은 사람들이 국민으로서의 의무와 사회적 책임을 방기하는 파렴치하고 이기적인 행위라 비판합니다. 저는 그것이 현행 실정법의 범주 안에서는 타당한 견해라고 생각합니다만, 윤리적 차원에서는 스스로 떳떳할 수 있기에 양심적 행위의 대가와 법적 처벌을 기꺼이 감수할 수 있습니다. 한 사회의 구성원으로서 저에게 부과되는 공동체의 책임과 역할을 결코 부정하지 않습니다. 만약 제가 그것을 부정했다면 대학 시절부터 제 삶의 일부분을 차지했던 사회봉사 활동을 설명할 길은 없어집니다. 지금껏 살아오며 단 한 차례도 자의가 아닌 타의적 강제에 의해 살아오지 않았다고 자긍합니다. 제가 대학 시절부터 스스로 선택한 사회봉사 활동은 국가적, 혹은 사회적 의무 이전에 제 인생의 자발적 선택과 자기실현으로서 이루어진 자연스런 행동입니다. 제가 믿고 따르는 불교적 전통에서는 '나의 삶이 타인의 희생과 고통 위에 존재하기에 대가 없는 이타행(利他行) 즉, 자발적인 사회봉사'를 불자의 기본도리로 여기고 있다고 알고 있습니다. 그것은 모든 생명체의 존재는 상호의존하며 지속 가능하기에, '타인의 삶을 이롭게 하는 것이 곧 자신의 삶을 풍요롭게 하는 것'이라는 자리이타(自利利他)의 정신에 기초한 것이라 여겨집니다. 자비의 실천을 최고의 덕목으로 여기는 불자로서 사회봉사는 어쩌면 자연스러운 종교생활일 것입니다.

    저는 제 양심상의 이유로 군사훈련을 거부하는 것이지 국방의 의무와 군대의 존재 자체를 부정하는 것은 결코 아닙니다. 사회봉사로서 국방의 의무를 이행하고픈 평범한 젊은이로서 저의 개인적 바람은 이런 것입니다. 만약 저의 양심에 따른 행위가 어쩔 수 없는 실정법상의 위법행위로 간주되어 형사적 처벌이 불가피하다 해도 좋습니다. 그래서 감옥에 가야 한다면 기꺼이 감옥에 갈 것입니다. 다만 개인적 구제의 문제가 아니라 사회적 효용성의 측면에서 저를 감옥에 가두어두는 것보다는 사회봉사의 기회를 주는 것이 훨씬 더 사회적 이익과 공공의 이해에 부합되지 않을까 생각합니다. 제 개인적으로는 그것이 3년 이상이라도, 군복무보다 훨씬 더 열악한 환경과 조건이래도 개의치 않습니다. 필요하다면 감옥에서 살고 사회봉사는 밖에서 한다해도 개인적으로는 하등 문제될 게 없습니다. 저에게 그렇게라도 사회적 의무를 이행할 기회가 주어진다면 감사한 마음으로 받아들일 수 있을 것입니다. 저는 진실로 그렇게 '교화'될 것입니다. 지금껏 1만여 명의 양심적 행위자들을 감옥에 가둠으로서 과연 해결된 것이 무엇이 있는지 되묻고 싶습니다. 그들이 자신의 양심과 종교적 신념이 잘못되었음을 인정하였습니까? 군사훈련만이 아니라면 이 사회를 위해 어떤 일이든 하겠다는, 그것이 길거리의 청소부여도 좋고, 오지 섬마을의 무보수 교직활동이어도 좋고, 홀로 병들고 죽어가는 사람들을 돌보는 일이라도 하겠다는 이들이, 스스로 고의적으로 사회적 책임을 방기하였다며 뉘우쳤습니까? 자신의 목숨을 내놓는 한이 있더라도 타인에게 어떠한 형태로든지 위해를 가하는 행위를 하지 않겠다는 이들이 교도소 내에서 말썽을 부리거나 누군가에게 해를 끼친 적이 있습니까? 양심에 따른 병역거부자들을 창살 아래 매어둔다고 해서 지켜온 신념이 바뀌고, 삶의 방식이 변화될 거라 생각하지 않습니다. 인류 역사의 오랜 전통만을 보더라도 인간의 양심과 종교적 신념은 사회적 격리와 강제적 교화를 통해서는 결코 '교도'될 수 없음은 자명한 사실입니다. 오히려 이들은 고난받고 상처 입은 이웃들의 삶을 함께 나누고 동참함으로써, 사회적 구성원으로서 책임감과 인생의 보람을 느낄 수 있을 것입니다. 그렇게 해서 병역거부자들의 삶이 과거보다 더욱 성숙해진다면 그것이 바로 진정한 의미의 '교도'가 아닐런지요.

개인적 구제를 넘어 사회의 구원으로

양심에 따른 병역거부가 '종교적·국가적·사회적 이단행위'로 치부되고 있는 한국사회의 현실에서 저와 같은 병역거부자들이 넘어야 할 제도적·문화적 편견의 장벽은 참으로 높고 견고합니다. 양심에 따른 병역거부자들을 법적으로 처벌함으로써 일단의 문제는 해결될 것입니다. '죄 지은 자에게 벌을 준다'는 관점에 입각한다면 말입니다. 하지만 병역거부자 자신들에게 그것은 그렇게 간단한 문제만은 아닙니다. 앞에서도 언급하였듯이 그들은 현행법으로서는 범죄자이며, 종교적으로는 이단자(여호와의증인의 경우 주류기독교단에 의해, 제 개인의 경우 호국불교의 전통에 의해)이며, 국가적·사회적 차원에서는 반애국적인 이기주의자들로 매도당합니다. '신성한 국방의 의무'라는 법질서와 다수의 가치관 앞에 소수의 양심에 따른 병역거부자들이 '정상인'으로서, 함께 살아갈 '이웃'으로서 서기까지는 법과 제도적 변화보다 훨씬 오랜 시간이 흐른 뒤일 것입니다.

양심에 따른 병역거부자의 권리가 인정되고 그들에게 대체복무제도의 기회가 주어진다면 더할 나위 없는 기쁨일 것입니다. 하지만 그 기쁨은 '개인의 구제'로서 뿐만이 아니라 오히려 '사회적 구원'의 의미를 가지기에 더욱 기쁠 것입니다. 양심적 행위자들을 인정한다는 것은 한국사회가 열린 법치국가로 나아가는 징표이며, 종교적 관용과 화해의 길이 열린다는 의미일 것입니다. 더불어 군사적 대치상황에서 울려퍼지는 평화의 메시지일 것이며, 사회적 소수자에 대한 인정과 공존이 나아져가는 과정이기도 할 것입니다. 이 자체만으로도 한국사회는 한 단계 성숙해가는 것이며, 편견과 차별 속에서 영위되었던 많은 이들의 삶이 그 왜곡된 시선으로부터 벗어나는 것이기에 이는 일단의 사회적 구원과도 같다고 여겨집니다. 저도 그러하였지만 편견과 고정관념의 색안경을 벗음으로써 보다 성숙하고 자유로워지는 것은 정작 '편견의 대상'이라기 보다는 '색안경을 벗고 세상을 바로 보게 된 이들'이 아닐까 합니다.

저는 이번 기회를 통해 각 개인과 우리 사회가 밖으로만 향해 있던 시선들을 한번쯤 안으로 돌려보는 계기가 되기를 바랍니다. 현재의 대다수의 양심에 따른 병역거부자들은 우리가 당연시 여겨왔던 '정당한 전쟁'과 '정당한 폭력'에 대해 일반적인 생각과는 다른 생각들을 가지고 있는 것으로 알고 있습니다. 우리 모두는 평화를 원하지만, 그 평화로 가는 과정은 때론 폭력적이기도 하며, 이는 여러 가지 이유를 들어 자기정당성과 합리성을 획득합니다. 나만 그런 것이 아니라 지금까지의 인류의 역사가 그래왔고, 대다수의 사람들이 그것을 옹호하기에 지극히 당연하고 자연스러운 것으로 인식되고 생활화된 것이 사실입니다. 저는 이 사실 자체를 부정하거나 비판하지는 않습니다. 다만 대다수 양심에 따른 병역거부자들이 자신의 청춘과 존재를 던져 이 사회에 이야기하고픈 것이 무엇인지 한번쯤 생각해보았으면 한다는 것입니다. 병역거부자들의 감옥행은 '평화와 폭력', '양심과 인권'이라는 인류의 오랜 화두에 대해 우리 사회가 한번쯤 성찰해보기를 염원하는 조금은 극단적인 '대화와 토론'의 방식이라고도 할 수 있습니다. 적어도 '비폭력적인 방식에 의한 삶과 사회변화'를 꿈꾸는 저에게는 그렇습니다. 따라서 강자든 약자든, 가진 자든 못 가진 자든, 다수자든 소수자든 간에 염원하는 '목적으로서의 평화'를 '어떤 과정과 방식으로 실현해갈 것인가'라는 문제야말로 우리 모두가 머리 맞대고 고민하고 해결해봄직한 인류사적 과제가 아닐까 합니다.

병역거부자와 군복무자의 공존과 연대

'이 세상의 모든 것은 연관되어 존재함으로 서로 영향을 주고 받으며(제법무아), 끊임없이 변화함으로 고정된 실체는 없다(제행무상)'는 불교적 세계관을 따르는 저로서는 양심에 따른 병역거부자들의 권리가 보장되고 그들에게 대체복무제도의 기회가 주어질 날이 반드시 올 것을 확신합니다. 또한 이들의 행위가 어떤 형태로든지 우리 사회에 영향을 미칠 것임을 확신합니다. 한국 사회에서 병역거부자들이 그토록 극심한 인권유린과 사회적 차별을 받아왔음에도 불구하고 오늘날까지도 흔들림없이 이어져왔다는 사실이 무엇을 의미하는지 되새겨볼 때가 왔다고 생각합니다. 그것은 한국적 특수상황이 아니라 일체의 전쟁과 무력행위를 거부하며 참여하지 않았던 비폭력의 인류역사와 '자기진정성'을 실현하려는 인간의 보편적 행위양식에 기초하고 있기에 가능하다고 생각합니다. 이제 종교적 편견과 경직된 국가주의의 좁은 울타리에서 벗어나, 세계적 변화의 흐름에 동참하느냐의 여부는 우리의 선택에 달려 있다고 생각됩니다. 획일적 기준으로, 옷이 잘 맞지 않는다고 옷에 사람 몸을 끼워맞추려 하거나, 잘 어울리지 않는다고 사람을 폐기처분 해버리는 것은 '인간적 방식'이 아니라 '기계적 방식'일 수밖에 없습니다. 그곳에 인간의 양심이 설 자리, 존엄한 개인이 설 자리, 종교적·사회적 소수자가 설 자리는 없을 것입니다.

저는 입영을 거부하였지만, 현재 군복무를 하고 있거나 준비중인 대다수의 대한민국 젊은이들과 연대의식을 공유합니다. 많은 군복무 경험자들과 현역장병들이 저와 같은 병역거부자들에게 던지는 신랄한 비판과 매도에 대해서도 겸허히 받아들이고, 저를 돌아볼 수 있는 좋은 기회로 삼고자 노력합니다. 제가 바라는 것은 병역거부자와 군복무자의 공존이며, 싸움이 아니라 대화이며, 개개인의 문제를 넘어 그들을 이질화시키고 적대시하게 만드는 사회의식과 불합리한 제도이기 때문입니다. 제가 아는 많은 젊은이들이 자발적 동기에 의해 병역의 의무를 이행하지 못하고, 자신의 청춘과 의지와 능력이 2년이 넘는 군생활에 저당 잡혀 있다고 생각하는 것을 들으며 안타까웠습니다. 국방부 관계자분들도 밝히고 있듯이 왜 한국의 수많은 젊은이들이 군복무를 회피하려고 하며, 삶의 억압성을 호소하는 것인지 귀기울여야 한다고 생각합니다. 매년 3백여 명의 군복무 사망자 중 100여 명이 자살자이며, 5천여 명에 달하는 정신질환자가 발생한다는 사실은 무엇을 의미합니까? 아직도 이들에게 '다른 사람은 다 잘하는데 너는 왜 그러냐'며 개인에게 모든 책임을 전가하고 윽박 지르는 방식으로 문제를 해결하려 합니까? 불가침의 성역이었던 군복무가 우리 사회의 젊은이들에게 자기실현 및 신성한 의무로 인식되고 있는지, 진지하게 당사자들의 의견을 수렴하고 문제점을 개선해나가기를 바라 마지않습니다.

마치며

언젠가 종교적 신념에 의한 병역거부자로서 한국에 파견되어 해외대체복무를 하고 있다는 독일인 청년을 만난 적이 있었습니다. 그는 독일인이었음에도 불구하고 자신의 처지를 볼 때 오랜 기간 군복무를 해야 하는 한국의 젊은이들에게 미안함을 느낀다고 했습니다. 제게 지극히 인상적이었던 것은 '자신이 만약 한국에서 태어나 무거운 죗값을 치루어야 한다고 하더라도 결국 자신은 병역거부를 할 것이며, 그 신념은 언제 어디서고 변함없으며 후회없다'고 하던 그의 진지하고 당당한 입장과 태도였습니다. 양심에 따른 병역거부는 국가와 종교, 신념과 사상의 차이를 뛰어넘는 보편적인 인간행위이자 권리임을 그의 모습을 통해 느낄 수 있었습니다. 머지않아 한국의 젊은이들도 보다 열악한 국가에 파견되어 인권과 평화를 신장하는 일에 기여할 수 있는 날이 오겠지요. 그 날이 올 때까지 저에게 주어진 시간과 역량만큼 사회봉사에 최선을 다하도록 노력하겠습니다.

2001. 12. 17 병역거부선언

유호근

전쟁 반대와 평화 실현의 양심을 위하여

어릴 적 저의 꿈은 국군장교가 되는 것이었습니다. 그 나이 또래 아이들이 많이들 그러하듯 이순신 장군, 김유신 장군 등의 전기를 읽으며 전쟁 영웅들의 삶을 흠모하고 조국과 민족을 위해 자신을 바치는 늠름한 군인 아저씨의 모습을 동경하며 '나도 커서 훌륭한 군인이 되겠다'는 꿈을 가졌던 적이 있었습니다. 적어도 중학교 때까지는 그 꿈이 계속되었습니다. 그러던 제가 이곳에서 양심에 따른 이유로 군대 가기를 거부하는 지금 만감이 교차하지 않을 수 없습니다.

2002년 7월 9일자로 입영통지서를 받고 실로 많은 고민을 하지 않을 수 없었습니다. '남자는 군대를 가야 한다'라는 철옹성 같은 명제를 어기고 갖은 불이익을 감수하고서라도 과연 병역거부선언을 해야만 하는가? 이 문제는 지난 수년간 나 자신을 괴롭혀왔으며 결론을 내리기는 쉽지 않았습니다. 그러나 결단에 가까운 결정을 내리고 스스로 선택한 양심의 길을 걷기로 한 지금, 앞으로 다가올 미래의 불확실성에도 불구하고 오히려 마음이 편안해지는 것이 저의 진심입니다. 다만 속내를 내비치는 데 매우 서투른 제가 '양심'이라는 어려운 문제를 몇 마디 말로 세상에 내비치려니 두려움이 앞설 따름입니다. 또한 저로 인해 여러모로 마음고생을 하실 부모님께 진심으로 죄송한 마음을 금할 길이 없습니다.

그토록 동경해 마지않던 '군인 아저씨'가 어떠한 불이익을 감수하고서라도 절대 선택할 수 없는 존재로 변화된 과정은 뜨겁고도 순수했던 제 20대 삶의 궤적과 함께합니다.

　　1995년 대학교에 입학해 통일문제를 연구하는 동아리의 활동을 하면서 알게 된 우리 사회의 현실은 제가 갖고 있던 고정관념을 여지없이 무너뜨리고 말았습니다. 한국 현대사를 공부하고 연구하면서 1950년 한국전쟁의 참상을 알게 되었고, 전쟁이라는 것이 얼마나 비참한 것인지, 인간성을 파괴하는 참혹하고 불행한 사태인지 알 수 있었습니다. 친구와 선배들과 세미나를 하고 토론을 하며 '다시는 전쟁 같은 비참한 일이 일어나서는 안 되며, 평화로운 세상을 만들기 위해 함께 노력하자'는 다짐을 하곤 했습니다. 동물도 같은 종족은 죽이지 않건만 온갖 도구와 방법을 동원하여 서로를 괴롭히고 죽이기까지 하는 전쟁의 참상을 접하며, '군인 아저씨'에 대한 동경은 전쟁에 대한 혐오 앞에서 자연스레 소멸되어 갔습니다.

　　1996~1997년, 북녘이 자연재해로 인하여 식량난을 겪고 있었던 당시 같이 동아리 활동을 하던 선후배들이 모여 북 동포 돕기 활동을 하고 통일 동아리의 특성을 살려 축제기간에 '북한 바로알기' 등의 행사를 추진하며, 제 머릿속에서 북한은 대립하고 적대시해야 할 대상이기 이전에 함께 돕고 살아가야 할 한민족이라는 인식이 싹트게 되었습니다. 더구나 같은 민족이, 그것도 어린 생명들이 굶어 죽고 있는 현실을 외면한다는 것은 죄악이라 생각하였습니다. 또 1999년 남북 간의 자유로운 교류와 평화 정착을 기원하고, 출신 대학의 모교를 찾아보고자 하는 마음에서 평양숭실방문단을 결성하고 다양한 활동을 펼치며 이제 더 이상 북녘의 동포들은 '뿔 달린 도깨비'가 아닌 같은 동포, 한민족이라는 굳은 믿음을 가질 수 있었습니다. 이를 통해 대립하는 것보다 교류, 협력하는 것이 서로에게 이롭다는 확신 또한 생겼습니다.

　　대학 시절의 다양한 활동은 '평화와 통일에 대한 견해'를 '소신과 신념'으로 자리잡아가게 하였습니다.

　　그러나 나이가 들고 병역의 이행은 현실적인 문제로 다가왔고, 새로운 고민을 하지 않을 수 없었습니다. '평화와 통일에 대한 소신'을 가지고 '동족에게 총을 겨눌 수밖에 없는 현실'속에서, 병역의 의무라는 것에 대한 본질적인 의문을 품게 되었습니다.

　　전쟁을 경험하신 아버지께서는 어린 시절 저에게 말씀하셨습니다. 전쟁에서 총 맞아 죽은 것보다 좌익과 우익이 서로 반대파를 색출한다며 죽인 게 훨씬 많았고 서로들 대나무로 찔러 죽이고 낫으로 베어 죽였다는 이야기를 회상하며 또 한번 확인 할 수 있었습니다. 전쟁은 이미 인간의 이성을 마비시키고 사람들을 일종의 환각상태로 만들어 돌이킬 수 없는 비극적인 결말로 이어질 수밖에 없음을 말입니다. 제2차 세계대전 당시 나치가 그렇고 가까이는 일본이 우리에게 저지른 만행에서도 확인할 수 있는 전쟁의 얼굴인 것입니다.

전쟁 없는 평화로운 세상을 만드는 것은 저의 소망이며 또한 모든 이의 소망일 것입니다. 다만 저는 그 소망을 현실로 만들기 위하여 적극적으로 노력하는 삶을 살고자 하는 것이고 그 실천의 진정성을 온전히 보전하고자 개인적 소신에 비추어 그에 반하는 행위를 적극 거부하고자 하는 것입니다.

엄연히 현실법이 존재하고 대부분의 젊은 남성이 국방의 의무를 지는 상황에서 저의 이러한 선택은 어쩌면 개인으로서는 견디기 힘든 대가를 치르게 될 가능성이 높습니다. 이미 한국에는 1천6백 명에 가까운 양심에 따른 병역거부자가 감옥에 수감되어 있으며 '단일한 죄목으로, 단 한 차례의 감형이나 사면복권 조치조차 없었던 극악한 범죄'로서 처벌받고 있는 것이 현실입니다. 이러한 상황에서는 저 역시 이들이 받고 있는 처벌로부터 자유롭기 힘들 것임을 잘 알고 있습니다. 더욱 큰 고통은 단지 처벌로 끝나는 문제가 아니라 '병역기피자'라는 낙인을 평생의 굴레로 짊어지게 될 것이라는 사실입니다. 그럼에도 불구하고 '양심에 따른 병역거부'라는 극단적인 선택을 하게 된 것은 총을 들고 다른 이를 죽이는 연습을 함으로서 발생하는 정신적 고통이 더욱 크게 느껴지기 때문입니다. 사실 이 문제를 해결하고자 산업기능요원으로 병역특례를 준비하기도 했습니다. 그러나 병역특례도 저에게는 본질적인 해답이 될 수 없었습니다. 저에겐 '평화와 통일에 대한 소신'에 비추어 4주간의 군사훈련이나 26개월의 군복무나 별반 다르지 않았기 때문입니다.

민주주의란 '국가의 주권이 국민에게 있고 국민을 위하여 정치를 행하는 제도'라고 알고 있습니다. 국가의 안보를 위해 국가의 주인인 국민의 인권을 침해하는 것은 정당화 될 수 없으며 그것이 결코 국가의 안보에도 도움이 되지 못할 것입니다. 한 변호사께서 이런 이야기를 하셨습니다. "예를 들어 여자와 검지손가락이 없는 사람과, 양심에 따른 병역거부자 세 사람을 강제로 군인으로 만들었는데 사단장의 등 뒤에 매복해 있는 적군이 사단장에게 총을 겨누고 있고 이 세 사람이 그것을 발견했을 때 여성과 검지손가락을 잘 못쓰는 사람은 총을 갖고 있다면 적군을 쏠 수 있다. 그러나 양심에 따른 병역거부자는 그렇지 않다"라고 말입니다.

또 양심에 따른 병역거부자를 무조건 감옥으로 보내는 것은 국가의 이익에도 부합하지 못합니다. 매년 수백 명의 사람을 감옥에 보내고 있으나 그 수는 결코 줄지 않고 있으며 사회적으로 전과자만을 양산해내는 악순환을 거듭하고 있습니다. 이런 사람들에게 개인을 위해서나 국가를 위해서 총을 드는 대신 다른 방법으로 국방의 의무를 이행할 수 있는 기회를 주는 것이 과연 불가능한 일입니까? 사실 이미 우리 사회에는 총을 드는 대신 다른 형태로 대체복무를 하고 있는 젊은이가 20만 명에 이르고 있습니다. 여기에 양심에 따른 병역거부자를 위해 대체복무제를 추가한다고 해서 국가의 안보에 하등의 해가 될 것이 없으며 이들에게 국가를 위한 다른 영역에서 종사할 수 있는 기회를 주는 것이 국가의 이익에 훨씬 큰 도움이 될 것임을 확신합니다. 혹자는 '대체복무제를 도입하면 누가 군대를 가겠느냐?' 또는 '대체복무제가 병역기피의 수단이 되지 않겠느냐?'며 우려를 표합니다만 아시아에서 처음으로 대체복무제를 도입하는 데 결정적인 역할을 한 대만의 치엔시치엔 의원에 의하면 "결코 대체복무가 군대생활을 하는 것보다 쉬운 것이 아니며, 오히려 대체복무 신청자가 부족해 복무기간을 현역 군인과 같게 하는 등의 조치를 적극 검토 중이다"라고 며칠 전 국회에서 열린 '대체복무제 입법안 공청회'에서 밝혔습니다.

> 소수자를 배려하고 다름을 인정하는 것이야말로 민주주의의 기본 정신이며 이러한 성숙한 사회가 될 때 비로소 더 많은 이들의 더 많은 행복은 가능해지리라 믿고 있습니다

현재 감옥에 수감되어 있는 대부분의 '양심에 따른 병역거부자'들의 대부분이 모범수라고 합니다. 또 저보다 먼저 '양심에 따른 병역거부'를 선언하고 앞서 이 힘난한 길을 선택했던 오태양 씨를 만나면서 '양심에 따른 병역거부자'들 역시 자신을 희생하고서라도 국가와 사회를 위해 헌신하고 참되게 살고자 하는 사람들이라는 것을 알 수 있었습니다. 다만 다른 방식으로 그럴 수 있기를 원할 뿐이었습니다. 이런 만남은 나 역시 내 안에 존재하는 양심을 지키고 평생을 그런 삶을 살아야겠다라는 결심을 하는데 소중한 계기가 되었습니다.

양심에 따른 병역거부자들이 바라는 것은 단지 다름으로 인하여 '특혜'를 받기를 원하는 것이 아닙니다. 현실적으로 징집제가 존재하고 있는 조건에서 '양심에 따른 병역거부자'들은 더 많은 복무기간과 어려운 조건이라도 그것이 자신의 양심에 반하지 않는 것이라면 기꺼이 그 길을 선택할 것이며

그런 선택의 폭을 조금 더 넓혀줄 것을 바라는 것입니다. 그렇게만 된다면 저 역시 국가와 사회를 위하여 온몸 바쳐 헌신하고 싶습니다.

양심의 자유는 이미 헌법에도 보장되어 있는 인간의 기본적인 권리입니다. 그리고 그 권리는 국가가 가장 적극적으로 보장해주어야 합니다. 국가의 존재를 부정하는 것도 아니고 국가의 안보를 해하려 함도 아니며 다른 방식으로 국가를 위해 기여하고자 하는 '다름'을 수용할 수 있는 사회적 '관용'을 간절히 바라는 것입니다. 소수자를 배려하고 다름을 인정하는 것이야말로 민주주의의 기본 정신이며 이러한 성숙한 사회가 될 때 비로소 더 많은 이들의 더 많은 행복은 가능해지리라 믿고 있습니다.

마지막으로 이러한 저의 소견이 결코 현재 또는 과거에 군에서 조국과 민족을 위한 군인들의 희생을 부정하거나 폄하하고자 함이 아니며 이들의 노고에 경의의 뜻을 밝히는 바입니다. 하지만 얼마 전 서해에서 벌어진 남북 해군 간의 교전으로 무고한 젊은 생명들이 목숨을 잃는 안타까운 모습을 접하며 이것이 얼마나 비극적인 일인가를 생각하며 밤잠을 설치기도 했습니다. 더욱이 그 전사한 해군 중 한 명은 같은 학교의 후배임을 알고는 그 괴로움이 더하지 않을 수 없었습니다. 언론과 일부 정치인들이 '단호한 대처'니 '확전불사'니 하고 떠드는 것을 보면서 우리 사회의 단면을 여실히 확인할 수 있었습니다. 한편 그 자리에 내가 억지로 세워져 있을 때 과연 나는 무엇을 할 수 있을까라는 상상을 하면서 끔찍함에 몸서리치기도 했습니다. 오태양 씨의 변론문 중에 '평화를 원하거든 전쟁을 준비할 것이 아니라 평화를 준비하라'는 이야기에 적극 동감하며 세계의 화약고 중의 하나라는 한반도에 전쟁의 위협이 사라지고 소수의 권리가 존중받으며 차이가 차별이 되지 않을 수 있기를 다시 한 번 두 손 모아 기원해봅니다.

2002. 7. 9 병역거부선언

임치윤

대체복무제는 '한여름 밤의 꿈'이 아니다

이제 저는 범죄를 저지르려 합니다. 하지만 너무 두려워하지 않으셔도 됩니다. 제가 저지르려는 범죄는 누군가에게 해를 입히는 것이 아니기 때문입니다. 오히려 역설적이게도 제 죄는 남에게 해를 가하지 않으려는 제 양심에서 비롯된 것입니다. 그러한 죄가 있을까요? 저는 지금 양심적 병역거부를 하려 합니다. 자신의 양심에 의한 병역거부, 사회는 이것을 범죄라 부르고 있습니다.

저는 전쟁에 참여하는 것은 물론이거니와 총을 들고 군사훈련을 하는 것과 같은 전쟁준비 행위에도 가담하고 싶지 않습니다. 그러니까 저는 전쟁과 폭력에 관련된 어떤 직·간접적인 행위에도 관여하고 싶지 않습니다. 이것은 제가 보고 배운 세상을 살아가는 제 나름의 신념이자 양심입니다. 반전과 평화, 사실 이런 교훈은 흔하디 흔합니다. 전쟁영화 한 편을 보더라도, 소설 한 권을 읽더라도, 우리는 전쟁과 폭력이 얼마나 참혹한가를 깨달을 수 있습니다. 이 흔하디 흔한 교훈은 제 감수성에 깊은 자국을 남겼습니다. 또한 제가 읽은 책과 그 지은이들의 삶 역시도 마찬가지였습니다. 예컨대 헨리 데이비드 소로우 같은 이의 삶을 통해 저는 앞으로 어떻게 살아야 할 것인지 많이 고민하기도 했습니다. 그런 고민 끝에 저는 반전과 평화라는 가치를 제 인생에서 다른 어떤 것보다 우선해야겠다는 신념을 가지게 되었습니다. 그리고 그 신념은 내 안에서 자연스럽게 양심적 병역거부라는 행동으로 이어지게 되었습니다. 제 벗들은 이런 제게 그냥 속 편하게 군대 다녀오라고 말합니다. 사서 고생하지 말고 남들 하는 것처럼 눈 딱 감고 갔다오면 된다고, 별것 아니라고, 2년 2개월이란 시간은 생각보다 짧다고, 금방 가버린다고 말합니다. 하지만 저는 제 신념과 양심을 거스를 수 없습니다. 신념과 양심, 이게 없다면 인간이란 길에 다니는 개나 소와 하등 다를 게 없다고 생각합니다.

어떤 이들은 이 '양심'이라는 단어에 민감하게 반응합니다. 예컨대 도둑이 자기의 양심에 따라 도둑질을 했다면 이것도 이해 가능하냐고 말입니다. 제발 그런 식으로 '양심'이라는 단어를 갖다붙이지 말기를 바랍니다. 타인에게 인정 가능한 양심과 신념이란 너와 나 사이의 공존을 위협하지 않는 것이기 때문입니다.

제게는 군복무 중인 동생이 있습니다. 그 친구는 현재 육군 병장으로 제대를 4개월 정도 남겨두고 있습니다. 군인 된 입장에서 그 친구는 제 생각이 마뜩찮을 수도 있고 저 역시 군인인 동생과 격이 질 수 있습니다. 하지만 우리는 그러지 않고 서로의 입장을 이해하고 있습니다. 그것은 우리가 형제이기에 앞서 그 친구나 저나 서로의 생각과 행동을 존중해주고 있기 때문입니다. 제 친구 중에서도 군대에 갔다온 이들이 제법 있습니다. 그들과 많은 대화를 통해 저는 제 입장을 충분히 설명할 수 있었고 그들 역시 제 생각의 많은 부분에 수긍하였습니다. 저는 군대에서 수고하고 있는 이들 혹은 과거에 수고한 이들을 비양심적이라 생각하지 않으며 그들의 결정을 비하할 어떤 의사도 없습니다. 사람의 생각과 신념이란 개인마다 다를 수 있기 때문입니다. 다만 저는 제 결정을 존중받고 싶을 뿐입니다.

한국은 휴전 상황입니다. 이 특수한 상황은 우리가 대체복무를 비롯한 개인 인권의 향상을 꿈꾸는 데 적지 않은 걸림돌로 작용해왔습니다. 하지만 이런 어려운 상황에서 혹은 어려운 상황이라 생각해온 지점에서 한발짝 물러나 이성적으로 주판알을 튕겨봤으면 합니다. 과연 대체복무제도가 시행됨으로써 병역제도에 혼란이 일어날 것인지 또는 군인의 수와 비교해 소수인 병역거부자들에게 대체복무를 하게 함으로써 국가 안보에 치명적인 손실이 올 것인지 하는 것들을 말입니다. 한국과 같은 분단상태였던 독일이나 중국과 대치 중인 대만을 비롯한 다른 나라들의 사례를 살펴본다면 이 물음에서 긍정적인 답변을 이끌어낼 수 있습니다. 안타깝게도 우리는 이런 문제들을 드러내놓고 토론할 기회조차 상상할 수 없었습니다.

꿈은 언제나 희망의 동의어입니다. 그리고 꿈이란 꿀 수 있을 때라야 실현 가능합니다. 우리에게 오랫동안 거세되었던 상상력과 꿈을 이제부터라도 복원했으면 합니다. 그리고 이 상상력의 밑바닥에는, 인권에 예외가 있을 수 없다는 명제를 깔았으면 합니다.

앞으로 병역거부자들의 수는 점점 늘어날 것입니다. 각기 다른 개인의 상황과 처지에서 적지 않은 젊은이들이 병역거부을 선택할 것입니다. 그렇다면 한국사회는 언제까지 이들에게 일방적인 처벌만을 가해야 합니까. 그것은 사려 깊지도, 이성적이지도, 신중하지도 못한 판단입니다. 여기서 우리는 중요한 질문과 맞닥뜨리게 됩니다. 그것은 우리가 논의할 수 있는 대체복무제도의 장단점을 다 제외하고서라도 한국사회가 양심적 병역거부자들에게 얼마큼의 관용을 보여줄 수 있느냐는 것입니다. 이 질문은 한국이 성숙된 민주사회인가 하는 물음과도 연결됩니다. 민주주의는 소수자들에게 그 관용의 터를 넓힘으로 지금과 같은 모습을 갖게 되었습니다. 소수자들에게 사려 깊지 못했던 사회는 지워버리고 싶은 수치스런 기억과 같았습니다. 이 물음에 대한 답변을 제게 들려주시기 바랍니다. 왜냐하면 저뿐만이 아니라 다른 누구라도 소수자가 될 수 있으며 이 물음에 답변을 준비하는 것은 한국 사회가 구체적인 이들의 삶에 귀를 기울이는 사회가 되는 데 조금이라도 도움이 될 수도 있기 때문입니다.

이제 양심적 병역거부를 하려는, 다시 말해 범죄를 저지르려는 제 심정은 답답합니다. 어쩌면 감옥에 갈 수 있다는, 전과자가 될 수 있다는 사실이 저를 힘들게도 하지만 그보다 더 힘든 것은 나의 언어가 타인에게 이해받지 못하고 있다는 것, 나라는 존재가 다수와 외떨어져 있다는 고립감입니다. 그래도 저의 결정을 포기할 수 없는 것은 나의 신념을 오롯이 지켜내야겠다는 자존심과 어쩌면, 그랬으면 좋겠지만, 저의 결정이 같은 이유로 고민하는 친구들에게 작은 도움이 될 수도 있다는 기대 때문입니다.

이천이년 무더운 여름 어느 한 날, 저는 이 기대가 실현된 개인의 양심을 소중히 여기는 사회를 꿈꿔봅니다. 이것이 다만 '한 여름 밤의 꿈'이 아니라는 것을 전 확신하고 있습니다.

2002. 7. 30 병역거부선언

나동혁

평화와 인권을 위한 작은 행동

저는 올해 26살 먹은 평범한 청년입니다. 대한민국 국민이자 남성으로서 저 역시 군대 문제에 대해 오랜 시간 동안 고민해왔습니다. 그러던 중 9월 12일로 입영날짜가 확정되었습니다. 여러 가지 고민을 던져보았지만 시간이 지날수록 결론은 점점 명확해졌습니다. 수많은 사회적 편견과 제도적 장벽에도 불구하고 먼저 이 길을 간 당찬 청년들이 있었기에 저는 더욱 가벼운 마음으로 결심하게 되었습니다. 제 자신에게 떳떳해지기로 한 것입니다.

저는 전쟁 대신 평화를 원합니다. 국가에 대한 일방적인 복종과 순응 대신에 다름을 인정할 줄 아는 사회를, 진정한 민주주의와 인권을 원합니다. 전 사회적으로 만연해 있는 군사주의와 권위주의 대신 인간의 존엄성과 자유가 존중되는 사회를 원합니다. 저는 이러한 제 양심에 따라 병역을 거부하고자 합니다. 제 양심을 투명하게 글로 보여준다는 게 가능하지는 않겠지만 간절한 마음이 닿으면 진실이 전해질 것이라 믿으며 이 글을 씁니다.

앞으로 무수히 많은 난관이 닥쳐올 것이라는 사실을 잘 알고 있습니다. 그러나, 이제 저는 그 난관들을 피해가지 않고 정면으로 맞서기로 결심했습니다. 비록 감옥에서 실형을 살아야 하고 평생을 전과자, 병역거부자라는 딱지를 달고 살아야 할지도 모르지만 막상 결심을 하고나니 아주 홀가분합니다. 전과자로 평생을 살아야 한다는 건 그리 두렵지 않습니다. 그만 한 각오는 이미 되어 있습니다. 제 자신에게 떳떳하기 때문입니다. 먼저 결심했던 사람들과 저를 계기로 양심에 따라 병역을 거부하는 사람들의 진심이 전달되기를 바라기 때문입니다. 이것이 이 땅에 평화와 인권을 가져올 수 있는 가장 직접적인 행동이라 믿기 때문입니다. 양심에 따른 병역거부를 인정하는 분위기가 확산되는 것은 특정 집단에게 이로운 것이 아니라 전 사회적으로 보탬이 되는 일이라 믿기 때문입니다.

학창 시절 제 꿈은 고등학교 선생님이었습니다. 학생과 교사가 서로에게 애정을 가질 수 없는 학교를 보면서 많은 생각을 했습니다. 무엇보다 권위적이고 위압적인 분위기가 싫었습니다. 종종 마치 짐승을 다루듯, 학생이 쓰러져서 일어나지 못할 때까지 체벌을 가하면서 사랑하기 때문이라고 말하는 것을 들을 때에는 굴욕감 같은 것을 느꼈습니다. 반면, 제가 교사라는 직업에 매력을 느낀 것은 돈을 벌기 위한 노동 대신 학생들과 인간 대 인간으로 만날 수 있다는 생각 때문이었습니다.

그러기 위해서는 일단 대학에 가야 했고, 그때는 대학에만 가면 탈출이라고 생각하고 악착같이 공부했습니다. 하지만 고등학교도 사회의 축소판이란 것을 깨닫는 데는 그리 오랜 시간이 걸리지 않았습니다. 오랜 세월 동안 이 사회에 직간접적으로 영향을 끼쳐온 획일주의 문화는 어디에서나 마찬가지였습니다. 일상 속에 깊숙이 침투한 권위주의, 일상화된 유무형의 폭력. 또 거기에 길들여진 사람들. 복종과 순응을 미덕으로 여기는 사회 분위기.

교수와 학생 사이의 관계에서, 선배와 후배 사이의 관계에서, 남성과 여성 사이의 관계에서 끊임없이 드러나는 권위주의는 대학도 마찬가지였습니다. 흔히 말하는 것처럼 사람들은 알아서 대세에 적응하는 게 더 도움이 된다고 생각하고, 침묵하는 게 훨씬 일신의 안락에 도움이 된다고 생각하고 있었습니다.

이런 저에게 학생회 활동은 제 인생에 큰 변화를 가지고 왔습니다. 사회 여러 문제에 관심을 가지면서 제 자신이 가지고 있던 편협한 시각이 조금씩 열리는 것을 느낄 수가 있었습니다.

여전히 기본적인 문제의식에는 변함이 없었지만, 이때부터 변화한 것이 있습니다. 사람만이 희망이라는 사실, 현실의 모순에 눈감지 않는 청년이 되어야 한다는 사실, 현실을 바꾸기 위해서는 냉소하고 체념하는 것보다 함께 갈 수 있는 길을 찾아 실천하는 것이 중요하다는 사실입니다.

대학인들과 함께한 지난 몇 년은 저에게 공부 이상의 많은 의미를 던져 주었습니다. 방학 때마다 함께했던 농민학생연대활동, 빈민학생연대활동을 비롯한 여러 가지 사회 활동과 학생회 활동을 통해 더 많은 사람이 더 많은 행복과 권리를 누리는 세상을 꿈꿀 수 있게 해주었으며, 무엇보다 그러한 실천이 제 삶과 일치될 수 있도록 해주었습니다. 동시에 이 시대를 살아가는 청년을 전투경찰로 만나야 하는 현실은 언제나 저에게 많은 고민을 던져주었습니다. 이러한 과정을 통해 저는 단과대 학생회장을 지내기도 했었습니다.

학생운동은 이렇게 저에게 사회와 나의 관계에 대해 기본적인 가치관을 정립시켜주었습니다.

그러나, 이때까지도 사회적 약자의 권리를 주장하고 반전과 평화를 주장하긴 했지만 그것을 내 문제로 받아들이는 데는 부족했습니다. 저는 많은 고민 끝에 3년간 휴학을 선택했고, 더 배울 것이 많다고 생각해서 휴학 기간에 사회운동을 경험하기로 결정했습니다. 그 3년 동안 공부 못지 않게 소중한 것들을 배웠습니다.

특히 올해 초에는 평화인권운동을 접할 기회가 많았습니다. 9. 11 테러 이후 지속적으로 반전평화 운동에 함께하면서 느끼는 바는 여전히 한가지입니다. 자신들의 불만을 테러를 통해 폭력으로 문제를 해결할 수 있다는 생각이나 마찬가지로 테러를 폭력으로 보복함으로써 문제를 해결할 수 있다는 사고는 더 비참한 결과만을 불러올 것이라는 사실입니다. 전쟁으로 부모를 잃고 피투성이가 된 아이는 도대체 누구에게 책임을 물어야 합니까?

서해교전 사태 역시 마찬가지입니다. 전쟁의 긴장 속에서 계속되는 무력 대립은 무고한 젊음을 앗아갔습니다. 평화를 만들기 위해서는 정말 평화로운 행동을 해야 합니다. 힘으로 평화를 가져올 수 있다는 생각, 무력으로 상대를 제압하고 그를 통해 평화를 이룰 수 있다는 생각은 인류에게 더 큰 아픔만을 가져다 줄 뿐입니다. 이제 우리도 최근 이루어진 변화에 발맞춰 남과 북이 조금씩 무기를 줄여나가고 대립을 완화시켜나가며 국민들의 인권을 향상시키는 데 더 많은 힘을 쏟아야 할 때라고 생각합니다.

20세기는 전쟁으로 점철되었다고 해도 과언이 아닙니다. 국가와 국가 간의 전쟁을 넘어 전 세계적인 차원으로 확대된 전쟁은 무수히 많은 인적, 물적, 정신적 피해를 남긴 채 승자도 패자도 없이 쓸쓸하게 막을 내리고 말았습니다. 천문학적 규모의 전쟁비용과 전 국민을 동원하는 총력전으로 진행된 20세기 전쟁에서 선은 누구고, 악은 누구였는지 우리는 분명하게 말할 수 있을까요? 그 어느 때보다 많은 부가 축적되고, 과학기술과 문명이 발전하여 더 없이 풍요로운 사회가 가능할 것 같던 20세기, 이 모순에 가득찬 전쟁의 세기로부터 배울 수 있는 것은 단 한가지입니다. 전쟁으로 인해 무고하게 죽어간 수천만의 생명 앞에서 우리는 이제 전쟁 대신 평화를, 국가에 의한 일방적인 희생 강요 대신에 인권과 민주주의 확장을, 끝없는 무한경쟁 대신 공존을 외쳐야 할 때라고 생각합니다. 무엇보다 저는 전쟁을 반대하고 평화를 원합니다.

또한 저는 지난 3년간 활동을 통해 진정으로 인권과 민주주의가 보장되는 나라에서는 끊임없이 구성원들의 토론을 통해 삶의 가치를 다시 찾아나가는 과정이 필요하다고 생각했습니다. 사회에는 끊임없이 새로운 문제들이 발생하고 어제는 완전히 새로운 문제였던 것이 오늘날에는 당연하게 여겨지기도 하고 또 어떤 문제들은 역사의 뒤안길로 사라지기도 합니다.

억압적인 사회 분위기 속에서 국가가 강요하는 한 가지 정답만을 무조건 따라야만 하는 때는 지났다고 생각합니다. 이제 우리는 더 많은 복지와 더 많은 인권을 위해 토론하고 끊임없이 우리 자신을 바꿔나가야 할 때라고 생각합니다. 어제는 미처 깨닫지 못했던 장애인이나 이주노동자의 인권 문제가 오늘날에는 매우 중요한 문제입니다. 세상에는 참 많은 사람들이 함께 살아가고 있으며 이들이 함께 어울리면서 조화로운 삶을 영위하기 위해서는 많은 것이 바뀌어야 한다는 생각을 했습니다. 사회적 약자를 배려하지 않는 사회는 진정한 인권국가, 민주주의 국가라 할 수 없습니다. 또, 무조건 힘으로 상대방을 누르려 해서는 더 많은 사람에게 행복과 평화를 가져다줄 수 없습니다.

그런 의미에서 다른 생각을 받아들이는 것은 동정의 문제가 아니라 당연한 권리의 문제라고 생각합니다. 누구나 다른 생각을 가질 수 있고, 다른 생각을 표현할 수 있습니다. 더욱이 그것이 국가에 어떤 해를 안겨주는 것이 아니라 공동의 이익을 가져다주는 경우에는 더 말해 무엇하겠습니까.

원칙적으로 국가는 국민 개개인의 동의 위에 세워지며 국민들에게 더 많은 행복을 가져다주기 위해 존재합니다. 구성원들의 민주주의와 인권에 대한 인식이 발전함에 따라 낡은 관습과 제도는 끊임없이 바뀌어야만 합니다. 인권과 민주주의의 진전을 위해 노력하는 모습은 전 세계적인 추세라 할 수 있습니다.

우리는 구한말 이후 한 번도 그런 경험을 하지 못했습니다. 36년간 계속된 일제 식민지를 거쳐 오랜 군사독재를 거치면서 국가에 의한 일방적 폭력에 익숙해져 있습니다. 이제 지연된 현대사를 실천해야 할 과제가 우리에게 남겨져 있다고 생각합니다.

군대를 다녀온 친구들과 대화를 나누어보면 저와 비슷한 문제의식을 가지고 있는 것을 느낍니다. 그들이 바라는 것과 내가 바라는 것이 크게 다르지 않은데, 왜 서로 대립해야 하는 걸까 고민도 많이 했습니다. 인간은 누구나 당연히 전쟁 없는 평화로운 세상, 사회적 지위와 상관없이 인간이 인간으로 존중받으며 다양성이 조화를 이루는 세상, 일방적인 침묵과 강요, 순응과 복종이 아니라 끊임없이 구성원들에 의해 국가 토대를 이루는 가치들이 새롭게 합의되고 평가받는 진정한 민주주의 국가를 원하는데 사람들은 왜 서로 대립할까 고민이 들었습니다.

많은 대화를 통해 결국 저는 친구들과 제 생각이 다르지 않다는 것을 알게 되었습니다. 고위층 병역비리 문제와 의문사 진상규명위원회의 활동으로 그 어느 때보다 군대에 대한 문제제기가 고조되고 있습니다. 이렇게 군사주의 문화가 전 사회에 영향을 미치고 있기 때문에 우리는 모두 피해자인 동시에 가해자가 될 수밖에 없는 것입니다. 그런데 군대 문제에 대한 비판이 전혀 허용되지 않는 사회적 분위기, 국가에 의해 주어진 정답만을 따라해왔던 수동적인 문화는 반드시 구성원 간의 잘못된 마찰을 불러올 수밖에 없습니다. 구성원들이 부당하게 대립하고 생산적인 결론을 내지 못하는 것은 민주주의에 대한 훈련이 부족하고, 상호 존중하는 문화를 경험하지 못했기 때문이라고 생각합니다.

> 군사주의 문화가 전 사회에 영향을 미치고 있기 때문에 우리는 모두 피해자인 동시에 가해자가 될 수밖에 없는 것입니다

평화와 인권 확대, 군대 내 인권개선, 효율적이고 합리적인 군대 운영, 전 사회적인 민주의식 함양, 사회복지 확대 등 동일한 것을 원하면서도 서로 대립할 수밖에 없도록 만드는 것은 바로 오직 한 가지 정답만이 존재한다는 획일적 사고방식 때문입니다. 또, 무조건 복종하고 순응하기만을 강요하는 사회 문화 때문입니다.

친구들이 느끼는 문제점과 제 문제점이 다르지 않다고 확신합니다. 이 문제가 사회적으로 확산되고 대체복무제가 개선되어 양심에 따른 병역거부자들에게 대체복무제가 확대된다면, 이는 비단 어떤 특정 집단뿐만 아니라 사회 구성원 모두와 국가에 보탬이 되는 일이라 생각합니다. 인권과 민주주의 수준을 한 단계 끌어올릴 것이고 합리적이고 민주적인 군대를 만드는 데

일조할 것입니다. 사회복지 확충에도 기여할 것이며, 인적자원의 재분배라는 측면에서도 유용할 것입니다. 실제로 대체복무제를 시행하는 나라에서 이런 효과들이 나타나고 있다고 들었습니다.

따라서 저는 무엇보다 이 문제가 사회 모든 구성원과 국가에 보탬이 되는 일이라는 생각을 가지고 있습니다.

참으로 오랜 시간 고민했습니다. 몸이 편치 않은 어머니를 생각하면서 많이 망설였습니다. 그러나 이제 저는 당당히 말하려 합니다. 저에게는 그것을 모두 설명할 능력이나 재주가 없습니다만 정치, 사회, 경제, 문화 여러 가지 측면에서 양심에 따른 병역거부가 진정 사회구성원 모두에게 이익을 가져다주게 될 것이라 믿어 의심치 않습니다.

이제 더 많은 청년들이 이 길에 함께하게 될 것이라 생각합니다. 서명운동을 받으러 다니면서 저는 이러한 확신이 들었습니다. 국민들의 의식과 시선이 날이 다르게 바뀌는 것을 느꼈습니다. 이들을 언제까지 범법자로 묶어두어야 합니까?

저는 진정으로 월드컵 4강 진출이나 놀라운 경제적 성장 못지 않게 인권과 민주주의로 존경받는 나라에서 살고 싶습니다. 우리 모두 그것을 이룩할 수 있다고 믿습니다. 인간에 대한 믿음으로 저는 이후에도 계속 양심에 따른 병역거부 문제, 더 나아가 반전평화의 문제가 전 사회적으로 토론되고 성숙한 결론에 이를 수 있도록 행동할 것입니다. 또한, 기회가 주어지는대로 비정규직 노동자, 여성, 장애인, 이주노동자 등 사회적 약자들과 연대해서 살아갈 것입니다. 이것이 바로 제가 세상으로부터 배운 것을 세상에 되돌려주는 방식입니다.

2002. 9. 12 병역거부선언

김도형

지난 4월 22일, 어떠한 이유로도 총을 들 수 없다는 마음으로 입영장소로 향했습니다. 부대 입구에서 운동장이 가까워지고 수많은 입영자들과 그들의 친구, 가족들 속에서도 마음은 편안하기만 했습니다. 선택에 앞서 과거에 가졌던 감옥에 대한 편견이 그리 두렵지만은 않았습니다.

입영 절차에 따라 여러 가지 조사를 하는 중 군인 한 분이 "여호와의증인을 종교로 가지며 집총을 하지 못하는 자!"라고 부르자 저는 일어나 대답했습니다. "여호와의증인은 아니지만 불교적 신념으로 집총을 하지 못합니다." 저는 따로 불려나가 입영자를 담당하는 어느 대위에게 안내되었고 그분과 대화를 나누었습니다. 저의 이야기를 들은 그분이 화를 내거나 설득을 하리라 생각했었지만 그렇지 않았습니다. 그분은 오히려 집총을 하지 않는 자를 군대에 입영시켜 죄를 묻기 싫다며, 또한 불교를 종교적 이유로 거부하는 사람이 없다며, 밖에 나가 병역거부할 것을 요청하였습니다.

집총 거부를 통해 감옥에 가려고 입영한 저는 혼란스러웠습니다. 하지만 한편으로는 감옥을 받아들이려 했다면 병역거부를 통해 사회적으로 해결하려는 노력을 기울이는 것도 중요하다는 생각이 들었습니다. 그래서 부대에 입영하지 않은 걸로 처리하고 부대에서 나오게 되었습니다.

병역거부에 대한 고민은 과거에 병역의 의무를 신성시했던 저에게는 분명 간단한 고민거리는 아니었습니다. 한국대학생불교연합회(대불련) 활동을 통해서 불교를 배우고 실천하며 갖게 된 선택이었던 것 같습니다.

대학에 들어가 대불련 활동을 시작하며 경험한 북녘동포돕기, 통일순례단, 반전평화운동 등의 활동은 사회에 대한 비판 및 참여의식을 갖게 했습니다. 하지만 불교학생회에서 만난 참회하고 정진하는 삶 속에서 그러한 감정들은 매번 혼란에 빠졌던 것 같습니다.

그러던 가운데 지난해에 양심적 병역거부를 선언한 오태양 법우를 만나면서 저의 가치관에 변화가 일어났습니다. 부처님의 가르침인 자비와 계율 중 하나인 불살생계에 대한 이야기를 들으며 스스로가 얼마나 폭력을 정당화했었던가를 느끼게 되었습니다. 그리고 사회 봉사를 요구하며 종교적 신념을 지키려는 오태양 법우의 모습이 가치 있게 다가왔습니다.

지난해 가을에는 금강산에서 진행된 남북해외청년학생 통일대회에 참여했습니다. 솔직히 말하면 북녘의 대학생들을 만나기 전까지는 공포심과 두려움이 가슴 한편에 자리잡고 있었습니다. 그러나 그들과의 대화 속에서 그들도 우리와 똑같이 가지고 있는 꿈과 희망 그리고 사랑을 발견할 수 있었습니다. 단지 이념과 사상이 다르다는 이유만으로 같은 민족에게 총부리를 들이대는 현실이 안타깝기만 했었습니다.

폭력은 외부 요건에서가 아니라 스스로에게서 시작됨을 알게 되었습니다. 진정 물리쳐야 할 적은 내 안에 있는 적이지 외부의 누군가가 아니라는 것. 폭력은 어떤 행위의 결과이자 또 다른 원인이며 그것은 사물이나 현상에 대한 개념화에서 시작하여 분별심을 만드는 것. 또한 그 분별심은 좋은 것을 소유하고 나쁜 것을 배척하고자 하는 욕망을 만들고 증오를 통해 폭력 다시 나타난다는 것을 알게 되었던 것 같습니다.

지난 3월 한국에 오신 틱낫한 스님의 강연회는 제 삶의 목표를 정립하는 데 중요한 계기가 되었던 것 같습니다. 스님은 폭력은 폭력을 낳는다면서 스스로가 평화로울 때만이 모든 생명이 평화로울 수 있다고 하셨습니다. 평화의 씨앗을 뿌리라고 하셨습니다.

부처님의 가르침인 '연기'와 '무상'을 받아들이며 평생 수행자로서 살아가겠다는 서원을 세웠습니다. 부처님과 부처님의 가르침, 사부대중에 귀의하며 오계를 지키고 바라밀을 궁행하며 모든 생명들이 다함께 행복할 수 있는 삶을 살자고 서원하였습니다.

더불어 삶의 목표가 생겼습니다. 나를 찾는 수행을 하고 모든 생명과 더불어 살아가는 공동체를 만드는 것입니다. 그것이 모든 생명이 평화롭게 살아갈 수 있도록 하는 평화의 씨앗을 심는 일이라는 생각이 듭니다. 그러면서 입영의 문제가 다가왔고 불교의 가르침과 전쟁에 대하여 고민했었습니다.

미국의 이라크 전쟁을 보며 잠 못 이루던 생각이 납니다. 그들이 그곳에 태어났다는 이유만으로 죽어가야 하는 것이, 그리고 내가 그들을 위해 아무 것도 할 수 없다는 현실이 안타까웠습니다. 당장이라도 인간방패로 참여하여 전쟁을 막는 데 참여하고 싶었습니다. 우리나라가 살인을 지지하고 참전하는 것이 정말 원망스럽고 부끄러웠습니다. 그것이 병역거부의 결심을 굳히게 되었던 계기가 되었던 것 같습니다.

군대를 부정하지 않습니다. 세상의 어떤 필요에 의하여 만들어진 연기와 같은 존재이기 때문입니다. 그러나 받아들이지는 않습니다. 단지 군대가 평화라는 필요에 의해 없어지도록 하는 세상을 만들어가고 싶습니다.

종교 또는 사상 등의 이유로 많은 분들이 병역거부를 하고 있는 걸로 알고 있습니다. 단지 스스로의 신념을 지켰다는 이유로 감옥에 보낸다는 것이 너무나도 비참합니다. 국가가 다양한 개인성을 인정한다면 양심적 병역거부자들을 감옥에 보내는 것이 아니라 사회봉사를 하도록 기회를 주셨으면 합니다.

불교계에서 양심적 병역거부에 대한 문제를 적극적으로 논의했으면 합니다. 오태양 불자에 이어 저가 병역거부를 결심하게 되었습니다. 석가모니 부처님께서도 전쟁을 막기위해 발 벗고 나섰으며, 눈앞에서 죽어가는 석가족들을 보면서도 비폭력으로 평화를 지켜나가셨습니다. 군입대를 앞두고 불교적 신념과 현실 앞에서 갈등하는 수많은 청년 불제자들이 있다고 생각됩니다. 종단 차원의 적극적인 문제해결을 요청드립니다.

부처님의 가르침 중 '자비무적'이 있습니다. 자비 곧, 평화로움은 그 어떤 힘으로도 이길 수 없다는 가르침입니다. 온 생명이 자비무적을 보편적 가치로 받아들이는 삶을 살았으면 합니다. 저 또한 그렇게 살아가도록 수행정진하겠습니다.

2003. 4. 30 병역거부선언

임성환

전쟁은 어떠한 형태로도 정당화될 수 없는 인류 미성숙의 표현입니다. 전쟁을 준비하기 위해 만들어진 '군대'라는 조직은 태생적으로 몰가치적일 수밖에 없으며 그 존재 자체가 끊임없는 긴장입니다.

거대 병영국가인 한국에서 '군대'는 민주정부를 몰락시키는 쿠데타의 도구로 활용됐고 광주의 무고한 시민을 학살하는 총탄이었고 베트남, 이라크의 시민과 젊은이를 대량 학살한 주범이자 공범이었습니다. 군대의 일원으로 참가한다는 것은 '물리적, 신체적 억압'만을 뜻하지 않습니다. 세계사를 피로 물들인 국가폭력에 동참한다는 것을 뜻하며 개인의 가치에 반해 언제라도 위와 같은 부도덕한 조직적 살해에 동참할 의사가 있다는 것을 밝히는 행위입니다.

저는 이러한 국가폭력에 동참할 의사가 없으며 어떠한 전쟁, 혹은 이와 관계된 모든 사안에 관여할 생각이 없습니다. 이는 내가 누군가의 폭력에 희생되지 않길 바라고 있으며 내 이웃 역시 그러할 것이라는 상식에 기반합니다. 내 이웃은 세계시민이며 이는 나이와 성별, 지역, 인종, 종교와 무관합니다.

상식과 양심, 종교적 사유에 의해 반세기에 걸쳐 이뤄진 1만여 병역거부자들의 저항, 그리고 그후 그들의 정신과 육체 위에 가해진 한국의 국가폭력은 깊게 새겨진 문신처럼 결코 지워질 수 없으며 이는 위선과 폭력에 기반한 20세기 한국 사회의 비극적 상징입니다. 저는 인류 공동체의 고통을 느끼고 국가폭력에 저항했던 평화주의자들의 삶에 동참하고 이에 따른 어떠한 고통도 감내해나갈 것임을 밝힙니다.

저는 병역거부운동이 한국시민운동과 저항사에 가장 중요한 사건 중 하나로 향후 그 시대를 바라보는 리트머스 시험지 같은 역할을 할 것이라 확신하고 있습니다. 또한 미숙한 국가와 이를 변화시켜나가고자 하는 개인의 대립에 대한 가장 극명한 기록들을 남길 것이라 봅니다.

평화에 기반하지 않은 진보란 존재하지 않습니다. 저는 한국 사회의 진보적 지식인들이 이 문제에 대해 더 깊이 인지하고 더 크게 발언해주길 희망하고 있습니다. 또한 국가와 사회의 폭력에 맞서 더 많은 벗들이 자신의 소신을 바탕으로 양심에 따른 병역거부에 동참하길 희망합니다.

알베르트 아인슈타인의 말을 빌어 제 소견을 마무리할까 합니다.

"진지한 마음을 가진 평화주의자들은 게으른 꿈과 싸우거나 평화에 대해 단지 이야기만 해서는 안됩니다. 실제로 무엇인가를 시도해야 합니다. 우리의 다음 단계는 행동하는 것입니다. 전쟁시에 모든 이들이 살인이라는 죄를 저지르는 것을 마치 자신의 의무인 양 생각하고 있다는 것을 깨닫게 해야 합니다. 우리는 사람들에게 전쟁의 부도덕성을 이해시켜야 합니다.

> "진지한 마음을 가진 평화주의자들은 게으른 꿈과 싸우거나 평화에 대해 단지 이야기만 해서는 안됩니다. 실제로 무엇인가를 시도해야 합니다."

우리는 이 낡고 야만스러운 관습으로부터 스스로를 해방하기 위해, 그리고 노예의 족쇄로부터 벗어나기 위해 힘이 닿는 한 모든 것을 해야 합니다. 이를 위해 두 가지 제안을 드리겠습니다. 그 중 하나는 이미 시도된 바 있으며 실질적인 행동입니다. 그것은 어떠한 상황에 부딪치더라도, 전쟁과 관련한 모든 종류의 복무에 참여하지 않는 것입니다. 비록 커다란 개인적 희생과 고난이 따를지라도. 평화를 위해 무엇인가 구체적인 일을 하려고 하는 모든 이들은 전쟁과 관련한 모든 복무를 거부해야 합니다."

2003. 7. 1 병역거부선언

임태훈

나의 양심에 따른 병역거부를 선언하며

2003년 7월 22일은 임태훈이라는 개인의 짧은 생애에 있어 가장 힘들고 어려운 결정을 내리는 운명의 날임과 동시에 6년 동안의 고민을 행동으로 옮기는 날이기도 합니다.

유년시절 나는 당시에 유행하던 〈로보트 태권V〉나 〈마징가Z〉와 같은 만화영화를 보는 것이나 다른 남자아이들처럼 총과 칼 같은 장난감을 가지고 뛰어노는 것보다는 〈캔디〉, 〈엄마 찾아 삼만리〉 같은 만화 보는 것과 언니들과 함께 종이 인형놀이와 소꿉장난, 공기, 고무줄놀이, 인형 모으는 것 등을 더 좋아했습니다.

그렇게 자라오면서 나는 단 한 번도 물리적인 힘을 행사하는 싸움을 한 적이 없었습니다. 그 이유는 유년시절 목격할 수밖에 없었던 가정 내의 이런저런 형태의 폭력들 때문이었습니다. 아주 어린 시절이었지만 우리 가정 내에서 벌어지는 크고 작은 폭력들은 나로 하여금 결국 약자에 대한 폭력은 그 주체와 객체 모두의 이성을 마비시키며, 폭력성을 내재화하고, 또 다른 형태의 폭력으로 재생되어 인간의 존엄성 자체를 무너뜨리는 결과를 낳는다고 생각하게 만들었습니다. 그래서 이때부터 나의 신조는 '누군가 나를 때리면 비겁하다는 소리를 듣더라도 도망을 가던지 아니면 그냥 한 대 맞고 말자'였습니다. 부모님의 권유로 건강을 키운다는 목적을 가지고 태권도를 배우기도 했으나 언제나 겨루기를 할 때는 번번이 지곤 했는데 그것은 아무리 스포츠라 하더라도 상대방을 공격하며 주먹질과 함께 발길질을 한다는 것이 너무도 싫은 저의 생각 때문이었습니다.

대학 시절 동양철학도로서 성현들의 말씀을 실천에 옮기는 것은 나의 중요한 신념 중에 하나였습니다. 제자백가 중의 하나인 묵가의 시조인 묵자의 겸애(兼愛)론은 "나와(自身), 나의 가족(自家), 조국(自國)을 사랑하듯이 남과(他人), 남의 가족(他家), 남의 나라(他國)를 사랑하면 폭력과 전쟁이 없을 것이다." 나아가 묵자는 비공론(非攻論)을 주장하는데 비공론이란 강자의 침략전쟁을 비난하는 것입니다. 또 묵자는 "일상 생활에서 일어나는 범죄에 대해서는 소리 높여 비난하면서도, 정작 절도, 강도, 살인의 몇 백 배 이상으로 흉악하고 비참한 침략전쟁에 대해서는 정의의 전쟁이니 하면서 찬미하고 기록으로 남겨 후대에 전하기까지 한다"며 일상의 폭력과 전쟁을 부정하였습니다. 이렇듯 대학 시절의 배움은 인본주의를 바탕으로 한 인간에 대한 근원적 신뢰와 인간 중심적 사상을 체득하고 이를 일상생활에 어떻게 잘 적용할 것인가에 대한 고민들로 이루어졌으며, 일상의 폭력과 전쟁과의 상관관계에 대해 좀 더 많은 고민들을 하게 했습니다. 그래서인지 젊은 시절에 좋아할 만한 액션영화보다는 일상의 폭력과 억압을 다룬 영화인 〈로메로〉, 〈비욘드 랭군〉, 〈간디〉, 〈컬러 퍼플〉 등을 즐겨 보았으며 지금도 가끔씩 비디오방에서 이 영화들을 다시 관람하곤 합니다.

일상의 폭력과 억압이 소수자의 인권을 끊임없이 침해해왔으며, 전쟁시에는 집단학살과 집단강간의 형태로 나타났다는 것을 역사가 입증하고 있습니다. 제2차 세계대전 중 히틀러와 나치당의 파시스트들은 동성애자, 장애인, 집시 등을 사회적 해충으로 단죄하여 낙인 찍고 집단학살하였습니다. 사회적 약자와 소수자에 대한 차별과 폭력의 형태는 여러 방식으로 표현되었습니다. 그것을 나열해보면 제거하기(마녀 사냥의 화형, 집단학살, 인종청소), 구획짓기(게토지역설정, 흑인출입금지, 강제이주), 낙인 찍기(주홍글씨, 신체상의 낙인), 수용하기(강제수용소, 정신병동, 감호소), 편견과 혐오의 확산(혐오적인 언어, 혐오 범죄, 천형), 무관심과 무배려, 그리고 정체성의 드러냄을 억제시키는 보이지 않는 사회적, 제도적 억압기제 등이 있습니다. 히틀러와 나치당은 이러한 일상의 폭력과 억압을 이용하여 철저한 박멸이론을 실천하였습니다. 낙인의 표시로 동성애자는 분홍색, 여호와의증인은 자주색, 정치범은 붉은색, 반사회적 사람은 검정색, 이주자는 청색, 집시는 갈색의 역삼각형의 표식을 가슴에 달게 하였습니다. 이러한 마녀 사냥의 대상은 주로 그 사회에서 힘 없고 자신의 권리를 대변하거나 주장할 능력을 갖지 못한 집단들이었습니다.

이 마녀 사냥은 지금 우리가 살고 있는 이 시대에도 소수종교집단뿐만 아니라 HIV 감염인, AIDS 환자, 동성애자, 성전환자들에 대한 억압과 차별, 그리고 창살 없는 감옥에 살고 있는 수배자들과 이들에 대한 빨갱이 사냥 등으로 변형되어 자행되고 있습니다. 마녀 사냥에 대한 접근 방식과 형태가 달라졌을 뿐 마녀와 희생양을 요구하는 사회적 경향은 분명히 지금도 현존하고 있는 것입니다.

적극적인 평화를 정착시키기 위해서는 일상의 폭력과 억압이라고 할 수 있는 가정폭력(구타, 학대), 학교폭력(체벌, 왕따), 공권력에 의한 폭력(사형제도, 전투경찰제도)이 근절되고, 사회적 소수자에 대한 억압이 없어질 때 비로소 해소될 수 있다고 생각합니다.

나는 인권에 대한 체계적인 활동과 공부를 심도 있게 하기 위해 성공회대학교 NGO대학원에 입학하였습니다. 대학원에 입학하기 전 군대 입영문제로 고민을 많이 하였습니다. 그러던 중 '양심에 따른 병역거부'의 정의와 함께 이들도 양심수에 속한다는 이야기를 듣게 된 것은 국내인이 아닌 AFSC(미국친우봉사회)에서 활동하고 있는 미국인 카린으로부터였습니다. 그녀는 양심에 따른 병역거부자들의 각국 현황과 운동들에 대해 상세히 알려주었으며, 유엔인권위원회에서 이 문제를 매우 비중 있게 다루고 있을 뿐 아니라, 각국에 이들을 위한 대체복무제도를 도입할 것을 권고하고 있다는 이야기와 함께 이에 대한 많은 자료를 받기도 했습니다. 이를 계기로 한국 역시 양심에 따른 병역거부운동과 대체복무제도 도입이 필요함을 절실하게 느끼게 되었습니다.

특히 내가 군대 문제에 관심을 가지게 된 것은 나의 성 정체성과 병무청에서 실시하는 신체검사 때문이기도 합니다. 군입대 전에 실시되는 신체검사들 중 하나인 인성검사(360여 문항으로 구성된)의 몇 조항들은 동성애자를 찾아내기 위한 조문으로 구성되어 있습니다. 저는 동성애자임에도 불구하고 그 조항에 표기할 수 없었습니다. 그 이유는 프라이버시권이 보장되지 않은 불특정 다수가 어깨를 밀착하고 있어서였고, 동성애자라고 밝히는 순간 그곳에서 어떠한 일들이 벌어질지 그 누구도 알 수 없었으며, 그 사실을 가족에게 통보할지 모른다는 막연한 공포심리 때문이기도 했으나, 무엇보다 나의 내면에 온갖 형언할 수 없는 수치심과 모멸감이 나의 성 정체성을 짓누르고 있었기 때문입니다.

이후 인권운동을 하면서 알게 된 사실이지만 성전환자(트랜스젠더)와 동성애자는 현행 '징병-신체검사등검사규칙(국방부령 제534호) 제11조(질병·심신장애의 정도 및 평가기준) 별표2' 중 120번 인격장애 및 행태장애(인격장애, 습관 및 충동장애, 성 주체성장애(성전환자), 성적 선호장애(동성애자) 등) 정신과 진단서를 받을 경우 4급에서 5급 판정을 받을 수 있습니다. 이 조항을 근거로 저 또한 여타 다른 동성애자들처럼 병 진단서를 첨부하면 공익근무요원 내지는 병역의무를 완전 면제받을 수 있습니다. 그러나 이러한 규정은 미국정신의학회의 「정신병의 종류와 통계에 관한 편람(DSM)」의 규정과 세계보건기구 국제질병분류(ICD) 규정을 정면으로 위반하고 있는 것입니다. 위와 같은 국제적 기준을 한국 정신의학회와 심리학회도 따르고 있습니다. DSM에 따른다면 동성애는 지극히 당연하며 자연스럽고 건강한 인간 본성의 한 부분이라고 되어 있습니다. 미국 정신의학회를 비롯한 수많은 단체들은(심리학회, 상담심리학회, 학교심리학회, 사회사업학회 등) 동성애자에 대한 잘못된 처우 특히 성적지향성을 치료하려고 시도하는 일체의 행위를 반대하고 있습니다.

저는 동성애자를 차별하고 소위 비정상성으로 규정하고 있는 대한민국 군대의 입대를 시민불복종적 의미에서도 거부하고 싶습니다. 또한 인권활동가로서 타인을 죽이는 연습이나 이에 동조하는 일체의 행위를 할 수 없습니다. 이는 굳이 세계인권선언문과 국제인권법·헌법의 조문을 일일이 나열하지 않아도 알 수 있는 진리이자 보편 타당한 명제일 것입니다.

저는 한국사회가 관용의 정신을 바탕으로 '차이'를 인정하여, '다를 수 있는 권리'가 실현될 수 있기를 간절히 희망합니다. 현재 수감되어 있는 양심적 병역거부자들을 즉각 석방해줄 것과 유엔인권위원회에서 서명 날인한 대체복무제도를 속히 이행해줄 것을 법무부에 삼가 요청하는 바입니다.

그들이 결코 잊혀지지 않게 해주소서.
죽어간 수많은 이들을.
우리 이름 없는, 영원한 순교자들을.
— 나치의 집단학살에서 살아남은 동성애자 하인츠 헤거의 수기
『The Men with the Pink Triangle』 중

2003. 7. 22 병역거부선언

염창근

저의 가슴 속 작은 소망을 추구하고 싶습니다

저는 올해로 27살이 되는 젊은이입니다. 오늘 저는 훈련소로 가지 않고 그동안 함께했던 사람들과 이야기를 나누고자 합니다. 이러한 선택이 진실로 저의 소망을 추구하는 것이라고 확신하기 때문에 행복한 마음입니다.

저는 병역거부를 결심하기까지 많은 고민을 하지 않을 수 없었습니다. 그것은 아마도 군에 입대하는 대부분의 젊은이들도 마찬가지라고 생각합니다. 그들은 '병역의 의무'를 받아들일 수밖에 없었기에 많은 고민과 고통을 인내하였을 것입니다. 서로 조금은 다르게 생각할지라도 공감하는 부분이 있을 것입니다. 우리가 좀 더 미래로 시선을 돌린다면, 더 많은 부분을 공감할 수 있으리라고 생각합니다.

저에게 평화가 들어오기까지

저는 산으로 둘러싸인 거창이라는 곳에서 태어났습니다. 가정 형편이 좋지 않았지만 어렸을 때는 평범하게 자랐습니다. 또래의 아이들과 똑같이 장난감을 가지고 놀고, 때론 다투기도 하고, 전쟁놀이도 하면서 지냈습니다. 허약하지는 않았어도 튼튼한 몸을 가지고 있지 않았기 때문에 놀이를 하면서도 얻어터지는 일이 많았습니다. 또 장난이 심해 친구의 집을 난장판으로 만들기도 했고 담벽을 타면서 놀기도 하였습니다. 장난꾸러기였기에 하루라도 야단맞지 않은 날이 없었던 것 같습니다. 그래도 꾸짖으면서도 따뜻하게 보살펴

주신 할머니와 부모님 덕분에 행복하게 자랐습니다.

학교를 다니면서는 장난은 줄어들었지만, 공부보다는 친구들과 어울리기를 좋아했습니다. 학교 공부보다는 도서관에 쌓여 있는 책들을 보는 것이 훨씬 재미있었고, 그것을 친구들에게 이야기해주는 것도 좋아했습니다. 그러다 중학 2학년 때, 국어선생님의 권유로 백일장에 나가게 되었고, 우연히 입상하게 되면서 시를 접하게 되었습니다. 그때부터 저는 조금 다른 삶을 시작한 것 같습니다. 시를 읽고 쓰는 일은 저에게 많은 것을 알려주었습니다. 이 세상의 아름다움, 자연과 인간의 삶의 아름다움, 그리고 그것이 우리는 베풀어주는 혜택에 대해 조금씩 알게 되었습니다. 그것은 제가 인생의 가치를 배울 수 있었던 기회였습니다. 그래서 저는 조금씩 작가의 꿈을 키워갔나 봅니다. 시평을 하고 소설도 쓰면서 창작의 즐거움에 빠져 있었습니다.

고등학교 1학년 때 일어난 아버지의 작고는 저에게 매우 큰 충격을 주었습니다. 1년을 넘게 투병을 하셨지만 간경화라는 병을 이겨내시지 못하였습니다. 그동안은 매일 아침 일찍 일하러 나가시고 밤 늦게서야 돌아오시는 아버지와 거의 이야기를 나눌 수 없었지만, 1년 동안의 투병은 아버지의 이야기를 들을 수 있는 소중한 시간이었습니다. 늘 엄하고 야단만 치시는 아버지를 싫어했지만 이때만큼은 동료처럼, 친구처럼 자기 이야기를 해주었습니다. 그때 아버지와 보낸 경험은, 저에게 많은 시와 소설을 쓰게 하는 동력이 되었습니다. 그리고 아버지의 작고는 자신의 인생을 어떻게 살아가야 하는지를 깨닫게 해주었습니다. 어머니의 슬픔과 어눌한 가정 분위기에도 불구하고 저는 즐겁게 살아가야 한다는 강박관념을 지니고 있었던 것 같습니다. 공부를 뒤로 미루고, 전보다 더 많은 사람들과 어울리고 더 많은 경험을 하고 싶었습니다. 그때의 시간은 또 다른 저를 만들어가게 하였던 것 같습니다.

일련의 일들로 인해 '내가 해야 할 일과 하고 싶은 일을 하며 자유롭게 살아가야 한다'고 생각하게 되었습니다. 그 길은 작가의 길이었고, 저는 작가가 되기 위해 국문과를 선택하였습니다.

저는 대학에 들어와서 습작 연습을 하는 한편, 대학 선배들의 도움으로 우리 사회에 관심을 가지게 되었습니다. 그것은 저에게 또 다른 영향을 주었습니다. 인문과학과 사회과학의 지식들은 저에게 사회참여와 행동을 가르쳐 주었습니다. 그래서 자연스럽게 학생운동에 동참하였고, 사회변화에 저의 작은 힘을 보태고자 하였습니다. 역사의 거대한 흐름은 평등하고 인간다운 세상으로 나아갈 것이라는 확신이 오랫동안 저의 가슴 속에 커다랗게 자리하였습니다.

저의 대학 시절은 '내가 믿을 수 있는 진리'를 찾는 것에 집중되어 있었습니다. 작가의 길은 조금씩 멀어졌지만 후회는 없었습니다. 내가 믿을 수 있는 진리를 확립하고 실천하다면 충분히 의미 있는 삶이라고 생각했습니다. 그래서 대학 시절 동안 사회과학을 탐구하고 다양한 사회활동들을 하면서 보냈습니다. 철학과 역사를 배웠고, 사회학과 다양한 사상들을 접하였습니다. 활동을 통해 맑스주의, 생태주의, 여성주의에 대한 신념도 생겨났습니다. 그것들은 그동안의 나를 깨버리는 놀라운 경험들이었습니다.

그러나 그것은 동시에 많은 좌절을 안겨주기도 했습니다. 진실된 것인 만큼 가혹한 것이었기에 머리로는 받아들여져도 행동은 실수투성이었습니다. 그럴 때마다 매번 군대를 갈까 고민하였습니다. 그렇지만 군대를 가게 되면 왠지 그동안 추구했던 모든 것들이 무너질 것만 같았습니다. 그래서 저는 멈추지 않기로 결심하고 철학과 대학원에 진학했습니다. 그리고 그곳에서 배운 불교철학, 간디주의 등의 세계 철학들은 또 다른 진실을 받아들이게 하였으며 다시 한 번 저를 깨버리는 계기가 되었습니다.

그러는 와중, 저는 병역거부를 고민하게 되었습니다. 2002년 겨울에 있었던 오태양 씨의 병역거부가 직접적인 계기가 되었고, 여러 사람의 의견들도 결심에 이를 수 있게 도움이 되었습니다. 친구이자 동료였던 나동혁의 병역거부를 계기로 후원회 활동을 하면서 병역거부를 준비하였습니다.

2002년 겨울, 미국이 이라크 전쟁을 꼭 벌이겠다고 하는 소식들을 접하게 되었습니다. 한참 부시가 세계를 향해 이라크 전쟁을 독려하고 있었고 또 북한에 대해 군사 행동을 해야 한다고 위협하고 있었습니다. 그러던 중 미국에 있는 9. 11 테러 유가족들이 이라크에서 '자기의 이름으로 전쟁을 하지 말라'고 호소하는 뉴스를 목격하였습니다. 누구보다도 테러에 대해 분노하고 있을지 모를 9. 11 테러 유가족들이 평화적 해결을 요구하는 모습은 잔잔한 감동으로 다가왔습니다. 저는 이에 고무되었고, 이라크에서 인간의 물결을 만들자라는 국제반전단체의 제안을 선뜻 받아들였습니다.

소위 '인간방패'가 되는 것을 감수하겠다며 감성적으로 받아들였지만, 다른 한편으로 참 두려운 일이었습니다. 한참을 거듭 생각하였고, 그날부터 저는 불면증에 시달렸습니다. 전쟁 속에서 장애인이 될지도 모르며 죽을지도 모른다는 생각이 계속 생겨났고, 악몽을 꾸기 시작하였습니다. 동시에 그 고통을 수십년 간 겪어온 분쟁지역 사람들의 마음이 그대로 가슴 속에 들어오는 것 같았습니다. 저의 눈과 귀는 모두 이라크에 빼앗겨버렸고, 신문을 볼 때나 뉴스를 볼 때도 국제 기사를 먼저 보기 시작하였습니다.

저는 분명하게 느껴지기 시작한 '전쟁의 고통'을 감내하기로 결심하였습니다. 다음 날부터 저는 일기를 비롯해 각종 생활들을 정리하기 시작했고 지저분한 방을 청소하기 시작하였습니다. 저의 결심을 알리고 출국준비를 시작하였습니다. 결심은 진심일 수밖에 없었기에 모든 것을 정리하고 가야겠다고 생각했습니다. 그리고 저의 결심을 가족들과 주위 분들에게 알리면서부터는 몸과 마음과 태도도 달라지기 시작하였습니다.

그러나 저는 병역미필자 해외출국 나이 제한 등에 걸려 결국 이라크반전평화팀에 합류하지 못하였습니다. 하지만 저의 마음은 이라크에서 벗어날 수 없었기에, 그리고 수많은 사람들의 발길 때문에, 저는 반전평화팀의 의지와 실천이 제대로 실현되기를 간절히 바랐습니다. '이라크반전평화팀 지원연대'를 꾸리고 지원하는 일을 맡으면서 제발 전쟁이 일어나지 않기를, 무사히 돌아오기를 고대하며 뜬눈으로 지새울 수밖에 없었습니다. 전쟁터로 가야 한다고 결심하던 순간에 일어났던 심장의 떨림과 근육의 긴장, 폭격이 시작되고 전쟁이 발발하던 순간부터 사라지지 않는 초조감, 이라크에 들어가 있는 팀원들의 가족에게서 전화를 받아야만 했을 때의 어려움, 꽃이 피고 한들 한들 봄기운이 이 땅을 뒤덮고 있을 때도 사방이 막힌 골방에라도 처박힌 듯한 답답함, 날이 날카롭게 선 채로 마주할 수밖에 없었던 순간 순간의 감정들이 그때의 저를 지배하고 있었습니다.

그리고 어느새 이라크 지도를 그릴 수 있게 되었을 때, 축적된 짓눌림에 못 이겨 쓰러지기도 하였습니다. 매번 목숨을 전제하고 이야기했던 처절함 때문에 참으로 많은 상처가 생겨났으며 아래로 아래로 무너져가곤 했습니다.

이라크반전평화팀 활동을 통해, 그리고 미국의 이라크 점령을 보면서 저는 전쟁과 평화는 양립될 수 없으며, 전쟁과 민주주의도 양립할 수 없음을 분명히 알게 되었습니다. 그리고 군사력과 폭력의 지배를 억제하는 평화를 향한 길이 진정한 나의 길임을 분명하게 느껴졌습니다.

저에게 있는 평화의 신념에 관하여
불과 몇 년전만 해도 저는 평화를 향한 걸음을 분명하게 알지 못했습니다. 평화가 평등만큼이나 너무나 높은 추상이기에 그러한 것 같습니다.

많은 사람들은 인류 역사에서 전쟁은 늘 있어왔다고 이야기합니다. 그리고 평화에 대한 염원도 늘 있어왔다고 합니다. 그리고 자기 영역과 이해를 위해서는 전쟁과 폭력은 어쩔 수 없는 것이며, 인류도 적자생존이나 생존경쟁에서 완전히 벗어날 수 없다고 생각하고 있습니다. 가족, 종족, 민족, 국가를 지키기 위해서는 개인의 분쟁에서 국가 간 무력충돌까지 자연적인 것으로, 당연한 것으로 생각하고 있습니다.

평화는 자연법칙에서 어긋나서 실현할 수 없는 환상일지 모른다고 합니다. 인간의 욕심과 이해를 바탕으로 하는 자본주의 체제는 가장 자연스러운 것이라는 주장도 신빙성이 있을지 모르겠습니다. 무엇보다도 우리가 일상에서 살아가면서 겪는 수많은 생존의 경험들, 그 생존을 위해 발버둥치는 사람들과 부딪치면서 느끼는 분노와 적대감 같은 감정들, 돈 중심의 사회에 당연한 것처럼 통용되는 차별과 폭력들. 이런 것들이 '결국은 인간은 다 똑같이 이기적이다'라는 말을 뒷받침하는 듯합니다.

제3세계 인민을 포함한 오늘날 체제하의 민중들은 고통 속에 있습니다. 인류에게는 여전히 핵전쟁의 공포가 드리워져 있으며, 지구는 파괴되고 있습니다. 노인과 고아, 장애인들의 절대다수는 비인간적인 환경 속에 버려져 있습니다. 여러 나라에서는 국민의 다수가 기아의 고통 속에 있습니다. 노동자와 농민을 포함한 생산자들은 지구의 어떤 곳에서나 여전히 제대로된 시민권조차 없습니다. 한국 역시 세계 체제의 무한경쟁에 적응하기 위하여 노력하고 있습니다.

무한경쟁의 자본주의 체제가 완벽한 승리로 정리된 것 같은 오늘날, 다른 꿈을 꾸어봅니다. 평화는 안보의 수준이 아니며, 단지 전쟁 없는 상태만이 아닐 것입니다. 외부의 침략으로부터 안정을 지키는 상태가 아니라, 오직 전쟁과 군대를 준비함으로써 얻을 수 있다고 말하는 극히 군사적 긴장 유지가 아니라, 서로를 이해하는 것에서 시작하는 공존과 평등의 차원에서 평화를 바라보고자 합니다.

평화란 모두에게 있어야 할 공기와 물과 햇볕과 같은 것이라 생각합니다. 평범하지만 없어서는 안될 평화는 위용차고 거룩한 한 그루의 나무 아래에서 시작되는 것이 아니라, 들풀들이 서로 손잡고 속삭이면서 시작되어야 할 것입니다.

이라크 전쟁은 저에게 고통 속의 인간을 보여주었고 많은 것을 가르쳐 주었습니다. 그리고 어떤 반성을 불러왔습니다. 그러나 반성은 있었지만 쉽게 극복되지는 못했습니다.

전쟁은, 분쟁은, 국가 간의 이해뿐만 아니라 개인 간에서도, 더 나아가서는 자기 자신 안에서도 일어난다는 것을 분명하게 목도하였습니다. 이라크 전쟁을 계기로 평화에 대한 마음이 일어났던 것은, 세계의 모든 질서를 자기 손에 쥐고 있어야 했던 미국이 일으킨 전쟁이었기 때문이었기도 했지만 자기와 타인을 차별했던 이기주의에 대한 반성 때문이었으며 일상에서 체화된 자기 안의 반평화의 찌꺼기를 없애기 위해서였던 것 같습니다.

지금의 수많은 반전평화의 활동들은, 자신이 자신에게 말을 건네는 진지한 성찰이 아닐까 합니다. 그것은 거대한 세계 질서와의 싸움이면서 곧바로 자신과의 싸움이었습니다.

한 명 한 명이 평화적 존재로, 평화의 증인으로 단련되어야 함을 깨닫습니다. 평화가 삶과 일상의 영역이듯 그 단련 또한 일상적인 문제일 것입니다.

우리는 오랫동안 전쟁 속에 있었습니다. 장난감에서부터 TV를 비롯한 온갖 매체에서는 전쟁 만화와 프로그램이 즐비합니다. 전쟁과 폭력이 내면화되어 갖가지 폭력을 무감각적으로 수용할 수 있도록 길들여져 있습니다. 우리가 이를 해결하지 못하고서는 앞으로 나아가지 못할 수도 있습니다.

**한 명 한 명이 평화적 존재로, 평화의 증인으로 단련되어야 함을 깨닫습니다.
평화가 삶과 일상의 영역이듯 그 단련 또한 일상적인 문제일 것입니다**

평화는 자기 만족과 풍요를 의미하는 것이 아니라, 자기 실현에 대한 이야기이며 모두의 실현에 대한 이야기라고 생각합니다. 또한 평화는 '누구를 위하는 것'이 아니라 '너를 이해하는 것'에서 시작되는 것이었으며, 자기 마음을 열어내고 너의 마음을 이해하는 것이었습니다.

저의 소망

저는 평화와 자유를 추구하면서 소박한 삶을 살고 싶습니다.

무슨 일이 있어도, 어떠한 상황에서도 사람을 향해 총과 칼을 들지 않겠다는 굳은 마음을 간직하고, 사람을 죽이는 일과는 관계하지 않겠다는 신념을 지키고자 하는 평범한 젊은이이고자 합니다. 이런 마음으로 병역을 거부하게 되지만, 축하를 보낼 수 없는 부모님의 아픔 또한 간직하고자 합니다.

저는 우리 사회 공동체가 많은 사람들의 노력으로 유지되고 있다고 생각하며, 공동체를 위해 제가 할 수 있는 의무를 수행하기를 희망합니다. 분쟁

지역에서의 해외봉사활동을 몇 년 동안 해도 좋고 우리 사회 곳곳에 있는 소수자들을 위한 봉사활동도 좋습니다.

우리가 분노를 분노로서, 미움을 미움으로서, 폭력을 다시 폭력으로서 대응하기를 멈추지 않는다면, 처참하게 고통받고 희생된 이들의 무서운 분노는 언젠가 터져나올 것입니다. 우리가 해결할 수 없다면 인류에게 희망은 없을지도 모릅니다. 저는 이제 전쟁만큼은 용납하지 않고자 합니다.

그리하여 무고한 인간을 대규모로 학살하는 전쟁 그 자체를 거부하며, 따라서 전쟁과 살상을 목적으로 하는 어떠한 군사훈련에도 참여하지 않겠다는 개인적 서약을 지키고자 합니다.

그리하여 이 세상의 젊은이들이 총 대신 서로의 손을 맞잡고, 전쟁과 가난의 고통이 사라지게 하는 자그마한 실천들을 나누는 것을 소망합니다.

함께 이 땅의 생명과 평화에 대해 대화하면서 그 소리가 메아리가 되어 널리 퍼져나가기를 소망합니다.

그리하여 양심에 따른 병역거부자들이 감옥에 보내지는 것이 아니라 자신의 소중한 꿈을 펼칠 수 있도록 기회를 주는 사회가 되기를 기원해봅니다.

2003. 11. 13 병역거부선언

강철민

노무현 대통령께 드리는 이등병의 편지

대구 산골의 촌놈으로 태어나 산이고 들이고 동네의 온 천지를 뛰어다니며 비 오면 비 맞고 눈 오면 눈 맞으며 돌아다니는 저를 보시고는 동네 어르신들이 욱수골 타잔이라 부르셨습니다. 욱수골 타잔. 생각만 해도 우스꽝스러운 별명입니다. 욱수골 타잔으로 불리던 제가 나이가 차서 어련히 가야 한다는 군대라는 곳에, 할 줄 아는 것이라고는 그나마 운전밖에 없어 운전병으로 입대를 하게 되었습니다.

한여름의 길쭉한 태양과 걸쭉한 소낙비를 맞으며 군사 훈련을 끝내고 또한 운전 훈련을 끝내고 전라도 장성에 있는 상무대라는 곳으로 자대 배치를 받았습니다. 그렇게 자연스럽게 군대라는 곳에 입대한 제가 이렇게 대통령께 편지를 쓸 것이라고는 상상도 못했던 일입니다.

제가 이렇게 대통령께 편지를 쓰는 까닭은 이등병인 제가 생각하기에도 이라크 파병이라는 결정이 잘못되었다는 생각에서입니다. 물론 대통령께서도 적지 않은 고민에서 그러한 결정을 내리셨을 것이라 생각됩니다. 하지만 그러한 판단은 우리 군대의 장교는 물론이고 사병들까지 죽음으로 내모는 것이라 생각됩니다.

군인으로서 그러한 죽음을 두려워서가 아니라 아무런 명분도 도덕도 없는 제2의 베트남전에 우리의 군대가 파병되어 이라크 국민을 죽이고 또한 죽어간다면 그것은 분명히 잘못된 결정이라 생각됩니다.

대통령께서도 군대에 갔다 오신지라 침략전쟁에 반대하고 세계평화에 기여한다는 우리 군의 역할을 충분히 아시리라 생각됩니다. 자국의 군대가 자국의 국토와 자국의 국민을 보호하는 것 이외에, 침략전쟁의 도구로 쓰여진다면 그것은 이등병인 제가 아니라 어느 누가 보아도 틀린 결정이라 생각됩니다.

아직 배우고 익혀야 할 군인인 제가 이렇게 군에 관한 문제를 군 최고통수권자인 대통령께 이야기하는 것은, 다시 한 번 이라크 파병이라는 중대한 문제를 자주국방의 원칙에 맞게 생각해주셨으면 하는 바람에서입니다.

어제는 이러한 저의 생각을 가족들과 마주앉아 이야기했습니다. 한마디 한마디 말씀드릴 때마다 걱정 어린 눈으로 바라보시는 부모님의 눈동자가 저의 가슴을 쳤습니다. 하지만 이러한 파병 결정이 현실로 나타난다면 자식 잃은 모든 부모님의 눈동자가 저의 가슴을 칠 것 같았습니다.

이러한 고민이 느껴졌는지 나중에는 부모님도 저의 의견을 더 이상 말리지 않으셨습니다. 그리고 열심히 하라고 격려해준 제 동생의 말 한마디가 저에게 많은 힘이 돼주었습니다. 저는 참 불효자입니다.

자국의 군대가 자국의 국토와 국민을 보호하는 것 이외에, 침략전쟁의 도구로 쓰여지는 것은 누가 보아도 틀린 결정이라 생각됩니다

저는 이라크전쟁 파병을 반대합니다. 여기 모이신 모든 분들은 물론이고 모든 국민들 또한 저와 같은 생각일 것입니다. 그러하기에, 아직 군 생활이 많이 남은 한국군의 일원으로서 침략전쟁인 이라크 파병에 반대하며, 이러한 상황이 파병 철회로 바뀔 때까지 수없이 고민해온 농성을 시작할까 합니다.

갑자기 추워진 겨울, 모든 분들의 건강과 평화를 기원합니다.

2003. 11. 21 병역거부선언

(김석민)

꽃으로도 때리지 말라

"생명과 평화를 사랑하는 형제자매 여러분. 비록 두렵고 긴장되지만, 저는 이 긴 여정을 단순한 마음으로 떠나겠습니다. 전쟁으로 인해 죄 없는 생명들이 죽어가고 참 평화가 몹시 절실한 때이니 더더욱 길을 떠나야겠습니다. 새만금 갯벌에서 십여 년이 넘게 벌어지고 있는 저 소리 없는 총성과 떼죽음, 그리고 제발 전쟁을 중단해달라는 이라크 양민들의 피어린 호소를 함께 가슴 속 깊이 품고 이 길을 떠나겠습니다. 우리가 새만금 갯벌을 살릴 수 있다면, 소리내지도 못하고 보이지도 않는 것들의 소중함과 귀함도 진정으로 깨달을 수 있다면, 그 어떤 참혹한 전쟁도, 저 터무니없는 죽음과 공포의 행진도 멈추게 할 수 있을 것입니다."

—문규현, 「삼보일배의 길을 떠나며」 중

평화로 가는 길은 없다 평화가 바로 길이다

대학와서 처음 운동이라고 해본 것은 장애인이동권 투쟁이었습니다. 이 싸움을 하면서 신체적 정상성이라는 것이 차별을 만들기 위한 차이의 기준일 뿐이라는 사실을 알았고, 하물며 이런 '정상성을 등급화하는' 군대에 대해서도 반감을 가지게 되었습니다. 몇 해 전부터 알게 되었고 결국은 스스로가 사회

문제로 되어버린 이주노동자들은 또 어떻습니까? 그들이 똑같이 일하고도 차별을 받는 이유에 관해 저는 '그들이 병역의무를 수행한 1등국민이 아니라는' 사실을 빼고서는 도저히 생각을 할 수가 없습니다. 건설사의 이익을 위해 변변한 주거대책도 없이 쫓겨나는 철거민들과 함께하면서는, 국가의 공권력이라는 것이 무엇인지를 알게 되었습니다. 포크레인으로 생사람을 찍어대는 용역깡패를 비호하며 '자본만의 평화로 가는 평화롭지 않은 길'을 말입니다.

평화를 원하거든 평화를 준비하라

양심에 따른 병역거부권 실현과 대체복무제도 개선을 주장합니다. 양심에 따른 병역거부권은 종교 및 사상의 자유에 입각해 유엔이 인정하는 보편적인 권리이며 대체복무제는 징병제가 있는 나라라면 거의 모든 나라에서 함께 보장하고 있는 제도입니다. 다만 군대를 가는 분들의 오해가 없으시기만을 간절히 바랄 뿐입니다. 군대를 가는 것도 가는 분의 양심이라고 생각하며 그런 양심을 비난하고 싶은 생각은 추호도 없습니다. 남들과의 차이는 항상 자신을 차별하는 기준이 되어왔기에, 양심에 따른 병역거부라는 '차이의 인정'이 병역의무의 이행을 비양심적인 것으로 매도하는 '차별의 시발'이 될 것이라고 많은 수가 걱정할 수밖에 없는 한국사회의 흑백논리가 두려울 뿐입니다. 항상 소수자에게 불리하게 마련인 이런 이분법에 맞서고 싶을 뿐입니다.

병역거부를 선언하며

양심에 따른 병역거부를 결심하게 된 것은 해방 후에만도 1만 명에 가까운 여호와의증인들이 수감돼왔다는 사실을 알고 나서부터입니다. 일제시대에도 마지막까지 징병을 거부한 거의 유일한 분들이었지만, 대한민국에서도 1등국민은 될 수 없었던 것입니다.

> "관찰보다는 애정이, 애정보다는 실천적 연대가, 실천적 연대보다는 입장의 동일함이 더욱 중요합니다. 입장의 동일함 그것의 관계의 최고 형태입니다."
>
> —신영복의 『감옥으로부터의 사색』 중

2004. 4. 29 병역거부선언

최진

나는 이 땅의 교사로서 군대를 거부합니다

저는 길을 걷는 사람입니다. 길에서 세상을 만나고 스승을 만나고 친구를 만나왔습니다. 사람과 풀과 나무와 작은 새들, 별빛과 바람냄새와 물소리를 형제로 여기며 길을 걸었습니다. 그 여정 가운데 내 안에 계신 하느님을 만났습니다. 내가 미워하고 감추려했던 나의 모든 모습을 하느님이 있는 그대로 사랑하신다는 것을 알게 되었습니다. 길 위에서 나는 나를 만나고 나를 위로하고 나에게 용서를 구했습니다. 나는 처음부터 하느님이 사랑하시는 그의 자녀였기 때문입니다. 이후로는 한 땀 한 땀 바느질을 하듯 걸음을 옮겼습니다. 이 땅의 미움과 무관심으로 갈라진 관계를 걸음을 통해 회복하고 싶었기 때문입니다. 저는 아직도 그 걸음을 걷고 있습니다. 하늘이 허락하는 한 그 걸음을 멈추지 않을 것입니다.

저에게 병역거부에 대한 씨앗이 싹튼 계기는 55년 전 지금 제가 살고 있는 문경의 작은 마을에서 일어난 한 사건 때문이었습니다. 2003년이 시작되던 겨울, 제천에서 국어교사를 하고 있는 한 선생님께서 제게 이런 제안을 하셨습니다. 양민학살지인 단양의 곡계굴에서 문경의 석달마을까지 평화도보순례를 기획해보면 어떻겠냐는 것이었습니다. 자연스레 6. 25사변 전후에 있었던 양민학살의 역사를 접하게 되었습니다. 그 가운데서도 석달마을에서 일어난 사건은 큰 충격으로 다가왔습니다. 1949년 12월 24일 오후 2시 경, 국군 2개 소대는 문경의 주월산에 있는 공비를 토벌하기 위해 이동하던 중 석달마을에 도착하였습니다. "국방군이 와도 환영하지 않는 것을 보니 빨갱이 마을이다"라는 소대장의 불평과 더불어 24채의 집을 모조리 태우고 전 주민 127명 중 86명을 학살하였습니다. 그 가운데 13살 미만의 아이들이 27명이나 되었지요. 이때부터 막연하게 이해하고 있던 군대에 대해, 우리의 역사에 대해 공부하기 시작하였습니다.

그로부터 얼마 지나지 않아 미국은 이라크에 대한 보복전쟁을 선언하였습니다. 제가 근무하고 있는 초등학교의 반 아이들과 함께 논의를 한 끝에 아이들은 피켓을 만들고 저는 문경 시내에서 1인 시위를 시작하였습니다. 난생 처음 하는 1인 시위라 부끄러운 마음이 들었습니다. 그러나 사흘쯤 지나자 가슴엔 이라크에 있는 1500만 명의 아이들에 대한 마음이 가득 차기 시작하였습니다. 매일 1시간 동안의 1인 시위는 온전히 기도하는 시간으로 바뀌었습니다. 스무 날 남짓 1인 시위를 하고 아이들과 함께 대통령께 편지를 쓰고 아침마다 이라크 아이들을 위해 그곳에 전쟁이 일어나지 않기를 각자가 믿는 신을 향해 기도드렸습니다. 하지만 전쟁은 일어났고 대한민국 정부는 국익을 이유로 파병안을 통과시켰습니다. 소식을 접한 저와 아이들은 할 말을 잃고서 한참을 앉아 있었습니다. 전쟁의 공포에 떨게 될 이라크 사람들을 위해 아이들과 함께 기도를 올리며 대한민국의 초등학교 교사로서 아이들 앞에서 가눌 수 없는 부끄러움과 분노가 솟아올랐습니다.

총선을 앞두고 불리한 상황이 될까 봐 이승만 정부는 억울하게 학살당한 민간인들을 죄인 취급하였습니다. 반세기가 넘는 세월동안 대한민국은 국가의 안보를 이유로 사실을 밝히지 않았습니다. 대한민국의 상황과 이라크 사람들이 지금 이 순간 겪는 상황은 저에게 다르게 느껴지지 않았습니다. 석달마을의 아이들에게 일어났던 폭력이 이라크의 아이들에게 다시 일어날 생각을 하니 가슴이 찢기는 듯 아팠습니다. 강한 나라와 큰 기업의 이익을 위해 그 억울함은 덮여질 것입니다. 그 아이들은 우리 반 아이들과 다를 바 없는 아이들입니다. 모두가 하느님의 자녀이며 한 형제입니다. 국익을 이유로 파병한 국가의 국민으로서 그들에게 저 역시 살인자가 되었습니다.

나는 한 인간으로서, 그리고 이 땅의 교사로서 전쟁에 반대합니다. 폭력에 반대합니다. 군대를 거부합니다. 이라크만의 문제가 아닌 제가 사는 이 세상의 현실이 폭력에 둘러싸여 있기 때문입니다. 학교 안에서도 군사 문화의 잔재는 너무나도 많습니다. 아이들의 생명력 넘치는 자율과 교사의 기다림에 방종과 무능력의 낙인을 찍습니다. 더불어 존중하며 삶의 원칙을 세우고 서로를 사랑하는 모습은 불신의 장막에 짙게 가리워 있습니다. 졸업식 날 상장 받는 연습을 하며 미리 정한 순서대로 나오지 않았다고 아이들에게 호통치는 교사의 모습을 보며 군사 문화의 허상이 우리의 일상에 너무나도 깊게 현실로 자리함을 봅니다. 군대는 하느님이 우리에게 주신 그대로의 아름다운 삶을 지킬 수 없습니다. 군대의 본질이 폭력이기에 사람에게 폭력의 씨앗을 심고 키웁니다. 지배당하던 삶은 또 다른 지배를 낳을 뿐입니다. 실체가 없는 두려움과 불안함에 길들여진 학교는 서로의 자유를 속박합니다. 하늘이 주신 진정한 감사의 나눔과 섬김을 한낱 이상으로 치부하게 만듭니다. 정말 두려운 것은 이것을 너무나도 당연히 받아들이는 나와 우리의 모습입니다. 우리 안에 있는 하느님의 사랑을 잊고서 사는 일상입니다. 비단 학교만의 모습이 아니라 이 사회의 깊게 병든 모습입니다.

"한 개인을 업신여김은 그의 거룩한 능력들을 업신여김이다. 그렇기 때문에 그 한 몸만을 해하는 것이 아니라 더불어 온 세계를 해하는 것이다." 간디의 이 말에 저의 모든 삶으로 동의합니다. 간디가 우리에게 남긴 정신은 폭력을 쓸 수 없는 상황에서 어쩔 수 없이 하는 나약한 비폭력이 아닙니다. 일상이 비폭력이어야 하며 상대가 누구이든지 그 안의 하느님을 섬기는 것이 간디의 비폭력입니다. 그런 의미에서 저의 병역거부는 군대만을, 전쟁만을 거부하는 것이 아닙니다. 내 안의 폭력과 사회의 폭력으로부터 우리의 소중한 일상을 지켜

> "한 개인을 업신여김은 그의 거룩한 능력들을 업신여김이다. 그렇기 때문에 그 한 몸만을 해하는 것이 아니라 더불어 온 세계를 해하는 것이다."

나가는 것입니다. 사람과 사람이, 사람과 자연이 진정으로 더불어 사는, 하느님이 처음 우리에게 주신 아름다운 삶을 회복하는 것입니다. 이 회복의 실천이 '비폭력 직접행동'입니다. 저는 비폭력 직접행동으로써 군대거부를 선언합니다. 저는 그것을 아이들로부터 배웠습니다. 가난해지더라도 공평함을 기뻐하는 아이들은 저의 스승이었습니다. 무엇보다도 사람으로 대접받기를 원하고 그것을 기뻐하는 아이들은 저에게 사람답게 사는 법을 가르쳐주었습니다. 아이들을 보며 비폭력 직접행동을 통해 회복하고자 하는 우리의 일상은 배우는 것이 아니라는 것을 믿게 되었습니다. 그것은 이미 우리 안에 있기에 믿고 붙드는 것입니다. 거짓 없이 정직하게 살자고 나누었던 아이들과의 약속을 이제는 지킬 때가 왔습니다. 한 사람의 능력으로 세상에 평화가 오게 할

수는 없습니다. 다만 폭력으로 척박해진 이 세상에 한 알의 밀알이 되고자 합니다. 하늘이 비폭력 직접행동을 더불어 실천할 길동무들을 저에게 보내주실 것을 믿습니다. 나의 어린 스승들에게, 한 명 한 명의 가슴속에 살아 계시는 하느님께 부끄럼 없이 살고자 하는 작은 소망으로 군대와 전쟁과 이 땅의 모든 폭력을 거부합니다.

2004. 5. 15 병역거부선언

이원표

피눈물이 아닌 땀방울을 이라크에 전하고 싶습니다

전쟁은 범죄입니다
자이툰부대가 이라크로 떠나고 말았습니다. 수많은 국민의 반대에도 불구하고 이라크로 떠난 자이툰부대는 국민 모두가 잠든 사이 '도둑 비행기'에 올랐습니다. 한국 정부는 그들이 이라크의 해방군으로 세계 평화에 기여할 것이라고 우리들을 속였지만, 우리는 자이툰부대가 이라크를 침략한 미영연합군의 일원임을 잘 알고 있습니다. 그러하기에 지난 몇 달간 파병 중단과 점령군 철수를 요구하는 전 국민적 저항의 물결이 거세게 몰아쳤던 것입니다.
　미국의 추악한 탐욕에서 비롯된 이 전쟁에서 수많은 이라크인들이 목숨을 잃었습니다. 살아남은 대다수의 이라크인들도 가족을 빼앗고 삶의 터전을 파괴한 미국을 증오하고 있습니다. 미국의 종전 선언에도 불구하고, 이라크 저항세력과의 전투 또한 끊이지 않고 있습니다. 이런 상황에서 미국의 요청에 응해 파병되는 한국군이 이라크인들의 친구가 될 수는 없습니다. 한국 정부는 세계질서의 절대 강자인 미국과의 동맹에만 눈이 멀어, 애초부터 이라크의 평화와 재건에는 관심이 없었습니다.
　정치인들의 계산법이 따로 있는지 모르겠지만, 평범한 국민인 저로서는 이라크 파병으로 우리가 얻을 수 있는 국익이 무엇인지 모르겠습니다. 헤아릴 수 없는 무고한 생명이 죽어가야 하고, 김선일 씨와 같은 우리의 친근한 이웃이 목숨을 위협당하는 이 전쟁으로 얻을 수 있는 국익이 무엇인지 모르겠습니다. 반미 테러와 미국의 반테러전쟁에서 이미 수만 혹은 수십만의 인명이 살상되었습니다. 가늠할 수 없는 그 많은 생명의 희생을 담보로 더 많은 군수물자 소비를 생각하는 그들을 이해할 수 없습니다. 그것이 수백 배, 수천 배의 국익을 만든다 할지라도, 저는 그들의 생각에 동의할 수 없습니다.

살인은 모두가 범죄라고 말하지만, 전쟁을 범죄로 생각하는 사람은 소수입니다. 세상을 잘 안다는 투로 "한 사람을 죽이면 살인자지만, 만 사람을 죽이면 영웅"이라고 말하는 것에 저는 혐오감을 느낍니다. 전쟁은 범죄입니다. 범죄인 전쟁이 따로 있는 것이 아니라 전쟁이 바로 범죄입니다. 저는 제가 할 수 있는 모든 것을 걸어 전쟁이 범죄이며, 자이툰 부대의 파병이 이라크인과 우리에게 저질러지는 가장 악독한 범죄임을 보이고 싶습니다.

전쟁은 인간성을 말살하는 피와 살육의 잔치입니다

초등학교 시절, 전국의 학교를 순회하면서 상영하는 반공영화들이 있었습니다. 영화는 한결같이 인민군이 마을에 들어와 못된 짓을 하는 것에 분개한 마을 청년이 낫으로 인민군을 쳐 죽이고, 다시 그들의 총에 맞습니다. 그러다 국군이 들어와 못된 인민군을 완전히 소탕하는 그런 내용 일색이었습니다. 공산당에 대한 적개심을 고취하기 위한 영화로 유용했을지 모르겠지만, 낫, 죽창, 도끼, 총 등 끔찍한 무기로 사람을 처참하게 살해하는 무시무시한 장면들이 악몽이 되어 저를 괴롭히곤 했습니다. 학교에서는 반공소년영웅 이승복을 닮으라며, 공비에게 입이 찢길 때까지 '공산당이 싫어요'라고 했다는 믿기지 않는 이야기를 반복했지만, 그 뒤로 이승복의 동상을 볼 때 마다 그려지는 것은 입이 찢어져 피 흘리는 귀신상뿐이었습니다. 그래서 저는 이승복 동상을 끔찍이도 싫어했습니다.

**범죄인 전쟁이
따로 있는 것이 아니라
전쟁이 바로 범죄입니다**

적에 대한 적개심을 기르기 위해 어린 초등학생들에게 살육이 난무하는 끔찍한 영화를 강제로 보게 하고, 믿을 수도 없는 공비 이야기들을 반복했던 혐오스런 기억만 남아 있습니다. 그렇게 해서 '적'이라면 아무렇지도 않게 죽일 수 있는 반공영웅이 탄생할지는 모르지만, 그와 함께 왜곡되고 파탄난 인간성을 가진 집단과 마주하게 될 것입니다.

지금도 전쟁터에서는 이런 인간성 파탄이 그대로 드러납니다. 한국전쟁 당시, 전쟁에 참가한 미군들은 한국인을 아무렇지 않게 죽일 수 있도록 아시아인은 개, 돼지와 같다는 교육을 반복적으로 받았다고 합니다. 그래서 그들은 들개떼에게 총을 겨누듯 무고한 양민을 아무렇지도 않게 학살해왔습니다. 이라크 전쟁에 참전한 군인들도 크게 다르지 않을 것입니다. 전쟁은 상대를 인간으로 보지 않게 합니다. 그저 나를 죽일지도 모르는 '적'일 뿐입니다. 그 증거가 아부 그라이브 교도소입니다. 이라크인을 인간으로 보았다면 그런 처참한 포로학대가 발생했겠습니까? 침략군의 눈에는 수없이 죽어가는 이라크인들도 인간으로 보이지 않았을 것입니다.

이라크와 나눠야 하는 것은 피눈물이 아니라 땀방울입니다

작년 정부는 대다수 국민의 반대에도 불구하고 이라크에 군대를 보냈습니다. 당시 정부는 서희·제마부대는 이라크의 재건을 위해 파병되는 비전투병부대이며 더 이상의 파병은 없다고 발표했습니다. 그러나 자이툰부대의 파병을 보면서, 우리 국민들은 정부의 치졸한 술책에 속았음을 뒤늦게 후회하였습니다. 자이툰 부대는 파병되기도 전에 무고한 한국의 젊은 생명을 앗아갔습니다. 한국의 파병과 이라크의 방어전쟁 사이에 벌어진 한 젊은이의 죽음. 누구의 잘못이며, 누구의 책임입니까? 한국과 이라크가 왜 이토록 고통스러운 피눈물과 살육의 악순환에 휘말려야 합니까?

저도 이라크에 가고 싶습니다. 군인이 아니라 민간봉사자가 되고 싶습니다. 군복을 입고 총을 들어 전쟁의 공포에 시달리는 이라크인들을 위협하고 싶지 않습니다. 작업복을 입고 망치를 들어 이라크의 어린이들을 위해 학교와 집을 짓겠습니다. 한국이 이라크의 재건을 진정으로 돕고 싶다면 군복이 아닌 작업복을 입은 사람들을 보내야 합니다. 한국과 이라크가 서로 땀방울을 나눌 수 있다면, 저도 작업복을 입은 일원이 되겠습니다. 살육과 살생의 공포를 조장하는 군인이 아니라, 사랑과 희망의 미래를 선물하는 자원봉사자가 될 수 있다면 10년의 세월이라도 기쁜 마음으로 이라크로 건너가겠습니다.

전쟁을 반대하며, 평화를 사랑하는 한 사람의 사회당 당원으로서
병역을 거부하고 감옥을 택합니다

사회당 강령 7항은 '모든 침략전쟁과 테러를 반대하고 전 세계의 반전평화운동진영과 긴밀하게 연대한다'고 명시하고 있습니다. 저는 전쟁을 반대하고, 전 세계의 평화를 수호하기 위해 국제연대를 꾀하고자 하는 사회당 당원의 양심으로 병역을 거부합니다. 더불어 저는 대한민국 헌법 5조 1항이 '대한민국은 국제 평화 유지에 노력하고 침략적 전쟁을 부인한다'라고 씌어진 것 또한 알고 있습니다. 온 국민 앞에서 헌법 수호를 약속했던 대통령이, 평화의 헌법정신을 어기며 이라크 파병을 주도했음을 강력히 규탄합니다.

이 나라에서 양심적 병역거부는 일제시대부터 시작되어 1만 명이 넘는 피해자를 양산해왔습니다. 헌법 19조에 국민 개개인의 '양심의 자유'를 명시하고 있음에도, 분단과 안보의 특수한 상황이라는 이유를 들어 다른 양심을 가진 1만 명을 범법자로 만들었습니다. 50여 년간 헌법정신을 위배하는 부당한 판결을 계속해온 사법부를 규탄합니다. 또한 헌법정신이 유린당하는 참담한 현실 속에서도 이를 개선하기 위한 어떠한 노력도 기울이지 않은 입법권자 국회를 규탄합니다.

누구나 가게 되어 있는 군대에 가길 거부하고 감옥을 선택하면서 한 가지만을 말씀드리고 싶습니다. 유럽 소국가들에게나 있는 치안군대가 아니라면 자국방위만을 위한 군대는 있을 수 없습니다. 언제나 군대의 존재는 침략과 전쟁을 예비하는 것입니다. 평화헌법을 가지고 있는 일본도 자위대를 전쟁에 파병하면서, 그것을 '자국방위'라 말합니다. 이처럼 자국방위를 위한 군대는 말장난에 불과합니다.

전쟁이 없는 평화로운 세상을 바라면서 저는 전범국가의 군인이 되느니, 차라리 감옥을 택하겠습니다

군대라는 존재 자체가 언제나 전쟁을 예비하고 있다며 병역을 거부하고 대체복무를 원하는 수많은 사람들의 목소리에 귀기울여주십시오. 그리고 그런 사람들이 있음으로 해서 군대가 가지고 있는 폭력성과 전쟁 도발성은 억제될 수 있다는 것도 상기해주시기 바랍니다.

전쟁이 없는 평화로운 세상을 바라면서 저는 전범국가의 군인이 되느니, 차라리 감옥을 택하겠습니다.

2004. 8. 23 병역거부선언

임재성

누군가는 먼저 총을 내려놓아야 합니다

이 글은 2004년 12월 13일, 입대 날짜에 군대에 가기를 거부하고 '양심에 따른 병역거부'를 선택한 제가 왜 병역을 거부할 수밖에 없는가에 대한 글입니다. 26살의 젊은이인 임재성의 짧은 생애에 있어서 가장 어려운 결정이었던 병역거부에 대한 저의 생각과 신념이 잘 전달되었으면 합니다. 한국사회에서 양심에 따른 병역거부가 많은 부분 오해와 왜곡의 대상이 되고는 있지만 서로의 '다름'에 조금만이라도 마음을 연다면 많은 부분을 이해할 수 있을 것이라 믿습니다.

병역거부를 선언하기까지

제가 전쟁을 위한 그 어떤 행위에도 복무하지 않겠다고 결심하게 된 계기는 저의 대학교 때의 경험과 확신으로 인해서입니다. 대학에 들어온 저는 스스로가 이 사회의 단면만을 보고 살아왔다는 것을 느꼈습니다. 그렇기에 사회의 다양한 면을 알고 싶었고, 참여해보고 싶었습니다. 노동자들의 생존권과 철거민들의 주거권을 지키기 위한 실천에 함께하면서 이 자본주의 사회의 모순들에 대해 알게 되었고, 이주노동자들과 장애인들의 이동권 쟁취를 위한 싸움 등에 연대하면서 소수자에 대한 사회적 차별의 고통을 함께 느낄 수 있었습니다. 법대생이었기에 1학년, 2학년 때 함께 활동했던 친구들은 차츰 고시를 치른다고 떠났지만 스스로 이 야만과 폭력의 사회 속에서 타협하지 않고 그 모순을 바꾸며 사는 삶이 인간으로서 가장 의미 있는 삶이라고 확신했기에 더욱더 열심히 활동을 하려고 노력했습니다.

2002년부터는 보다 운동의 시야를 넓혀서 평화주의 운동에 대한 고민을 가지고 실천을 만들어갔습니다. 당시는 2001년 9. 11테러 이후에 '테러와의 전쟁'이란 이름으로 아프가니스탄에 대한 미국의 폭격이 한참이었고, 한국은 F-15도입에 대한 논쟁이 활발할 때였습니다. 저는 F-15도입을 반대하면서 그 반대의 이유가 '미국' 것이기에, '돈에 비해 성능이 떨어지기에'가 아니라 '무기로 평화를 살 수 없다'는 논리로 그 운동을 전개하였습니다. 즉, 보다 많이 무장하는 것은 평화를 지키는 길이 아니라 전쟁을 불러오는 길이며 진정한 이 사회의 평화를 만들기 위해서는 국방비를 줄이고 그 돈을 가난한 이들의 복지를 향상시키는 데 써야 한다고 주장했습니다. 자신을 지키기 위해 모든 사람이 총을 들고 다니는 사회가 평화로울 수 없는 것처럼, 수많은 무기들을 서로 경쟁적으로 보유하는 것은 결코 평화를 줄 수 없다는 상식에서 출발했습니다. 그러한 실천을 통해서, 이 사회의 평화를 위해서는 보다 강한 군대와 무기가 필요하다는 이데올로기에 맞서 무기와 군대로 평화를 지킬 수 없으며 진정한 평화를 위해서는 전쟁을 수행하는 군대와 무기를 줄이고 없애나가야 한다고 생각했습니다.

자신이 생존할 수 있는 권리를 넘어서서 스스로가 타인의 생명을 죽이지 않을 수 있는 권리

F-15 도입 반대 운동과 함께 당시 오태양 씨의 한국 최초의 공개적인 병역거부선언 이후에 뜨거운 이슈가 되어 있었던 양심에 따른 병역거부 역시 당시 제가 했던 평화주의 운동의 맥락에서 적극 지지할 만한 운동이었고, 병역거부자들의 인권이 보장되기 위해서 대체복무제 도입을 위한 실천에 최선을 다했습니다. 그 과정에서 저는 오태양 씨를 비롯한 당시 한국사회에서 양심에 따른 병역거부운동을 하고 있었던 여러 활동가들과 관계를 맺을 수 있었습니다. 양심에 따른 병역거부권 실현을 위한 활동을 하면서, 또한 병역거부운동을 하는 사람들과의 관계 속에서, 저는 이 운동이 군사주의가 만연한 한국사회를 바꿀 수 있는 운동일 뿐만 아니라 인류 보편적으로도 매우 가치 있는 일임을 알게 됩니다. 자신이 생존할 수 있는 권리를 넘어서서 스스로가 타인의 생명을 죽이지 않을 수 있는 권리를 획득하려는 역사의 정당한 발전이며, 인류역사에서 단 하루도 쉼 없이 계속

되었던 전쟁을 멈출 수 있는 아주 느리지만, 제일 근본적인 방법임을 깨닫게 됩니다. 그리고 저 역시도 비록 감옥을 가게 될 지라도, 그리고 평생 전과자라는 편견 속에서 살아간다 하더라도 이 정당한 역사의 흐름에 함께하고 싶었기에 이후 입영영장이 나온다면 병역거부를 하겠다는 내용으로 2002년 병역거부를 예비선언하게 되었습니다. 그리고 이후 이라크 파병 반대운동과 양심에 따른 병역거부자 모임과 전쟁없는세상에서의 활동을 통해서 평화와 병역거부에 대한 저의 신념을 보다 키워갔습니다.

누군가는 먼저 총을 내려놓아야 합니다
전쟁과 폭력으로는 그 어떤 문제도 해결하지 못합니다
2003년 이라크 전쟁을 눈으로 보면서 이렇게 어처구니없는 전쟁이 제가 살아 있는 지금 시기에 일어날 수 있다는 것에 좌절했습니다. 어떻게 아무 명분도 이유도 없이 생명을 저렇게 죽일 수 있을까. 살인이 큰 범죄라면 이 세상에 수천, 수만 명을 죽이는 전쟁보다 더한 범죄가 있을까라는 생각도 했습니다. 그런데 왜 이 전쟁을 일으킨 사람들은, 수많은 목숨을 죽인 사람들은 아무런 죗값도 치르지 않고 있는 것일까. 이 세상에서 살아가는 사람들로서 이것을 보고 침묵하면서 무슨 정의와 무슨 도덕을 이야기할 수 있을까? 이라크에 가서 맨몸으로 폭격을 막으려고 인간방패에 지원하였지만 상황이 여의치 않았기에 한국에서라도 최선을 다해 반전운동을 해야겠다는 생각에 3, 4월을 거리에서 보냈습니다. 2003년 4월 2일, 국회 앞에서 파병동의안이 통과되는 날은, 전범국가의 국민이 된 날이기에 정말 너무 수치스러워서 어떻게라도 되고 싶었습니다. 국회 앞을 막았던 전경차 앞에서 제가 울던 그때에도 이라크에서는 폭탄이 떨어졌겠지요.

그러면서 '전쟁 반대'만으로 설명할 수 없는, 전쟁이 만드는 고통에 나는 절대 참여하지 않겠다는 확신이 더욱 커졌습니다. 이론적으로 분석하는 자본의 의한, 패권에 의한 전쟁이라서 반대하는 것을 넘어서 살육과 학살을 만드는 그 어떤 전쟁과 폭력도 거부해야 한다는 확신. 정의로운 전쟁은 없다는 확신. 총을 내려야 평화를 얻을 수 있다는 확신.

김선일 씨를 죽은 이라크 인들도 자신의 나라를 지키기 위해서 그랬던 것일 겁니다. 병역거부자들에게 군대는 자국의 방어를 위해서 있다고 이야기하는 사람들은 김선일 씨를 죽였던 이라크 인들을 비난할 수 없습니다. 그런 논리로 본다면 자신의 나라를 침략한 미국을 도와 파병한 '침략국 한국'에 맞서 싸우고자 김선일 씨를 죽였던 이라크인들의 행동은 정당한 것이니까요. 그럼 파병한 한국 정부가 잘못한 것이고 김선일 씨를 죽였던 이라크 인들은 죄가 없는 것일까요? 아니라면 그 이라크 인들을 처벌하기 위해 더욱 많은 군인들을 보내야 하나요? 지하철 곳곳에 붙어 있는 테러 대비 방법 안내 포스터, 한국의 높아진 테러 등급. 만약 한국에서 테러가 난다면 그건 누구의 책임인가요? 테러리스트? 아니면 파병을 결정한 정부?

이제 폭력과 전쟁, 분노의 사슬을 끊어내야 합니다. 그 사슬에 이미 충분히 많은 생명이 죽고 고통 받아왔습니다. 그리고 전 그 사슬을 끊기 위해서 누군가는 먼저 총을 내려야 한다고 생각합니다. 한 사람의 작은 행동이라 하더라도 누군가는 먼저 시작해야 합니다. 그리고 이 한국에서는 그 시작이 더욱 소중합니다. 파병 3위의 전범국가이기에, 50년이 넘는 분단상태에서 수십만의 군인들이 서로에게 총을 겨누고 있기에.

양심에 따른 병역거부권은 인정되어야 합니다
이 아픔은 빨리 끝나야 합니다

전 양심에 따른 병역거부가 사회적으로 인정되기 위해서 저의 젊은 날 중 많은 시간을 병역거부운동과 함께해왔습니다. 그리고 그 운동의 결실로 대체복무제가 도입이 되어, 저와 같은 병역거부자들이 20대의 젊은 나이에 감옥에서 지내는 것이 아니라 대체복무를 통해서 사회에 훨씬 더 의미 있는 일을 할 수 있기를 바랐습니다. 제가 병역거부를 한 시점은 서울 남부지원에서의 병역거부 무죄판결, 대법원과 헌법재판소의 유죄와 합헌 판결, 그리고 처음으로 양심에 따른 병역거부자들에게 대체복무제를 허용하는 것을 골자로 하는 병역법 개정안이 국회에 상정되었던 시기였기에 그러한 기대는 훨씬 컸습니다. 그러나 이 사회의 뿌리 깊은 군사주의 이데올로기 속에서 병역법 개정안은 2004년 하반기 국회에서 좋은 결실을 맺지 못했습니다. 광복 이후 1만 여명이 넘는 사람들이, 그리고 지금 이 순간에도 800여 명에 가까운 젊은이들이 자신의 양심을 지킨다는 이유로 감옥에 있습니다. 그리고 앞으로도 수많은 젊은이들이 대체복무의 기회를 얻지 못하고 계속 감옥으로 가야만 할 것입니다. 이들은 병역기피자가 아닌 거부자로서, 현행 병역보다 훨씬 길고 어려운 일인 대체복무를 통해서라도 자신의 의무를 수행하고자 합니다. 그리고 저를 포함한 병역거부자들은 그러한 요구가 받아들여지지 않는다면 기꺼이 응당한 처벌을 받아들이고 있습니다. 언제까지 이러한 비극을 이 사회가 외면해야 합니까? 언제까지 총으로 살인을 연습할 수 없다는 신념을 가진 젊은 이들이 감옥에 가야 합니까? 왜 UN을 비롯한 수많은 국제단체의 권고안을 무시하고, 외국의 사례에서도 전혀 부작용이 없는 병역거부자들의 대체복무제 개선에 대해서 깊은 고민도 없이 '한국의 특수성'만을 이야기하는 것입니까? 이 아픔은 빨리 끝나야 합니다.

아는 것을, 옳다고 생각하는 것을 실천하고자 합니다

전 이제 제가 아는 것을, 제가 옳다고 생각하는 것을 실천하려고 합니다. 막상 이렇게 어려운 것일 줄 몰랐지만, 그래도 견디고 이겨내보려고 합니다. 실형을 선고받고 감옥에 가게 되더라도 그 길이 낯설고 조금 두렵기도 하지만 옳은 길이라고 생각하기에, 그 길을 묵묵히 가려고 합니다. 아직도 저를 말리셨던 부모님의 눈물이 생각나고, 제가 없을 동안 부모님이 견디실 시간들을 생각하면 너무나도 가슴이 아픕니다. 그러나 군사훈련을 받는 것이 저의 자아를 모두 파괴하는 일이기에 평생이 지나도 못 지울 상처를 드리는 자식을 용서해주시기를 바랄 뿐입니다. 비록 부모님의 고통을 밟고 가는 길이지만 이 길이 폭력과 전쟁에 고통받고 있는 수많은 사람들의 눈물을 멈출 수 있게 하는 길이라는 믿음으로 병역을 거부하겠습니다.

2004. 12. 13 병역거부선언

> 언제까지
> 총으로 살인을
> 연습할 수 없다는 신념을
> 가진 젊은이들이
> 감옥에 가야 합니까?

조정의민

보이는 길 밖에도 세상이 있음을 믿습니다

2005년 4월 4일 저는 보이는 길 밖으로 발걸음을 내딛으려 합니다. 사람들은 그 발걸음이 잘못되었다고 합니다. 지금 보이는 이 길만을 따라 걸으라고 이야기합니다. 하지만 저는 보이는 길 밖에도 세상이 있다고 믿으며, 또한 저에 앞서 이미 많은 사람들이 보이는 길 밖으로 발걸음을 옮겼기에 가벼운 마음으로 길 밖으로 발걸음을 옮기려고 합니다.

일상화되어 있는 폭력

한국 사회는 군사주의와 군사 문화가 만연해 있으며, 폭력이 일상화되어 있습니다. 그래서인지 제가 처음 폭력과 권위주의를 접한 곳 역시 태어나서 처음으로 만난 공동체인 가족이었습니다. 저의 부모님은 그렇게 사이가 좋은 편은 아니였고, 자주 다투기도 했습니다. 그 과정에서 폭력이 발생하는 경우도 가끔 있었고, 주로 그것은 힘을 가진 자에 의한 일방적인 폭력이었던 경우가 많았습니다. 그리고 그것을 보고 있는 저는 무기력하게 방에 숨어서 울고 있을 수밖에 없었습니다. 저는 그 과정에서 폭력이 문제의 해결 방식이 될 수 없다는 것을 자연스럽게 깨달을 수 있었습니다. 폭력은 그것을 가하는 자에게나 그것을 당하는 자에게나 그것을 보고 있는 자에게나 모두에게 안 좋은 기억으로 남아서 모두를 괴롭힐 뿐이었기 때문입니다. 남성 위주의 폭력적인 군사 문화는 1차 공동체라고 불리는 가족에서도 역시 피할 수 없는 폭력을 만들어내고 있었습니다. 그 속에서 상대방이 폭력과 권위를 이용해 무엇인가를 저에게 강요하려고 할 경우 남는 것은 폭력과 권위에 대한 굴복이 아니라 그것에 대한 혐오뿐이었습니다.

일상화된 폭력은 집 밖을 나서더라도 다르지 않았습니다. 가장 민주적인 공간이어야 할 학교에서도 폭력과 군사주의는 여전히 큰 힘을 발휘하고 있었습니다. 입시 위주의 교육 현실에서 학생 개개인의 개성과 인권은 중요하지 않고, 학생은 존중받아야 하는 인격체라기보다는 공부하는 기계에 가까웠고, 그러한 구조에서 상호평등하게 소통하는 방법은 필요가 없었습니다. 저는 지난 학기 동안 중, 고등학교에서의 체벌에 관한 다큐멘터리를 만들었습니다. 오랜만에 다시 본 중고등학교의 풍경은 제가 다니던 그 시절과 크게 다르지 않았고, 그 과정에서 사회에 만연한 군사주의는 학교 생활에 여전히 직접적으로 영향을 미치고 있음을 쉽게 알 수 있었습니다. 자유롭고 평등하게 소통하기 보다는 폭력이라는 직접적인 수단에 의지하고, 인격체로 대우하기 보다는 권위로 억누르는… 그리고 그것은 단지 선생님과 학생의 관계에만 국한되지 않습니다. 단지 후배라는 이유만으로, 분위기를 잡는다는 이유만으로 쉽게 폭력을 가하는 모습, 또 자신이 선배가 되었을 때 아무런 반성 없이 같은 폭력을 행사하는 모습 속에서 우리 사회에 뿌리깊은 군사 문화의 얼굴을 볼 수 있었습니다.

하지만 이들 누구도 가해자라고만 할 수는 없습니다. 자신이 남에게 가하는 폭력은 그대로 자신에게도 같은 강도로 전달되기 때문이죠. 남에게 폭력을 가하는 과정에서 자신의 인격과 자존감 역시 무너질 수밖에 없기 때문입니다. 또한 사회가 군사 문화에 젖어 있고, 폭력적으로 구성되어 있는 가운데 그들 역시 피해자이기 때문입니다. 그들은 자신들이 무엇을 하는지 모르고 있기 때문입니다.

병역거부와의 만남
저는 한국 사회의 군사 문화, 권위주의, 일상화된 폭력의 중심에는 군대가 있다고 생각합니다. 지금의 군대는 강력한 재교육기관이자 이데올로기 기관으로 작동하고 있고, 또한 박정희 이후 한국 사회는 전체적으로 병영화되었고, 한국에서의 삶은 점점 군사주의에 젖어드는 삶, 그 자체이기 때문입니다. 그런 생각에서였는지 저는 군대를 간다는 것이 싫기도 했지만 두렵기도 했습니다. 권위주의를 혐오하고, 폭력을 거부하는 제가 민주적 의사 개진의 여지가 전혀 없는 그런 폭력적인 구조에서 과연 버텨낼 수 있을까 하는 두려움이 있었기 때문입니다. 생각 속에서, 그저 이미지로만 존재하던 군대를 직접 느낀 순간은 신체검사를 받았던 자리였습니다. 일률적으로 반바지 하나만을 걸친 채 치러야 하는 신체검사, 자신의 신체건강, 정신상태까지 고기에 등급을 찍듯이 평가받는 그 과정 자체가 매우 폭력적이었습니다. 그리고 그 공간에서 느끼던 폭력성은 그대로 신체검사장 밖으로 연결되었습니다. 신체검사에서 받은 등급을 가지고 사람을 판단하며, 평가하는 사회 속에서 2중의 폭력을 느낄 수밖에 없었던 것입니다. 군사주의에 물들어 있는 사회에서 사람들은 군대를 기준으로 다른 사람들을 평가하고 판단하기 때문입니다. 하지만 군대를 벗어나는 것을 상상하기란 쉽지 않았습니다. '신성한 국방의 의무' 라는 이름으로 포장되어, '대한민국 남성이라면 누구나 가야 한다'는 철옹성 같은 명제를 벗어날 수 있는 길을 상상하기는 쉽지 않았기 때문입니다. 그만큼 한국 사회에서 군대는 강력한 이데올로기 기관으로 자리잡고 있는 것입니다.

그러던 중 오태양의 양심에 따른 병역거부에 관한 기사를 보았습니다. 그 이후로 유호근, 나동혁 등 이어지는 병역거부자들을 보았습니다. 그러한 모습들을 보면서 처음엔 생소했던 병역거부라는 행위를, 양심에 따른 병역거부라는 행동을 접하게 되었습니다. 많은 것들을 함께한 것은 아니지만 점점 병역거부의 문제는 제 자신의 문제가 되어갔습니다. 저는 한국 사회의 일상화된 폭력을 바꾸어야 한다고 생각합니다. 사회에 만연해 있는 군사주의, 군사 문화를 조금씩 벗겨내야 한다고 생각합니다. 그리고 그 길이 한국 사회를 진정한 민주주의, 인권 국가로 만드는 길이라고 확신합니다. 그러한 의미에서 군사주의의 중심에 있는 군대를 거부해야 한다는 생각을 하게 되었습니다. 군대와 연관되어 있는 어떠한 활동에도 동참하기를 거부해야 한다고 생각하게 되었습니다.

오래된 믿음에서 벗어나

우리에겐 오래된 믿음이 있습니다. 평화를 위해서는 군대를 가져야 한다는 믿음이 그것입니다. 무력을 통해서만이 평화를 쟁취할 수 있다는 믿음이 그것입니다. 하지만 저는 폭력과 무력으로 얻을 수 있는 것은 아무것도 없다고 생각합니다. 폭력과 전쟁으로 점철된 20세기, 사람들은 평화를 위한다는 명분으로 더 강력한 무기와 군대를 만들어왔습니다. 하지만 그 결과 남은 것은 언제라도 지구를 몇 번이든 멸망시킬 수 있는 무기들과 끝없이 벌어지는 전쟁들, 또 언제 어디서 가해질지 모르는 테러의 공포뿐입니다.

평화를 지키기 위해서 존재한다는 군대는 평화를 지키기 위해서 구성원들에게 사람을 죽이는 연습을 시킵니다. 군대는 자신이 살기 위해서는 남을 제압해야 한다고, 죽여야 한다고 가르칩니다. 무기를 들고 이러한 가르침에 따라 사람을 죽이는 훈련을 할 때 그 사람은 인간이라기보다는 사람을 죽이기 위한 도구에 불과합니다. 군대라는 폭력적인 구조 속에서 인간성은 사라질 수밖에 없습니다. 그러한 구조 속에서 한 인간은 자신의 인간성을 포기하기를 강요받으며 적을 죽이고 제압하는 도구로서, 하나의 병력자원으로 전락되어버립니다.

또한 군대에서의 그런 인간성 상실은 군대에서만의 문제가 아니라 군대 밖의 사회에까지 큰 영향을 미칩니다. 우리는 성장하며 군사주의가 만연한 사회에서, 가정에서, 학교에서 폭력적인 문화를 보고 배웁니다. 그리고 군대에서 확고하게 그러한 문화를 몸과 마음속에 아로새기게 됩니다. 그러고는 일상생활에서 너무나 당연하게 군사 문화와 폭력, 남성중심성을 드러내게 됩니다. 그러한 과정에서 합리적 소통과 차이를 인정하는 가치는 사라져버리고, 획일적인 문화와 권위주의, 일상 속의 폭력이 난무하게 되었습니다.

결국 평화를 위해 존재한다는 군대가 결국 더 큰 전쟁의 위협에 사람들을 두렵게 만들고, 사람들은 그 속에서 인간성을 잃어가며, 사회를 더 폭력적으로 변하게 만든 것입니다.

**폭력은 가하는 자,
당하는 자 모두에게
스스로 인간성을 파괴하는
행위일 뿐입니다**

전쟁과 무력으로는 어떤 누구도 승리할 수 없습니다. 전쟁과 폭력의 과정에서는 모두가 패배할 수밖에 없습니다. 폭력으로 상대방을 일시적으로 억누를 수는 있지만 결국 폭력의 악순환만이 계속될 뿐입니다. 그리고 폭력은 가하는 자, 당하는 자 모두에게 스스로 인간성을 파괴하는 행위일 뿐입니다. 그러하기에 이제 평화를 위한다면 평화를 준비해야 합니다. 기존의 오래된 믿음을 깨고, 새로운 이야기를 해야만 진정한 평화가 얻어질 것입니다.

평화란 싸움을 잠시 쉬고 있는 것이 아닙니다.
아무것도 하고 있지 않는 상태 역시 아닙니다.

평화는 살아서 자라고 널리 퍼져가는 것입니다.
그리고 또 계속 보살펴주어야 합니다.

— 캐서린 스콜즈 지음, 로버트 잉펜 그림, 『평화는…』 중

저에게는 한 가지 꿈이 있습니다.
이 세상 어떤 누구라도, 돈이 많건 적건, 여성이건 남성이건, 장애인이건 비장애인이건, 나이가 많건 적건, 어떠하건 모두 동등한 인격체로 존중받는 세상, 그리고 서로 동등한 가치를 지닌 인격체로서 평등하게 소통하고 교류하는 세상을 만드는 것입니다. 그리고 이러한 꿈은 많은 이들과 같이 꿀 수 있는 꿈이라고 생각합니다.

하지만 지금의 한국사회의 모습은 이와는 거리가 멉니다. 만연한 군사주의와 폭력 속에 획일적인 방향만이 강요되고, 서로 간의 차이는 차별로 존재하고, 소수자는 배제시켜나가는 사회에 우리는 지금 살고 있습니다. 우리는 사회에서 차이를 다름으로 인정하고, 같이 살아가는 법을, 서로 간에 개성을 존중하고 같이 살아가는 법을, 다른 사람과 자유롭고 평등하게 소통하는 법을 배운 적이 없습니다.

하지만 이러한 것들을 바꾸어내는 것이 그리 어려운 길이라고 생각하지 않습니다. 거창하고 어렵고 큰 것이 아니라고 생각합니다. 문화를 바꾼다는 것은 일상 생활에서 삶의 양태를 바꾼다는 것일 테고, 일상 속의 작은 실천들을 하나씩 모아나가면 어느 샌가 우리 삶의 문화는 달라져 있을 것입니다. 또한 자신의 양심을 지키며 살아가는 일 역시 거창한 일이 아닐 것입니다. 아주 사소하고 일상적인 삶 속에서 행해지는 일일 것입니다. 그러하기에 저도 제가 지금 위치해 있는 곳에서 제가 할 수 있는 작은 실천을 하려고 합니다.

저는 군사주의에 반대하며 군대를 거부합니다.

평화는 군대가 줄 수 있는 것이 아니기에, 군대가 없고, 전쟁이 없는 사회를 바라기에, 군대를 거부합니다.

폭력적인 군사 문화를 반대하기에 군대와 연관되어 있는 어떠한 업무에도 복무하기를 거부합니다.

물론 이 길이 말처럼 쉽지만은 않을 것입니다. 아마 지금의 현행법상으로는 법을 어기는 행위가 될 것이고, 그러면 감옥 생활을 견뎌야 할 것입니다. 일상 속의 군사주의와 폭력에 민감하고, 그러하기에 남성성에 거부감도 많고, 다소 예민한 성격이기도 한 제가 감옥에서 생활하는 것이 그리 쉽지만

은 않을 것입니다. 또한 병역거부를 했다는 사실은 저를 계속 따라다닐 것이고, 사람들을 저를 병역기피자로 바라볼 수도 있고, 그러한 시선들이 저를 계속 괴롭힐 수도 있을 것입니다. 더구나 제가 겪는 고통 때문에 저를 아끼는 사람들 역시 고통을 겪을 수 있습니다. 그러한 것들을 생각하면 가슴 한구석이 무거워지는 것도 사실입니다.

하지만 저는 보이는 길 밖에도 세상이 있음을 믿습니다. 그리고 함께 꾸는 꿈은 현실이 되는 것을 믿습니다. 그러하기에 저는 제가 할 수 있는 작지만 소중한 발걸음을 길 밖으로 내어보려고 합니다. 쉽지만은 않은 길일 수 있습니다. 하지만 아는 것을, 옳다고 여기는 것을 실천하는 행동이기에, 자신의 양심에 따른 행동이기에, 또한 진정한 평화를 위한 행동이며, 다양성과 개성과 상상력이 존중되는 사회를 만들기 위한 작은 발걸음이라고 생각하기에 천천히 발걸음을 옮기겠습니다. 긴 호흡으로, 힘들면 잠시 쉬었다 가더라도 천천히 한 걸음씩 이 길을 가보려고 합니다.

2005. 4. 4 병역거부선언

문정대
(가명)

나와 이 세상의 평화를 위한 병역거부

입영영장을 받아들고…

지난 5월 집에 돌아오는 길에 대문 옆 우편함에 꽂혀있는 입영영장을 발견했습니다. 오래전부터 병역거부를 결심하고 지내온 터였기에 그리 두렵거나 긴장되지는 않았습니다. 다만 예기치 않게 급히 다가온 입영일자를 바라보며 내가 없는 동안 나의 빈자리를 채우고, 내 부족함을 대신 짊어져야 할 이들에게 미안할 따름이었습니다. 한평생 고된 노동 속에서 누구보다 정직하게 살아왔지만 내 집 한 칸 장만하지 못하고 전셋집을 전전하며 못난 아들놈 걱정으로 마음마저 시커멓게 타버린 우리 부모님. 충북 지역에서 모든 것을 걸고, 함께 믿고 420장애차별철폐투쟁을 벌여 승리를 일구었던 충북장애인권연대 · 충북자립생활센터 · 수곡동행복한사람들 · 성인장애인교육모임 · 청년인권연대 · 사회당을 비롯한 모든 동지들. 세상의 무관심 속에서 희망을 버리지 않고 늘 해맑게 웃던 어린이 쉼터의 축구부 아이들. 학창시절 삶의 고민을 함께 나누었던 나의 벗들에게 미안한 마음과 감사의 마음을 실어 보냅니다.

우리는 비록 작은 힘을 가진 나약한 존재이지만 그 작은 힘으로 사랑하는 사람들과 희망을 나누며, 서로 돕고 그 속에서 함께 살아가기를 바랍니다. 그것은 우리 삶의 존재 이유입니다. 짧은 시간일지라도 사랑하는 이들, 나를 필요로 하는 이들에게 내가 아무런 도움이 될 수 없음은 큰 고통입니다. 그럼에도 병역의 의무를 수행하는 것 대신 고달픈 징역살이를 준비하고 있는 것은 내가 살아온 26년의 시간 속에서 '군대'의 문제가 앞서 말한 우리 삶의 존재 이유를 가로막고 있는 거대한 장애물이라고 확신했기 때문입니다. 그리고 이 거대한 장벽을 허무는 일을 나로부터 시작해야 한다고 생각했기 때문입니다.

모두가 행복한 웃음을 짓는 세상을 꿈꾸었습니다

저는 1978년 부산에서 출생해 1997년 숭실대 철학과에 입학했습니다. 평소 운동을 좋아하고, 모험심이 많고, 잘못된 것을 보면 쉬이 넘기지 못하는 성격 탓에 입학 후 대학에서 주최하는 많은 모임과 집회, 행사 등에 적극적으로 참여했습니다. 짧은 시간이었지만 대학생활 1년은 활달하고 평범하기만 했던 제게 큰 변화를 가져다주었습니다. 모두에게 똑같이 좋은 대학, 좋은 직장, 안락한 삶을 목표로 살아가라고 가르쳤던 이전의 교육과는 달리 인간과 사회, 올바르고 진실된 삶이 무엇인지에 대해 진지하게 토론하고, 실천하는 사람들을 그곳에서 만날 수 있었기 때문입니다.

 삶의 진정한 가치가 무엇인지에 대해 고민한 후 모두가 행복할 수 있는 세상, 사람이 사람답게 살아갈 수 있는 세상을 바라며 대학 시절을 지내왔습니다. 노동자, 철거민, 장애인들과 함께 연대하며 그들의 문제가 결국 나의 문제이며 이 땅에 살고 있는 모든 이들의 문제임을 새삼 느낄 수 있었습니다. 고되고, 힘겨운 때도 있었지만 의로운 길이었기에, 함께하는 동지들이 있었기에 행복했습니다. 그런 제게 병역의 문제가 눈앞으로 다가왔습니다. 내가 바라는 삶과 내가 만들고픈 세상이 그것과 충돌한다는 느낌을 어렴풋이 가지면서도 선뜻 어떤 결정을 내리는 것은 어려웠습니다. 그러던 중 오태양씨의 양심에 따른 병역거부가 사회적 문제로 떠올랐고, 그의 이유서와 그의 뒤를 잇는 병역거부자들의 선언을 접하면서 병역의 문제가 개인적 차원의 것이 아님을, 내가 바라는 인간적 가치와 평등한 세상의 반대편에 군대가 마주서 있음을 발견할 수 있었습니다.

양심에 따른 병역거부는
나와 이 세상의 평화를 바라는 모든 이들을 위한 선택입니다

국익을 이유로, 한반도의 평화를 지키는 게 아니라 살인을 위한 도구로 전락한 한국군. 끊임없이 일어나고 있는 군 의문사와 일상적 인권유린에 대해 감추고 함구하는 국방부. 여성과 장애인을 비롯한 노약자들에게 또 하나의 구조화된 폭력으로 존재하는 정상성과 비정상성에 대한 신체적, 정신적 기준. 군대의 억압적 질서와 비합리적 구조는 너그러이 받아들이면서 이에 대한 근본적 문제를 제기하는 용기 있는 자들에게는 비난을 쏟아놓는 예비역들의 피해의식과 우리 사회의 편협함. 정당한 것을 힘으로 누르려는 권위적 질서. 신성한 국방의 의무에 대해 강변하던 보수 세력과 군부의 권력자들조차 자녀들의 병역기피를 도왔다는 어처구니없는 뉴스보도와 이를 통해 그들 스스로 고백해버린 군대의 비합리성. 전쟁과 군대, 그리고 우리 사회의 현실을 바라보며 제가 깨달을 수 있었던 것은 바로 이러한 것들이었습니다. 한국사회에 만연해 있는 생명과 자연에 대한 경시 역시 그 이면에는 전쟁의 승리를 위해 효율성과 경제성을 최고의 가치로 치는 힘과 경쟁의 논리가 숨어 있을 뿐입니다.

이제 저는 인간이 인간을 파괴하는 전쟁행위와 이를 수행하기 위한 무기, 그리고 군대를 더 이상 용납할 수 없습니다. 아니 용납하지 않으려 합니다. 그것은 야트막한 집 한 칸과 땀 흘려 일할 수 있는 일터만 있다면 별일 없이 평화롭고 행복하게 살아갈 수 있는 우리네들이 원하는 것이 아니기 때문입니다. 우리에게는 대적해야 할 적도, 지켜야 할 재산도 없습니다. 함께 행복하고 함께 즐겁고 싶을 뿐, 서로 적대시하고 서로를 위협하며 끊임없는 불안과 긴장 속에 살고 싶지는 않습니다.

> 우리가 이루고 있는 공동체는 우리의 가치를 실현할 수 있는 방법으로 우리의 의지에 따라 만들어져야 합니다

대체복무제 도입을 요구합니다

우리가 이루고 있는 공동체는 우리의 가치를 실현할 수 있는 방법으로 우리의 의지에 따라 만들어져야 합니다. 우리는 서로의 다름을 인정하고, 모두의 평화와 행복을 위해 각자가 할 수 있는 다양한 방법으로 이 사회에 공헌하길 바랍니다. 권력자들의 일방적인 강요가 아니라 우리 스스로가 토론하고, 고민해서 각자의 신념과 양심, 개성에 따라 사회적 공헌을 할 것을 원합니다. 총과 칼이 아니라 사회적 약자들을 위한 안전과 복지를 확충할 수 있는 대체복무제 도입으로 우리의 공동체를 건강하고 아름답게 지키고 싶습니다. 이미 우리와 비슷하거나 더 어려운 조건의 나라에서도 대체복무제가 이루어졌습니다. 이는 사회적 약자들에게는 복지를, 병역거부자들에게는 인권을, 사회

에는 다름을 인정하는 관용을 가져다주었습니다. 대체복무제 도입은 우리 사회를 강요된 공동체가 아니라 서로의 다름을 포용하는 가운데 더없이 풍요롭고, 관용적이고, 유연하며, 생명과 자연의 가치를 소중히 여기는 자발적 공동체가 되도록 도와줄 것이라 확신합니다.

아직 부족하지만 옳은 것과 그른 것을 알 수 있는 나이라고 생각합니다. 뜻을 가지고 택한 길인만큼 제 자신과 동지들 앞에 부끄럽지 않게 살겠습니다.

2005. 6. 7 병역거부선언

오정록

    일상적인 유무형의 폭력이 만연한 곳, 사람을 물건으로 취급하는 곳, 따라서 오직 번호로서만 존재할 수 있는 곳, 생명까지 내맡긴 채 철저한 위계와 폭압적 권위 속에서 살아야 하는 곳, 여성에 대한 비하, 성적 대상화가 만연한 남성들의 공간, 구체적 인간 개개인이 아닌 집단으로만 존재할 수 있는 곳, 모든 시간이 오직 전투력 강화, 즉 살인 기술의 강화를 위한 훈련으로 쓰이는 곳, 살아남기 위해서 자신의 양심을 거스르는 거짓된 말과 행동을 해야 하는 곳, 양심에 반하는 행동을 반복하여 스스로 피해자이자 가해자가 되는 곳, 그 결과 인류 역사에서 있어왔던 수많은 전쟁(살인)의 행위자가 되는 곳….

    저는 군대를 이런 곳이라고 생각합니다. 그래서 병역을 거부합니다. 많은 사람들이 위와 같은 제 의견에 동의하지 않을 수도 있습니다. 벌써부터 비난하는 소리들이 들려오는 듯합니다.

    "꽤나 극단적이군."
    "가보지도 않은 군대에 대해서 안 좋은 소리만 들었군."
    "그곳도 사람 사는 곳인데…."
    "저래 가지고 사회생활 어떻게 하겠나."

    그렇습니다. 저는 군대 근처도 가보지 않았고, 사회와 군대는 꽤 많은 유사점이 있습니다. 그리고 저보다 더 민감하고 여린 사람들도 군대를 다녀온 것을 보면 군대가 사람 잡는 곳만은 아니구나 하는 생각을 하기도 합니다. 하지만 군대는 사회의 폭력성, 남성중심성, 권위-위계가 가장 극단적으로 드러나는 곳이라고 생각합니다. 사회에서는 제 나름의 생활방식을 만들어가고 사회적 불평등이나 폭력에 저항할 수 있지만, 군대는 둘 중 하나입니다. 거부할 것인지, 적응할 것인지.

적응하는 것, 익숙해지는 것은 저에게 가장 두려운 것입니다. 고된 육체활동으로 생각은 점점 적어지고, 군대의 살인 훈련에 몸은 익숙해지는 것, 선임병이 되어 후임병에게 욕설과 폭력을 행하는 것, 종국에는 전투명령에 저항하지 못하고 집단의 부속품처럼 살인의 행위자가 되어버릴 수 있는 것은 모두 군대에 적응할 때 가능한 것입니다.

저는 군대를 다녀온 한국 남성들은 정도의 차이는 있지만 군대의 폭력과 문화가 몸과 마음에 새겨져 있다고 생각합니다. 남에게 싫은 소리 한마디 못하고, 생명을 죽이는 어떤 짓도 하지 못할 것 같은 착한 사람이라도 말입니다. 그래서 군대의 폭력 때문에 몸과 마음에 큰 상처를 입은 사람들보다 저는 운이 좋다고 생각합니다. 입영영장보다 병역거부를 먼저 만났기 때문입니다.

병역거부를 선언한 저를 국가는 병역법 위반이라는 죄목으로 감옥에 가두고 저의 양심을 교정하려 하겠지만, 저는 군대를 거부한 저의 양심을 꿋꿋이 지킬 것입니다. 50년이 넘는 세월동안 1만 명 이상의 병역거부자들이 감옥에 갇혔지만, 그들의 양심을 꺾을 수는 없었습니다. 사회가 그들을 이단종교라고 매도하고 저와 같은 사람을 사회부적응자라고 비난하겠지만 군대가 존재하는 한, 이에 저항하는 이들은 끊임없이 나올 것입니다. 비록 병역거부자들 한 명, 한 명의 힘은 미약하지만 제 목소리에 공감하고 군대에 저항하는 사람들은 더욱 많아질 것입니다. 40년 전 베트남 파병군인은 멋쟁이 군인이었겠지만, 2005년 자이툰은 그렇지 않습니다. 군대는 남자라면 당연히 경험해야 하는 것이라고 생각하겠지만, 가까운 미래에는 누구나 꺼려하고 그 존재에 대해서 의문을 제기하는 집단이 될 것입니다.

> 저는 운이 좋다고 생각합니다.
> 입영영장보다 병역거부를 먼저 만났기 때문입니다

2005. 10. 4 병역거부선언

고동주

 안녕하세요, 저는 양심에 따라 병역거부를 하고자 하는 고동주입니다. 저는 천주교 신자로서 대학에 입학해서 가톨릭학생회라는 동아리에 들어가게 되었습니다. 그곳에서 예수님께서 어떠한 삶을 사셨는지 공부했고, 여러 활동들을 통해 지금 이곳에서 우리가 그분의 삶의 방식을 따라 살아야만 참으로 그리스도인이라는 생각을 가지게 되었습니다. 또 그러할 때 진정 기쁜 소식을 듣게 되는 것이고 다른 이들로 하여금 그 소식을 전할 수 있다는 것도 알았습니다.

 저에게 들려온 기쁜 소식은 서로 사랑하며 살라는 것입니다. 그 사랑은 무조건적인 사랑이고, 원수조차도 사랑함으로써 사랑의 대상에 제한도 없습니다. 서로 사랑하지 않고 살아가면 어떻게 될까요? 서로 두려워하고 서로 미워하면 어떤 결과를 가져올까요? 가장 최악의 결과는 전쟁으로 나타납니다. 미국의 이라크 침략으로 죽어갔던 많은 사람들의 모습을 떠올려보십시오. 저에게 군대는 이러한 최악의 상황을 막을 수 없는 존재입니다. 오히려 이러한 상황을 부추기는 곳이 군대입니다.

 군대는 누군가를 두려워하지 않으면 만들어지지 않는 집단입니다. 누군가가 나를 위협할 것이고, 그 위협을 막아야 한다는 전제가 있어야만 존재할 수 있는 것이지요. 그리고 그 위협을 줄이기 위해 상대방보다 더 강성함을 자랑하기 위해 존재합니다. 그래서 군비경쟁이 멈추질 않고, 무기생산과 수입에 쓰이는 예산이 늘어나는 대신에 국민들의 실질적인 안전과 복지에 쓰일 예산은 줄어듭니다.

제가 군대에 들어간다면 누군가를 사랑하는 것이 아니라, 누군가를 두려워해야 하고 누군가를 미워해야 하고 또 죽일 수도 있다는 사실을 받아들여야 합니다. 군대에서 받을 훈련을 상상해봅니다. 적으로 상정되는 인형을 향해 소리를 지르며 달려가 총칼로 찌르고, 수류탄을 던지고 총을 쏘는 훈련을 받겠지요. 상상만 해도 끔찍한 일이 아닐 수 없습니다. 이러한 훈련을 받아들이게 된다면 저는 예수님께서 저에게 들려주신 복음을 버려야 합니다. 또한 이것을 버리게 된다면 저의 삶 또한 아무런 의미가 없어져버리게 됩니다. 따라서 저는 군대에 들어갈 것을 거부합니다. 저는 이미 예수님께서 서로 사랑하며 살라는 기쁜 소식을 들었기 때문이지요. 그리고 그 소식을 다른 이들에게도 들려주고 싶기 때문입니다.

이사야서 제2장 4절에 "그가 민족 간의 분쟁을 심판하시고 나라 사이의 분규를 조정하시리니, 나라마다 칼을 쳐서 보습을 만들고 창을 쳐서 낫을 만들리라. 민족들은 칼을 들고 서로 싸우지 않을 것이며 다시는 군사 훈련도 하지 아니하리라"란 구절이 있습니다. 이는 앞으로 올 하느님 나라의 모습이겠지요. 또한 제2차 바티칸공의회 문헌의 사목헌장에서 전쟁의 야만성 방지에 대한 79항에는 "양심상의 이유로 무기 사용을 거부하며 다른 방법으로 공동체에 봉사하려는 사람들을 위해서는 달리 인간다운 입법 조치를 취하는 것이 타당할 것 같다"고 명시되어 있습니다. 저는 아직 오지 않은 하느님 나라를 지금 이곳에서 살고자 군대에 가기보다는 다른 방법으로 봉사하고 싶습니다. 그것이 제가 하느님 나라를 앞당기는 방법이라고 믿습니다.

물론 우리나라에서 이러한 양심에 따른 병역거부는 아직 합법적이지 못합니다. 그래서 근 60년 동안 1만 명이 넘는 사람들이 병역거부로 옥살이를 했고, 지금도 1천 명이 넘는 수감자가 감옥에서 고통을 받고 있습니다. 하지만 헌법재판소와 대법원에서도 합헌결정과 유죄선고를 내리면서 소수의견으로 입법부의 역할을 이야기한 것으로 알고 있습니다. 이제 국가의 이익과 개인의 양심을 조화시킬 수 있는 입법이 필요하다고 생각합니다. 양심에 따른 병역거부자들은 군대에 들어가더라도 적합하지 않은 사람들이고, 감옥에서 그들의 시간을 허비시키는 것도 국가적 낭비입니다. 민간 대체복무를 통하여 저도 이 사회에 공헌할 수 있도록 국회에서 하루 빨리 대체복무제도를 도입해주시기를 바랍니다.

2005. 10. 11 병역거부선언

김영진

　나는 병역거부를 하려고 한다. 많은 사람들이 "왜 그러냐"고 묻는다. 한국에서 남자로 태어났으면 '당연히' 군대를 가야 된다고 말하는 이들이 있지만, 나는 오히려 되묻고 싶다. 무엇이 군대 가는 것을 당연하게 만드느냐고. 또 다른 사람은 말한다. "한국은 남북이 대치하고 있기 때문에 군대에 가야 된다"고. 난 다시 말한다. 그런 말과 생각이 남과 북을 더 멀게 만들었다고.
　　지난 세기 동안 이 사회는 어느 개인이 개인의 존엄성과 가치를 만들도록 그 역할을 한 것이 아니라, 단순히 개인이 사회의 부속품 역할만 하도록 훈육시켜왔다. 그것을 가장 상징적이고, 직접적으로 보여주는 것이 군대이다. 특히 나는 '군대는 민중을 위한 것이 아니라, 자본과 지배층의 이데올로기를 재생산하고 그것을 위해 복무하는 곳이다'라고 강조하고 싶다. 실질적으로 지배층들은 그들의 자녀들을 군대에 보내지 않으려고 한다. 지배층은 편법으로 그들이 져야 할 의무를 민중에게 떠넘기고 지배층 자신은 특혜만 누린다. 이는 전적으로 그들의 행위와 이데올로기가 허위적이라는 것을 보여준다. 또한 지배층은 사회에서 군대와 같은 지배층을 위한 수직적 문화가 유지되기를 원할 것이며, 군대는 수직적인 사회구조를 배우기 위한 예비학교가 되는 것이다. 때문에 지배층과 지배층의 논리를 자기의 논리로 만든 사람은 '당연히 군대를 가야 한다'라고 말할 것이다. 나는 군대는 외세의 침략으로부터 나라를 지킨다는 명분을 가진 조직이라 생각하지 않는다. 오히려 그것은 지배층의 금고통을 지키기 위해 만들어진 사적 조직이라 말하고 싶다.

군대라는 조직이 유지되어야 하는 당위는 없다. 다만 상황 속에서 그 필요가 발생하는 것인데, 지금 동북아시아의 군사적 대립을 보자면 군비, 징병제의 유지는 오히려 동북아시아의 군사적 긴장만을 고조시킬 따름이다. 미국, 중국, 일본, 러시아 그리고 북한. 세계의 군사강대국들이 다 모여 있다. 그 중 한국이 있는 것이다. 한국이 군비를 증가하면 얼마나 할 수 있는가? 미국, 일본, 중국, 러시아 들보다 더 많은 병력과 무기를 가질 수 있다고 생각하나? 착각이다. 오히려 광기 어린 군비경쟁은 전쟁으로 가는 길만 만드는 격이며, 군비가 확장된 상태에서 전쟁은 지배층의 몰락이 아니라 노동자, 농민, 피지배계층을 피 흘리게 할 뿐이다. 현재 정부와 우익 보수주의자들은 일본과 미국을 우방이라 말하지만 국제관계 속에 영원한 우방은 없다. 따라서 한국은 한국 나름대로의 국제 관계를 유지해야 하는데, 그 방법이 군국주의, 군사주의가 될 수 없음은 자명할 터이다. 모든 강대국이 군비를 확장해 전쟁을 하려고 할 때, 한국이 그 사이에서 군비를 증가하려 한다면 오히려 전쟁을 일으켜 달라는 명분을 제공하는 것과 다름없다. 이는 북한과의 관계에도 예외가 될 수 없을 것이다. 이와 같은 말을 듣고도 더 이상 징병제와 강력한 군대가 필요하다고 감히 주장하지 못할 것이다. 그래도 계속 같은 이야기를 한다면 그 사람은 이성적인 사고를 포기한 광기적인 군사주의자들일 것이다.

답은 명백하다. 그것은 비무장, 모병제로서 최소한의 군대를 갖는 것이다. 군축이다. 이것은 단순히 개인의 양심을 보호해달라는 병역거부자의 간절한 외침이 아니다. 이것은 지배계급의 전쟁 이데올로기와 사회 유지 이데올로기에 대한 강력한 투쟁이다. 우리는 제1차 세계대전이 일어나는 것을 강력히 반대하고 반전운동을 했던 프랑스 사회당의 장 조레스를 기억해야 할 것이다. 전쟁이 터지면 프랑스, 독일의 민중이 죽게 되는 그 상황을 반전, 반군국주의의 힘으로 강하게 저항하려 했던 그의 생각을 다시 이어가야 할 것이다. 전 세계 민중들이 서로 총부리를 겨누지 않게 하기 위한 작은 몸부림으로서 나는 정치적 병역거부를 선언한다.

> 이것은 단순히 개인의 양심을 보호해달라는 외침이 아니다. 이것은 지배계급의 전쟁 이데올로기와 사회 유지 이데올로기에 대한 강력한 투쟁이다

2005. 12. 1 병역거부선언

김태훈

'서울로 가야지.' 매일매일 이 말을 수십 번 되뇌이던 고등학교 시절이 있었습니다. 저는 남들이 부러워하는 삶을 살고 싶었습니다. 지금 그 시절로 돌아가라면 몸서리를 치겠지만, 당시에는 크게 괴롭지 않았습니다. 그 고통 뒤에는 창창한 앞날이 밝게 빛나리라 생각했기 때문입니다. 남들보다 높은 위치에 섰다는 만족감에 젖어, 몇 년 후엔 멋진 삶을 살 거라 생각했던 제가, 병역거부자라는 소수자가 된다는 건 상상도 할 수 없었습니다.

대학에 입학한 얼마 후, 우연한 기회에 사회의 부조리를 배웠습니다. 학교라는 테두리 속에서 곱게 커왔던 제가 부조리를 직접 경험할 기회는 없었습니다. 저는 노동자도 아니었고, 여성도 아니었으며, 더 이상 어린이도 아니었고 장애인으로 구별되지도 않았습니다.

하지만 이 사회가 바뀌어야 한다고 생각했습니다. 함께 활동하는 동료가 있다면, 이 사회를 머릿속의 예쁜 그림처럼 바꿀 수 있을 거라 생각했습니다. 목표를 이루기 위해서는 제가 정의한 적(敵) 앞에서 강해져야 했습니다. 그 누구보다 전투적이어야 했고, 잘난 사람이 되어야 했으며, 저의 의견이 통과되도록 수단 방법을 가리지 않아야 했습니다. 약한 모습을 보이는 순간, 저는 쌓아왔던 모든 것들이 무너질지도 모른다고 생각했습니다.

이 시절에 사상이라는 것을 알게 되었습니다. 저는 이 사상이 앞으로의 모든 장애물들을 극복시켜주리라 생각했고, 제 머릿속의 사상만이 옳은 것이라고 여겼습니다. 당시에는 그 오만한 확신만이 지쳐 있는 삶을 지탱해주는 힘이었습니다. 사상에 입각한 정의로운 전쟁이 있다면, 그 전쟁에 동참하여 사상의 승리를 위해 싸워야 한다고 생각했습니다. 실제로는 두려워하고 있었지만 남들 앞에서는 전투적이어야 했던 제가, 총을 들지 않는다 하여 비겁하다고 욕 먹는 사람이 될 줄은 꿈에도 몰랐습니다.

대학생활이 무르익을 즈음, 주위에서 함께 활동했던 동료들을 통해 병역거부란 것을 처음으로 접했습니다. 그 동료들 중 몇몇이 병역거부자가 되기를 결심했을 때, 저 역시 병역거부자가 되기를 결심했습니다. 병역거부라는 행동에 대해서 잘 알지는 못했지만, 저는 앞장서 싸워야 한다고 생각했기 때문에 병역거부자가 되기로 결심했습니다. 예전처럼, 저의 사상이 감옥 안에서의 고통 역시 극복해주리라 생각했고, 그래서 두려움도 없었습니다.

하지만 오만한 확신과 사상이 그리 오래 가지는 못했습니다. 확신이 무너지는 것은 한순간이었습니다. 사상의 한 귀퉁이가 심각하게 무너졌을 때, 저는 껍데기뿐인 병역거부자였습니다. 그리하여 사상을 의심하기 시작했을 때, 저는 앞으로의 인생을 두려워하기 시작했습니다.

두려움에 떨면서 멍하니 하늘을 바라보고 있을 때, 평화운동을 접했습니다. 그리고 평화운동을 하고 계신 몇몇 분들을 만났습니다. 저는 잃어버린 감성을, 아니 처음부터 가지고 있지 못했던 감성들을 배우게 되었고, 지금도 배우고 있습니다. 껍데기 병역거부자였던 저에게, 평화운동은 병역거부의 진정한 이유에 대해서 고민하게 만들었습니다. 비록 혼란스러운 20대 중반이었지만, 이때부터의 고민과 실천은 저의 하루하루를 행복하게 만들어주고 있습니다. 또, 평화에 대한 진지한 고민과 실천이 산산조각났던 사상들을 다시 주워모아 기워낼 수 있도록 힘을 주었습니다.

평화의 진정한 의미와 인간관계에 대해 고민하기 시작하면서, 현재 저의 삶이 수많은 사람들의 고통에 기대어 있다는 것을 깨달았습니다. 이 세상에서 누군가 필요 이상으로 풍요롭게 산다는 것은, 누군가가 자신의 의지와 상관없이 고통스럽게 산다는 것을 뜻하고, 함께 누려야 할 자연환경이 파괴된다는 것을 뜻합니다.

지속적이고 공평하게 분배되어야 할 자연을 강탈하고 착취할 때, 그리고 자연환경이 파괴될 때 가장 큰 고통을 겪는 이는 누구입니까. 하루 끼니를 해결하지도 못하는 임금을 받으면서, 뜨거운 태양 아래 15시간 동안 담배밭에서 일해야 하는 어린이는 저보다 어떤 죄를 지었습니까. 담배로 인해 농

경지를 빼앗겨 담배회사에 고용되어야 하는 가난한 가족은 저보다 어떤 죄를 더 지었습니까. 저 멀리 아프리카와 제3세계 민중들의 무거운 삶이 벽으로 둘러싸였던 제 가슴의 한 구석을 두드렸을 때, 그들을 위해 할 수 있는 일은 아무것도 없었습니다. 고작해야 제가 할 수 있는 일은 담배를 사지도 피지도 않는 것뿐이었습니다.

모래바람이 흩날리는 어느 천막 밑에서, 세상 그 누구보다도 슬픈 눈물을 흘리고 있던 아이와 그 어미의 회색빛 눈물이 잊혀지지 않습니다. 이 사람들의 착취된 피땀이 모여 누군가에게 부를 가져다주었고, 그 부가 권력을 주고, 그 권력이 무기를 가졌으며, 그 무기가 다시 슬픈 눈물의 사람들을 겨누고 있습니다. 제가 살고 있는 이 나라의 무기와 군대 역시 이 권력자들의 것이 아닙니까. 놀라운 것은 이 권력자들의 무기와 군대가 제가 속한 수많은 군중들에 의해서 지지받고 있다는 사실입니다.

제가 들어야 할 총은 누구를 겨누고 있습니까. 그 총이 슬픈 눈물을 간직한 사람들을 향한다면, 그 사람이 있음으로 인해서 한 사람이라도 행복할 수 있는 사람을 겨누고 있다면, 저는 총을 들 수 없습니다. 총이 향하고 있는 대상이 절대악이 아닌 한 저는 총을 들 수 없습니다. 하지만 절대악은 신화 속의 개념일 뿐입니다. 다른 사람의 것을 빼앗아 화려한 치장으로 자신을 감싸고 있는 그 보잘 것 없는 권력자들이 과연 악하지 않다고 할 수 있습니까.

이 사람들의 착취된 피땀이 누군가에게 부를, 그 부가 권력을 주고, 그 권력이 무기를 가졌으며, 그 무기가 다시 슬픈 눈물의 사람들을 겨누고 있습니다

그리 길지 않은 저의 인생이지만, 너무 많은 사람들에게 상처와 고통을 주고 살아왔습니다. 어쩔 수 없는 남성이라서 그렇거니와, 또 물질적으로 정신적으로나 빠질 것 없이 살아왔기 때문입니다. 그리고 앞으로도 제 인생이 그렇게 되지 않으리란 보장을 할 수 없습니다. 만약 그렇게 된다면 상처와 고통을 주지 않는 풍요로움을 추구하고 싶습니다.

오만한 확신이 무너진 이후로, 저는 어떤 확신도 할 수 없는 사람이 되어버렸습니다. 수많은 군중들의 이야기 속에 파묻힐 때, 저 역시 아주 작은 개인일 뿐입니다. 저 또한 이 군중들의 주장들에 대부분의 동의를 보내고 있는 소시민입니다.

부당함에 맞서 헌신적인 삶을 살고 있지는 못하지만, 지금 상황에서 제가 할 수 있는 일은, 저 멀리 또는 이 땅 곳곳에서 고통스러운 삶 속에서도 자신의 희망을 되찾기 위해 분주히 하루를 살아가고 있을 사람들을 위해, 이 나라가 건네주는 총을 거부하는 일입니다. 그 대가가 크다고 할지라도 현재로선 제가 할 수 있는 일의 전부가 이것밖에는 없습니다. 총을 드는 것이 의무가 아니라, 담배를 피지 않는 것과 총을 들지 않는 것이야말로 지금 제 인생의 의무입니다. 저는 이것보다 더 아름다운 의무들을 실천하는 사람을 존경합니다. 그래서 이 사람들이 제 옆에 있다는 것이 행복할 따름입니다.

저는 무기와 군대가 저의 아름다워야 할 삶과, 제가 사랑하는 사람들을 지켜주고 있다고 생각하지 않습니다. 제가 사랑하는 사람들은 그 무기와 군대가 눈앞에서 사라질 때만이 행복해질 수 있습니다.

마지막으로, 저는 어떤 사람이 제 삶의 방식을 그대로 따르기를 원치 않습니다. 제 삶의 방식이 지금은 이러하나, 또 언제 바뀔지 모르는 일이며, 각자가 자신만의 길을 개척하기를 바라기 때문입니다. 사회적 약자의 삶을 폭력적으로 해치는 삶의 방식이 아니라면, 그 다양한 삶의 방식들이 억압받지 않는 사회가 되었으면 좋겠습니다. 비록 오랜 시간이 걸릴지라도 말입니다.

2005. 12. 1 병역거부선언

이용석

저는 약하고 부족한 '인간'입니다

그러니까 평화가 나에게 왔습니다. 아주 조용조용하게. 아주 사뿐사뿐하게. 그것은 겨울날 얼굴을 에는 찬바람처럼 무서운 표정으로 빠르게 다가오지도 않았고, 한여름 푹푹 찌는 더위 속에 쏟아져내리는 소나기처럼 갑작스레 오지도 않았습니다. 평화는 한겨울을 이겨낸 새싹이 돋아나듯이 우리가 인식하지 못하는 시간으로 나에게 다가왔습니다. 평화는 빨갛게 봉숭아물 든 손톱이 자라나 붉은 반달을 이루듯, 아주 익숙한 속도로 나와 만났습니다. 내가 평화를 만나는 과정이 바로 '평화'였습니다.

평화를 알게 되고 병역거부를 결심한 것이 아니라, 병역거부를 결심하면서부터 평화를 만나게 되었습니다. 그렇기 때문에 병역거부는 저에게 있어서 어떤 커다란 사건이라기보다는 일상적인 삶의 방식입니다. 저마다 삶에서 중요시하는 가치가 다르고 그 가치를 지켜가는 방식이 다를 것입니다. 저에게 가장 중요한 문제는 어떻게 살아가느냐 하는 물음에 답하는 것입니다. 때문에 저의 대답은 항상 정리된 논리라기보다는 현재를 살아가는 모습입니다. 미래에 무엇이 되느냐는 그것이 추구해야 할 대상이 아니고, 현재의 나의 삶을 가꾸어나가면서 자연스럽게 따라오는 것이라고 생각합니다. 따라서 저의 신념은 미래의 모습을 그려나가기 위한 것이라기보다는 현재를 아름답게 만들어가기 위한 것입니다. 제 삶의 중요한 가치들을 바로 지금 이곳에서 '살아가는 것' 그 자체로 가꾸어가고 증명하는 것이 바로 저의 병역거부입니다.

물론 저에게 있어서 이런 의미를 가지는 병역거부지만, 저의 병역거부가 사회와 만났을 때, 더 많은 의미들을 가질 수 있다고 생각합니다. 그리고 그 의미는 마치 이름을 불러주었을 때 꽃이 되는 것처럼, 우리가 의미를 부여했을 때, 이 세상에 다가서는 몸부림이 될 것입니다. 저는 이 세상과 사람들이 저의 양심과 삶의 방식을 존중해주기를 바랍니다. 하지만 저의 병역거부를 특별한 것으로 기억하지 않기를 바랍니다. 평화의 신념들은 사람들의 머릿속에 논리정연한 이론으로 기억되는 것보다는 사람들의 몸과 삶의 태도 속에 습관으로 각인되어야 진정한 의미를 가진다고 생각합니다. 저의 병역거부를 통해서 사람들이 가졌으면 하는 삶의 태도에 대해서 이야기해보고자 합니다.

　　사람들은 자신이 강하다고 착각을 하고 살아갑니다. 자신이 강하다고 생각하기 때문에 그 강함을 항상 과시하고 증명해야 합니다. 그것은 때로는 자신보다 약한 존재를 보호해주는 것으로 나타나기도 하지만 그조차도 배려는 아닙니다. 오히려 자신이 강한 자가 되기 위해서 다른 이를 약한 자로 만들어야 하고 그것을 증명하기 위해서 온갖 폭력들이 발생하게 됩니다. 이는 단순한 인간관계만의 문제가 아니라 국가와 개인, 국가와 국가, 그리고 인간이 만드는 모든 형태의 공동체에 해당하는 문제입니다. 인간이 형성한 가장 거대한 조직인 국가가 자신의 강함을 보여주기 위해서 강한 군대를 과시하려는 것은 어쩌면

> 평화를 알게 되고 병역거부를 결심한 것이 아니라,
> 병역거부를 결심하면서부터 평화를 만나게 되었습니다

당연한 속성일지도 모르겠습니다. 하지만 가장 거대한 만큼, 가장 막강한 권력을 가지고 있는 국가가 합법적인 폭력의 권한을 군대에 부여함으로써 인류의 많은 비극들은 발생했습니다. 스스로 강하다고 믿는 오만함을 계속 유지시키기 위해서 강하지 않은 수많은 인류는 희생당해오고 있습니다.

　　저는 병역거부는 우리 인간이 약하고 미흡한 존재라는 것을 인정하는 행위라고 생각합니다. 우리는 지배자가 아니라 구성원일 따름입니다. 우리는 파괴의 신이 아니라 생명과 창조의 질서 속에서 살아가는 구성원일 뿐입니다. 우리는 약하고 미흡한 존재이기 때문에 서로를 억누를 필요가 없습니다. 오히려 서로의 약함을 서로 보완해주기 위해서 함께 모여서 서로를 보듬어 안아야 합니다. 강하지 않다는 것을 인정하면 강함을 증명할 필요도 없습

니다. 애써 남을 위협하거나 과시하지 않아도 됩니다. 오히려 그런 곳에 들어갈 힘을 돌려 서로의 부족한 점을 메울 수 있을 것입니다.

부족하기에, 저는 저의 삶이 다른 생명들의 희생을 바탕으로 존재한다는 것을 알고 있습니다. 저의 삶은 물론 제 스스로 일궈온 것이지만, 제가 만나온 사람들과의 관계 속에서 저의 보잘것없는 양심이라는 것이 형성될 수 있었습니다. 부모님과 여동생의 삶이 저의 삶과 완벽하게 분리되어 있다면 지금과 같은 삶을 살 수 없을 것이라는 것도 알고 있습니다. 무엇보다도 저는 이 지구생명공동체의 다른 구성원들의 피와 살로부터 내가 움직일 수 있는 에너지를 얻고 있다는 것을 알고 있습니다. 이렇게 많은 희생을 전제로 살아온 제가 할 수 있는 일은 저 또한 다른 생명들을 위해서 희생하는 것이고, 제 삶을 위한 희생은 최대한 줄이는 것입니다.

제가 살아갈 수 있는 최소한의 것만을 요구하고 제가 생존하는 데 꼭 필요한 것이 아닌 최대한의 것을 다시 돌려주는 것입니다. 이미 많은 시간이 지났고, 너무 많은 것을 받았으며, 앞으로 갚아야 할 것들에 비해 인생은 짧게만 느껴집니다. 낭비할 시간도 없는 마당에 제 것을 내놓기는커녕 내가 살기 위해 남을 희생시킬 수는 없는 일입니다. 군대라는 것은 자기가 살기 위해서 남을 죽이는 곳입니다. 저는 제 인생의 소중한 시간들을 그곳에 할애할 수 없는 것입니다. 군대에 가는 것은 갚아야 할 빚은 늘어나고, 갚을 시간은 줄어드는 것입니다. 아니 그보다 무서운 것은, 내 마음 속에 겸손한 보은의 감정 대신에 뻔뻔한 자기 합리화의 배은망덕이 들어가는 것입니다.

병역거부는 저의 삶을 지켜가는 최소한의 방어이자, 사회와 소통하며 평화를 퍼뜨릴 수 있는 최대한의 실천입니다. 저는 입영영장을 받고 비로소 병역거부자가 된 것이 아니라, 제 부족함을 깨닫고 사람들과 부족함을 나누어 평화를 만들면서 이미 병역거부자가 되었고, 또 출소한 이후에도 계속 병역거부자일 것입니다.

2005. 12. 1 병역거부선언

2006 ~ 2009 병역거부선언

유정민석

나약하고 유약한 제 안의 여전사는 병역을 거부합니다

2006년은 주역을 공부하신 아버님의 풀이대로 순탄치 못한 지난한 한 해가 될 것 같습니다. 수많은 자가당착과 견강부회들로 점증되었던 병술년 개의 해는 그렇게 슬프지만 때로는 그리워질 상흔들을 제게 남겨놓을 것입니다.

　남성은 남성성을 갖는 것이 미덕이며 그래야 정상으로 인지되는 세상에서 제 정체성은 국가와 사회가 요구하는 의무와 국민으로서의 권리, 둘 모두에 언제나 상충되곤 합니다. 그렇게 무방비로 태어나버린 제 존재를 돌이켜 보면 단지 태어난 성과 반대의 성역할이 편했고 행복감을 느꼈을 뿐인데, 그 대가치곤 짊어지어야 할 짐이 무겁습니다. 별나라의 외계인을 좋아한 것도 아니고 여기 푸른 지구의 '화성에서 온 남자'를 좋아했을 뿐인데, 때론 억울한 마음이 들기도 합니다. 초등학생이었던 어린 시절부터 보이스 칼라를 하이톤으로 내질러보는 순간이 너무나 재미있었고, 어머니의 화장품을 아버지의 것보다 즐겨 바를 때도 그것이 어떤 사회적 금기를 깨는 성질의 것이라고 알기에는 너무나 자연스러웠습니다. 그것이 앞으로 닥쳐올 어떤 시련과 압제를 예고하는, 이미 열어버린 판도라의 상자가 되어버렸다는 것은 제 안의 여성의 육감으로도 알 수 없을 만큼 너무도 편안하고 좋았습니다.

　경쟁심이나 호승심을 단련하는 공놀이보다는 소꿉놀이나 피아노가 더 재미있었던 유년기 시절에 '여자 새끼'라는 말은 제가 흔하게 들어야했던 욕 중에 하나였습니다. 나의 여성과 남성 모두가 실추되는 듯한 그 역설적인 조롱 투의 욕설을 듣던 때부터 저의 정체성은 혼돈을 거듭하게 되었던 것 같습니다. 허나 살아남아야 했습니다. 파블로프의 개처럼 나를 살도록 하는 세상과 저울질을 해야 했습니다. 나를 둘러싼, 그러나 나를 받아들이지 않는 세상과 흥정을 해야 했습니다. 나 혼자 살 수 없는 세상이었기에, 보호색을 띈 채 나의 초자아로 꿈틀거리는 내 안의 여성성을 양순한 사회적 동물로 길들여야만 했습니다. 나의 나약함과 유약함의 특성은 또래의 남자아이들이 봤을 때는 겁쟁이요, 계집애 같은 괴물의 모습이었기에, 그렇게 초등학교 때부터 남주인공 배역에 익숙해졌고, 억지로 스포츠맨십과 신사도를 개발해갔습니다. 하지만 그 이후로도 계속된 나의 정체성의 외도는 이미 본능을 잃어버린 채 고향 아프리카를 그리워하는 사파리의 맹수처럼, 쓰레기통을 뒤지는 고양이처럼, 음료수 병에 꼬인 꿀벌처럼, 공기를 마시는 물고기처럼 그렇게 진짜 내 모습은 아니었습니다.

후에 대학에 와서 각자 자신 안의 여성성을 긍정하기도, 혹은 부정하기도 하면서 남성우월주의를 거부한다는 소위 말하는 여성주의자들을 처음 접했을 때의 기분은 제 생물학적인 성과 관계없이 물고기가 물을 만난 듯한, 이루 말할 수 없이 해방된 기분이었습니다. 그전의 나의 정체성을 억압하면서 그동안 내가 아닌 다른 페르소나의 가면을 쓴 채 허파가 아닌 아가미로 숨을 쉬어왔던 나의 삶은, 스스로의 삶의 주인으로 사는 삶이 아닌 살아졌던 것에 불과했다는 기분이 들었습니다.

군입대 전 내 의지와는 관계없이 군대라는 남성화된 공간으로 흘러들어간다는 것, 제게는 엄청난 공포와 두려움으로 다가왔습니다. 하지만 상송 제목처럼 〈누구라도 그러하듯이〉 국가와 군대라는 남성화된 거대한 리바이어던은 거스를 수 없는, 그리하여 결국은 승복할 수밖에 없는 근엄하고 숭고한 남신의 아바타 같은 힘으로 다가왔습니다. '철수'와 '영희' 같은 신사·숙녀만 존재해야 하는 세상에서 나는 '철수'라는 기득권을 갖고 태어났지만 진정한 남자로 거듭 태어나는 것을 거부했기에, 남성의 신체를 하고 있는 나에게서 주인공 철수의 역할을 기대했던 사람들에게 '게으르고, 뒤떨어지고, 어리버리해서, 그래서 싸가지 없는' 특이하고 이상한 '영희 같은 놈'이라는, 참으로 비통하고 원통하게도 도덕적이고 윤리적인 평가를 받아야 했습니다. 때문에 진짜 철수인 척하지 않으면 '철수들'의 무리에 낄 수가 없었습니다. 나의 다소곳하고 다정다감한 부분을 '레이디 퍼스트'처럼 배려해주기를 누군가에게 하소연이라도 하는 날에는, 그 즉시 퇴출의 대상이 되거나 보안의 대상이 되어야 했습니다. 속앓이를 하면서도 그렇게 언제 어디서든 숨기지 않으면 쫓겨야 했습니다.

그렇기에 전 가슴으로나 머리로나 이미 몸에서부터 남성 페미니스트 이자 트랜스젠더일 수밖에 없습니다. 로맨틱 코미디 영화와 순정 만화를 즐겨 보며 소설을 읽어도 여류 작가에게, 영화를 봐도 여배우에게, 모든 감정이 몰입되고 이입되는 나는 그렇게 방향점과 지향점이 모로 가도 갔습니다. 그렇게 섹스와 젠더의 괴리감을 안고 사는 것에 너무나 익숙해져버린 나는 스스로 진짜 어떤 것이 나인지도 몰랐지만, 의도한 바 없이 되어버린 괴물이 아니라 단지 아직은 태고적의 나는 법을 기억하는 야생의 동물처럼, 예전 시절 어머니의 화장품을 바를 때 행복감을 느끼던 경험을 잃지 않은 '철수와 영희들'과 똑같은 인격체의 사람이라고 생각합니다.

대학에서 여성주의 세미나를 통해 에코페미니즘(생태여성주의)이라는 학문을 발견하였을 때는, 마치 나를 위해서 만들어진 학문이라는 생각이 들었습니다. 생태주의와 여성주의가 접속된 에코페미니즘은 소위 버려지고, 나약하고, 쓸모없다고 생각되는 모든 '여성적인 것들'에게 자매애를 부여하는 학문이라고 느껴졌습니다. 스스로 부끄럽게 느껴와서 받아들이기가 거북했던, 그러나 내 안에 이미 본질적으로 내재되어 있었다고 생각하는 여성성을 하다못해 집게벌레나 거미 따위의 보잘것없다고 규정되어진 뭇명 모두에게서 발견해가는 에코페미니즘이 제시하는 세상은 단숨에 제 모든 것을 휘감았습니다. 에코페미니즘은 학문이기보다는 운동 강령에 가깝기 때문에, 설득적이기는 하지만 논증적이지는 못한, 이론보다는 담론이라는 이성적인 비판도 전혀 감성적으로 들리지 않았고, 자연 파괴와 생태계 교란이라는 침몰해가는 거대한 타이타닉호로부터 나와 인류를 구원해줄 구명선이라고 느껴졌습니다. 그후 이런 에코 페미니즘은 저의 신념의 토대가 되었습니다. 이 세상은 인간만이 사는 것이 아니라 유기적이고 상호의존적인 관계 속에 제각각 살려고 하는 생명체들이 공존하며 살아가는 세상이라는 에코페미니즘의 관점은 제게 모든 중심주의를 온생명 전체로까지 확장시켜주는 영성을 느끼게 주었으며, 또한 휴머니즘을 가장한 인간중심주의의 이율배반성에 대해 의문을 갖게 해주었습니다.

내가 그토록 모험감과 죄책감을 가지며 밀어내려했던 강요받던 공격적인 남성성은 남성과 여성, 또한 우리 인간을 둘러싼 자연환경 양쪽 모두를 충분히 황폐화시킬 수 있기에 나뿐만 아니라 인류를 위해서도, 또한 미래세대를 위해서도 불필요한 것이라는 신념을 굳히게 되었습니다. 거세되어야 할 것은 단지 그냥 몸에 불과한 나의 생물학적인 남성의 상징이나 혹은 "사내

자식이 계집애 같은" 나의 여성이 아니라, 우리나라에서 유독 미화되고 가치 절상된, 그러나 사회문화를 가로질러 정상으로 인식되어져 지배하고 있는 정서인 '남성성'이라는 판단을 굳히게 되었습니다.

겁이 많고 어리바리한 제 심약함이 신념에 따른 병역거부의 사유로는 어찌 보면 미약할지도 모릅니다. 저는 페미니즘 운동을 위하여 「플레이보이」지에 잠입한 채 바니걸로 살았던 글로리아 스타이넘이나, 일년 반 동안이나 남장을 한 채 남성들의 사회를 비판적으로 체험한 빈센트는 될 수 없겠지만, 남성적인 가치들을 강요하는 군대에서의 경험을 통해 반작용적으로 깨닫게 된 섬세한 정체성과 내 안의, 또한 내가 옳다고 생각하는, 그런 여성성이 결코 부끄러운 것이 아니라면, 겁이 많고 남을 죽이는 연습을 해야 하는 시뮬레이션의 군사훈련조차 벌컥 손부터 떨리는, 아직은 사람들에게 낯설게 느껴지는 부류의 '사내자식이 계집애 같다'는 그러한 '성적 소수자'로서 바라보았던 남성화된 병영문화의 병폐와 호전적이고 공격적인 남성성을 재생산하는, 군대라는 '진짜 남자'가 되기 위한 통과의례를 거부할까 합니다.

아직까지도 세상에는 싸나이와 계집아이 두 부류의 성별만이 존재해야 합니다. 또한 세상은 남성에게는 진짜 싸나이로 거듭나라고 강요하고, 여성에게는 오직 집에만 계시라고, 여성으로만 있으라고 주문을 합니다. 그 와중에서 소위 남자답지 못한 사람들은 "사내자식이 계집애 같이…" 혹은 "너 남자 맞냐?" 라는 식으로 여성성을 비하시켜 부끄러움과 수치심을 유발하여 남성성을 주입받도록 강요합니다. 또한 남성의 공적인 영역으로 동등하게 진출하고자 하는 여성들에게는 "여자가 감히 어딜!"이라는 식으로 이 시대의 남성우월주의적인 성정치학을 들이대며 사적인 영역으로 묶어두곤 합니다. 또한 남성성을 획득하지 못한, 혹은 남성성을 획득하지 않으려 하는 남성들이나, 역사적으로 만들어진 여성성을 따르지 않는 여성들과 같이 '탈중심화'된 사람들을 용인하지 않는 사회는, 이를 억누르려는 강력한 구심력을 작용합니다. 이는 남성성을 획득하지 않은 사회적 소수자와 약자들(예를 들면 장애인, 여성, 미성년, 성적소수자)을 제외하고 소외시키는 방식으로 작동합니다. 그렇기 때문에 이미 역사적으로 규정되어진 사회·문화적 성인 '젠더'의 역할에 따른 지극히 남·녀 이분법적인 성별분업의 구획짓기는 남성에게도, 또한 여성에게도 응당 불행의 굴레로 작용할 수밖에 없습니다.

남성우월주의적인 관점에서 규정되는 사회·문화적인 남성성은 그 모습이 때로는 군사주의로, 때론 권위주의와 위계주의로, 때론 목표 달성을 위한 진취성, 성취성 등을 가장한 호전성과 공격성으로 외양을 변태하고는 합니다. 그렇게 변태된 남성성은 제게는 성폭력의 형식으로, 여성 혐오로, 호모포비아나 게이배싱 등의 소수자에 대한 폭력으로, 또한 '소외'나 '배제'의 양태로 다가왔습니다.

남자에게는 남성화된 남성성만을, 여성에게는 또한 젠더적 여성성만을 강요하는 국가와 사회의 성별 구획짓기식 성교육은 남성과 여성 양자 모두에게 착종과 반목과 거부감과 반감을 불러일으킴과 동시에 비단 저만이 아닌 인간의 다양하고 다채로운 섹슈얼리티, 아니마와 아니무스, 기질, 특질, 감수성들을 발현시킬 수 없게 하는 억압기제로 작용할 뿐입니다.

그러한 젠더 구획짓기를 반대하는 페미니스트이자, 젠더 구획짓기의 피안에 있는 게이인 저의 신념은 오로지 천편일률적이고 획일화된 남성성을 훈육, 교육시킴과 동시에 재사회화시키는 군대를 거부하려 합니다.

"여성은 두 개의 유방으로 태어난다. 하나는 페미니즘이며 또 다른 하나는 베지테리아니즘이다"라는 생태여성주의자인 쯔루다 시즈카의 명제처럼 제 성 정체성이 오버랩한 여성은 마냥 희생해야 하는 약자로서의 여성이 아닌, 인류를 먹여 살리는 젖줄을 지닌 채 상생과 공생의 힘을 가진 아마존 밀림 숲의 여전사 같은 여성이였습니다. 때문에 '남자도 아니다', 혹은 '남자답지 못하다'는 조롱에, 외유내강과 정중동의 힘을 가진 제 안의 여전사는 저항했습니다.

'성적 소수자'인 제가 소수자적 감수성을 가지고 바라본 세상은 오히려 남성우월주의와 권위주의에 의해 스스로야말로 겉과 속이 뒤집힌 '네모난 동그라미'같은 세상이었습니다. 여성을 성적 관심의 대상이 아닌 동일한 인간으로 보기에 그들의 고통과 교통할 수 있었으며 그 외에 남성성을 획득하지 못했기에 나약하고 심약하다고 배척당하는 모든 소수자, 타자화된 것들에 대해서 조망할 수 있었다고 생각합니다.

자매애보다는 전우애를, 상생과 공생보다는 상멸과 공멸의 결말을 가진 군사주의와 남성우월주의적인 군대를, 제 안의 겁 많고 어리바리한 여전사는 온몸으로 거부합니다.

> 자매애보다는 전우애를,
> 상생과 공생보다는
> 상멸과 공멸의 결말을 가진
> 군사주의와
> 남성우월주의적인 군대를,
> 제 안의 겁 많고 어리바리한
> 여전사는 온몸으로 거부합니다

2006. 3. 6 병역거부선언

김훈태

나의 병역거부 소견서: 저의 꿈은 좋은 선생님입니다

저는 초등학교 교사입니다. 저는 아이들과의 생활 속에서 교육의 목적이 평화임을 알게 되었습니다. 그리하여 제게는 평화주의의 신념이 있습니다. 그것은 아이들이 제게 가르쳐준 삶의 자세입니다. 남을 미워하지 말 것, 그리고 더 나아가 모두를 사랑할 것. 미워하는 마음에서 폭력은 시작됩니다. 제 뜻대로 아이들이 따라주지 않을 때, 저는 화가 나고 아이들이 미워지고 폭력을 사용하고 싶음을 느꼈습니다. 상대방을 자기보다 낮게 깔보고 모욕적으로 낙인 찍으며 미워하지 않는 이상 폭력은 불가능합니다. 그러나 사랑은 평화를 가능케 합니다. 아이들은 사랑받기를 원했고, 저 역시 마찬가지였으며, 그것은 폭력의 두려움이 없을 때 비로소 가능했습니다. 어느 누구든 미워하지 말고 사랑할 것. 저는 제 자신이 다치거나 상처받고, 심지어 죽는다 해도 다른 이를 해칠 수 없다는 신념이 있기에 집총을 거부합니다.

세상을 바라보는 눈이 바뀌면 세상도 달라지게 마련입니다. 집총 거부를 마음먹기 전부터 채식을 했습니다. 고기를 몹시 좋아하는 편이었는데, 어느 날 갑자기 그 고기가 저처럼 기쁨과 슬픔, 아픔을 느끼는 생명의 죽은 몸이라는 사실이 가슴에 와 닿았습니다. 그 뒤로 고기를 먹을 수 없었습니다. 처음에는 소, 돼지, 닭과 같은 육고기를, 나중에는 생선과 우유도 먹을 수 없었습니다. 군사훈련과 전쟁도 마찬가지입니다. 군사훈련은 저와 똑같은 사람임이 분명한 '적'을 빠르고 정확하게 죽이는 법을 배우는 것이고, 전쟁은 곧 대량살육임을 깨달았습니다. 저는 그 말들 속에 숨어 있는 증오와 폭력을 오랫동안 생각했고, 결국 총을 들지 않기로 결심했습니다. 그러나 그렇다고 다른 사람들에게 제 윤리적인 잣대를 들이대고 싶지는 않습니다. 그것 역시 또 하나의 폭력이 될 것이기 때문입니다.

저는 아이들이 좋습니다. 교육대학 시절, 이 길이 진정 나의 길인지 고민에 빠졌을 때 저에게 길을 보여준 것은 아이들이었습니다. 3학년 첫 실습 때 만났던 아이들의 환한 웃음과 꾸밈없는 사랑은 제 모든 것을 교직에 걸게끔 이끌어주었습니다. 서툴고 부족한 교생 선생을 아이들은 아무 조건 없이 받아들였고 사랑해주었습니다. 그것은 감격적인 경험이었습니다. 당시 2학년이었던 아이들은 제 주위로 다가와 눈을 반짝이며 말을 걸었고, 자기들끼리 좋아서 어쩔 줄 몰라 했습니다. 아이들은 먼저 마음을 열고 다가왔습니다. 발령을 받아 만나게 된 우리 아이들 역시 기쁨과 사랑으로 저를 반겨주었습니다. 아이들은 솔직하고 또 그만큼 여려서 기쁘면 크게 웃고, 슬프거나 억울할 때는 처절하게 울곤 합니다. 하지만 지나간 일은 금세 잊고 다시 웃으며 어울려 지금을 삽니다. 아이들의 그런 모습이 저는 참 좋습니다.

저는 사랑하는 아이들과 헤어지고 싶지 않습니다. 계속 아이들을 가르치고 싶습니다. 우리나라의 군대가 징병제가 아니라 모병제라면, 제가 남성이 아니라 여성이라면 이런 고민을 할 필요도 없었을 것입니다. 솔직히 평화주의의 신념을 갖게 되었음에도 저는 오래도록 고민을 거듭했습니다. 도저히 총을 들 수 없다고 결심한 뒤에도 번민을 내려놓을 수 없었던 이유는 신념과 현실 사이의 먼 거리 때문이었습니다. 저는 올해로 교단에 선 지 5년째가 됩니다. 이제 조금쯤 수업에도 자신감이 생기고 나름의 교육철학도 갖게 된 지금, 아이들 곁을 떠난다는 것은 큰 아픔이자 슬픔입니다. 그러나 제가 굳이 신념에 제 삶을 거는 것은 평생 평교사로 지내시다가 일찍 세상을 뜨신 아버님의 가르침 때문입니다. 제 아버님은 고등학교 윤리 교사로 학생들과의 생활을 진심으로 즐거워하셨고, 말년에는 전국교직원노동조합에 가입하실 정도로 진보적인 분이셨습니다. 암으로 투병하시던 아버님은 당시 교육대학 졸업을 앞두던 저에게 삶에 대한 근본적인 질문을 던질 수 있게 하셨습니다. 제대로 살아라. 아버님은 당신의 삶을 후회하셨습니다. 더욱 치열하고 더욱 용기 있게 살지 못한 것을 안타까워하셨습니다. 아버님은 제 미래였고, 당신의 죽음은 제게 적당히 타협하며 비겁하게 사는 삶을 단호히 뿌리칠 수 있는 태도를 갖게 하셨습니다. 아버님은 쉰둘이라는 젊은 나이에 가족과 동료와 수

많은 제자들의 눈물 속에서 눈을 감으셨습니다.

고백하자면, 저는 평화라는 이름 앞에서 결코 떳떳할 수 없습니다. 초임 시절 저도 모르게 아이들에게 거친 말을 하거나 매를 든 적이 있기 때문입니다. 화가 나서 꿀밤이라며 주먹으로 머리를 때리거나 손바닥으로 등을 때리기도 했습니다. 책을 바닥에 내리치거나 소리를 지르기도 했습니다. 폭력은 쉬운 선택이었습니다. 공부하지 않는 아이나 말을 듣지 않는 아이에게 당장 효과를 발휘할 수 있는 것은 역시 폭력이었습니다. 그러나 아무리 쉽고 편하다 해도 가르치는 도구로 폭력을 사용할 수는 없습니다. 왜냐하면 아이들 역시 저와 동등한 인격체이기 때문입니다. 그리고 폭력적인 상황에서의 교육은 아이들을 수동적이고 공격적으로 만들기 때문입니다. 결코 체벌을 하지 않겠다고 마음 깊이 다짐한 뒤 비폭력의 방법을 찾아보았습니다. 그것은 어렵고 힘든 일이었습니다. 그러나 보람 있는 일이었습니다. 비폭력의 방법은 사랑이었습니다. 자기극복이었습니다. 끊임없는 탐구였습니다. 제 모든 마음을 주는 것이었습니다. 협동을 바탕으로 한 학급운영이었습니다. 집착하지 않고 불안을 내려놓으며 관심을 쏟는 것이었습니다. 그 과정을 통해 저는 조금씩 아이들과 진정한 친구가 될 수 있었고, 저 자신도 교사로서 성장할 수 있었던 것 같습니다. 아이들을 가르치는 일은 참회와 수행의 연속이었습니다.

위아래가 분명한 유교적 문화에 오랜 일제 식민지 경험, 그 군국주의의 전통을 고스란히 이어받은 독재정권의 병영문화와 이러한 악습을 철저히 청산하지 못한 민주화 시대를 거친 현실에서 학교는 근본적으로 그 교육철학이 바뀌지 않는 한 폭력 문제가 해결될 수 없을 것입니다. 학교에서 군사주의와 국가주의는 아직도 너무나 당연한 것입니다. 월요일이면 아이들은 운동장에서 국기에 대해 맹세하고 애국가를 부르며 차렷과 열중쉬어의 부동자세로 교장선생님의 훈화를 듣고 이열종대로 교실에 들어가야 합니다. 경쟁과 발전을 당연시하고 정당한 전쟁론을 옹호하며 비장애인과 이성애자를 정상인으로 여기게 하는 교과서도 성찰 없이 받아들이게 됩니다. 민주주의와 평화주의의 가치는 요원하기만 합니다. 문제의 실마리는, 사회의 억압 구조를 비판적으로 사유하고, 인간은 누구나 동등한 인격체이며 내가 피해를 당했다고 해서 똑같이 대응하는 것이 아니라 상대가 그렇게 하는 이유를 살피고 이해하는 평화 정신과 그 실천에 있다고 생각합니다. 예수님이 죽음과 부활을 통해 대중에게 보여준 가르침이 바로 그것이라고 믿습니다. '사랑 앞에 적은 없다'라는 불가의 가르침 역시 마찬가지입니다. 그 연장선에서 저는 전쟁과 군대를 생각합니다.

군대의 목적이 평화를 지키는 데 있음을 잘 알고 있습니다. 매년 수많은 청년이 국방의 의무를 자발적으로 이행하는 것 역시 가족과 이웃의 평화로운 삶을 위해서임을 잘 알고 있습니다. 모병제가 시행되지 않는 한 아이들을 가르치는 저에게도 그 의무는 피할 수 없는 길이고 피해서도 안 됨을 알고 있습니다. 다만 저는 그 방법에 대해 다른 생각을 갖고 있으며, 다른 방법으로 우리의 평화에 기여하고자 하는 것입니다. 분명히 말해 저는 집총을 거부할 뿐이지 '병역' 그 자체를 기피하거나 거부할 뜻은 없습니다. 이미 우리나라에는 산업기능요원, 전문연구요원, 공익근무요원, 공중보건의, 의무소방, 의무경찰, 해양경찰, 상근예비역과 같은 대체복무가 있으며, 이를 통해 국방의 의무를 다하는 젊은이도 20여만 명입니다. 제가 이와 같은 대체복무를 마다하는 이유는 4주간의 기초군사훈련 때문입니다. 상식적인 판단에서 '그깟 4주 훈련'은 별것 아닐 수도 있겠으나 저를 비롯한 많은 집총거부자에게 그 4주는 '결코 건널 수 없는 강'입니다. 총검술을 배우고 사람을 대신한 과녁에 사격을 하는 일련의 훈련은, 내가 죽는 한이 있어도 생명을 해치진 않겠다는 평화주의에 정면으로 위배됩니다. 그 기간은 신념을 송두리째 무너트리는 시간인 것입니다. 현역병의 그것과 비교하기는 힘들겠으나 만일 더 어렵고 더 위험하며 더 긴 조건의 대체복무라 해도 신념에 어긋나지만 않는다면 기쁘게 받아들일 것입니다. 군사훈련만이 아니라면 어떤 일이라도 하겠다는 각오가 저에게는 있습니다. 감옥에 가야 한다 해도 당당하게 가겠지만, 그보다 사회에 봉사하고 헌신할 수 있는 기회가 주어지길 간절히 바랍니다.

제 꿈은 좋은 선생님입니다. 아이들과 함께 배운 평화와 사랑을 말이 아닌 몸으로 실천하며 성장해가고 싶습니다. 제게는 평화의 신념이 있습니다. 그 신념은 비겁하고 무기력한 것이 아닌, 깨어 있는 마음과 적극적인 사랑이라고 저는 믿습니다. 온화하고 너그러우나 분명하고 단호한 선생님이 되고 싶습니다. 지금은 비록 아이들 곁을 떠나게 되겠지만, 이 행동이 진정한 의미의 죄(true crime)가 아님을 알고 있으며, 언젠가는 다시 돌아와 아이들 앞에 설 수 있음을 확신하므로 마음은 어둡지 않습니다. 제 작은 행동을 통해 이 땅의 선생님들과 아이들이 평화와 신념의 의미를 되새기고 어떤 물음을 갖게 된다면 좋겠습니다. 제가 가르치는 아이들도 저마다 다른 신념을 갖고 꿈을 키워갑니다. 군인이 되겠다는 아이도 있고 종교인이 되고 싶다는 아이도 있습니다. 그 아이들의 신념과 꿈에 간섭하고픈 생각은 없습니다. 다만 저마다의 신념을 소중히 여기고 다른 이의 신념 역시 존중하며 함께 평화롭고 행복한 관계를 맺으며 살아가길 바랍니다.

한 남자가 오래된 온천에서 촛불을 밝힌 채 건너고 있습니다. 천장에서는 물이 쉼없이 쏟아지고 촛불은 금세 꺼질듯 위태로워 보입니다. 남자는 손우산으로 촛불을 소중히 가리며 조심스레 걷습니다. 몇 번의 실패 끝에 그는 온천을 무사히 건넙니다. 그리고 혼절하고 맙니다. 안드레이 타르코프스키의 영화 〈노스탤지어〉에 나오는 한 장면입니다. 요근래 자주 떠오르는 이미지 중 하나입니다. 본래 영화에서는 이 장면이 구원에 대한 메타포로 사용되지만 저는 그것이 깨어 있음에 관한 은유처럼 여겨집니다. 우리는 저마다 촛불을 한 자루씩 갖고 있는 게 아닐까요. 환하게 타오르던 촛불은 우리의 무지와 게으름으로 인한 일상의 황폐 속에서 시나브로 사그라지는 건 아닐까요. 어느 날 문득, 꺼진 촛불을 바라보는 우리의 멍한 눈동자를 생각해봅니다. 제가 가장 좋아하는 틱낫한 스님의 시를 한 편 소개하며 두서없는 글을 마칠까 합니다. '나의 촛불이 꺼지지 않기를, 그리고 이 밝고 따스한 빛을 나눌 수 있기를.'

권유

약속하세요, 약속하세요.
지금 이 순간 내게 약속하세요.
하늘 한가운데
태양이 눈부시게 빛나고 있는 동안
내게 약속하세요.
누군가 태산 같은 증오와 폭력으로
당신을 산산이 부수더라도
한 마리 벌레를 대하듯
당신의 삶을 짓밟더라도
당신의 사지를 절단하더라도
형제여, 기억하세요.
그 사람은 당신의 적이 아니란 걸.
오로지 당신의 사랑과 자비만이
스러지지 않고
멸함이 없으니

증오로는 결코
아무것도 해결할 수 없습니다.
어느 날
당신이 홀로 잔악함과 마주할 때
당신의 불굴의 용기와
사랑으로 가득한 고요한 눈동자와
크나큰 고통을 이기고 외딴 곳에 홀로 피어난
한 송이 꽃과 같은 당신의 미소를
아무도 알지 못하더라도
당신을 사랑하는 이들은
헤아릴 수 없이 많은 삶과 죽음을 거듭하면서
여전히 당신을 지켜볼 것입니다.
또 다시 혼자되어
당신의 사랑이 영원함을 기억하며
나는 머리를 숙인 채 계속 걸어갈 것입니다.
그리고 그 길이 아무리 멀고 험난할지라도
내 발걸음을 비춰 주는 해와 달은
여전히 그 곳에 있을 것입니다.

— 틱낫한

경기도 평택시 군문초등학교 교사 김훈태

2006. 3. 28 병역거부선언

송인욱

지난 5월 9일은 저의 현역병 입영일이었습니다. 그러나 저는 양심상의 이유로 입영을 거부하고 현재 법적 절차를 밟는 중입니다. 별로 대단치는 않으나 저 개인에게는 무척 소중한 저의 양심이 어떠한 것이며 어떻게 형성되었는가를 어렵지만 조심스럽게 여러분께 이야기해보고자 합니다.

우리 과 선생님들이 편찬한 프라임 불한사전에서 'objection'이란 단어를 찾으면, 세 번째 항목에 'conscience'와 결합하여 '(신앙, 양심상의 이유에 의한) 양심적 병역거부'를 의미한다고 풀이되어 있습니다. 이 사전이 처음 나온 1998년은 제가 대학에 입학한 해이기 때문에 똑똑히 기억하거니와, 그때만 해도 양심적 병역거부는 우리 사회에 아예 존재하지 않는 개념이었습니다. 특히 그전까지 제가 보던 엣센스 사전만 해도 같은 항목을 '양심적 병역기피'로 풀이해놓은 점을 감안하면(이후의 개정판에서 수정되었는지는 확인해보지 못했습니다만) 사전을 만드신 선생님들, 특히 그 항목을 직접 기술하신 분의 선구적인 안목은 높이 평가해야 할 것입니다.

그러나 부끄럽게도 사전을 열심히 찾아보는 학생이 아니었던 저는, 한참 뒤인 2001년 오태양 씨의 선언이 있고서야, 그리고 이듬해 박노자 교수의 책을 접하고서야 비로소 그것이 무엇인지를 알게 되었습니다. 멀리는 일제시대부터 지금까지 약 1만여 명이, 현재에도 매년 6백여 명의 젊은이들이 자신의 목숨을 내주는 한이 있어도 사람을 향해 총을 들 순 없다는 신념으로 군대 대신 감옥을 선택한다는 사실을 말입니다. 물론 익히 알려진 바와 같이 오태양 씨 이전의 그들은 모두 기독교의 소수 종파인 여호와의증인이나 제7일안식교의 신자들이었습니다. 하지만 그후로는 다른 종교를 믿거나 혹은 저처럼 무신론자이면서 철저히 정치적 신념만으로 병역거부를 선택하는 사람들의 수가 꾸준히 늘어나 이제 30여 명을 헤아리게 되었습니다.

    아는 것과 동의하는 것은 별개의 문제이며 동의하는 것과 행하는 것은 더욱이 다른 차원의 일입니다. 저 또한 처음부터 이 운동을 지지하기는 했지만, 그것은 완전한 동의에서 비롯됐다기보다는 볼테르의 말처럼 사회적 소수자로서의 그들도 존중받아야 한다고 생각해서였습니다.

    저는 누군가 저의 목숨을 빼앗으려 할 때 정말 가만히 있을 수 있을지 자신이 없었고, 과거 국가와 자본의 억압에 맞서 저항적 폭력의 행사에 가담하기도 했던 제가 이제 와서 새삼스레 비폭력주의자가 될 수 있을지 의심스러웠습니다. 그러므로 징병제도와 군비 증강의 현실이 못마땅하더라도 병역거부를 할 필요까진 없겠다고 스스로 판단했었습니다. 여기에는 그렇게 했을 때 뒤따를 각종 불이익에 대한 고려가 뒷받침되었음은 물론입니다.

    스물 몇 살이라는 나이는, 지금까지 산 날보다 앞으로 살아갈 날이 더 많이 남은, 따라서 항상 차후의 가능성을 염두에 둘 수밖에 없는 인생의 단계인 것입니다. 그랬던 제가 이처럼 다소 갑작스럽게 병역거부의 의사를 밝히게 된 데는 벌써 3년째를 맞고 있는 이라크 전쟁과 한국군의 파병이 결정적인 역할을 했습니다.

    이 전쟁의 부조리함은 처음부터 그러했지만 시간이 갈수록 더 자명해져서 더 이상 짧은 부연조차 필요없을 정도입니다. 날 선 논쟁이 오가던 개전 초기와는 달리 이제 우리 주변에서 이 전쟁을 옹호하는 사람은 눈을 씻고 봐도 찾아보기 어렵게 되었습니다. 그럼에도 불구하고 한국군은 베트남전 참전이라는 실로 부끄러운 경험을 진지하게 반성하지도 않은 채 다시 제국주의 침략전쟁에 발을 담그고 있는 것입니다. 더욱이 그 총부리는 더 이상 낯선 땅 이름 모를 사람들에게만이 아닌, 과거 광주에서 그랬듯 지금은 평택에서 묵묵히 고된 삶을 일궈오던 사람들에게로 향하고 있습니다.

    군대라는 조직이 단순히 최전선에서 싸우는 전투병들로만 이뤄질 수 없는 하나의 복합적인 유기체라는 점을 감안하면 그런 조직에 어떤 식으로든 몸담는다는 것은, 저로서는 차마 용납하기 어려운 일입니다. 많은 분들이 걱정 어린 마음에 산업기능요원이나 국제협력단 같은 병역특례 제도를 이용해

보라고 권해주시기도 하지만, 그 경우 역시 일정한 수준의 군사 훈련을 받아야 한다는 사실을 차치하더라도, 그것은 능력 있고 운 좋은 사람들에게 주어지는, 말 그대로의 병역 '특례'이지 결코 대체복무가 될 수 없음은 분명합니다.

누구나 자신의 삶에서 양보할 수 없는 가치 한두 가지쯤은 지니고 살아가기 마련입니다. 비록 일상의 무게에 짓눌려 그것을 의식하지 못할 때가 많지만 불현듯 찾아오는 비일상의 상황에선 어느 정도 그에 대한 고민을 강제받게 됩니다. 항간의 오해와는 달리 늦은 학부 졸업과 대학원 수업에 허덕인 3, 4년간 저는 그저 평범한 학생이자 다소 게으른 생활인이었을 뿐입니다.

만약 제가 군대를 가지 않아도 되는 입장이었다면 아마 저도 양심적 병역거부라는 것을 심각하게 고민해보지 않았을지도 모릅니다. 학생이라는 신분 덕택에 입영을 계속 연기할 수 있었던 지난 8년의 대부분이 그러했던 것처럼 말입니다. 그러나 더 이상 미룰 수 없는 결정의 시기에 다다르자 저에게 던져진 질문에 답을 해야만 했고, 나를 나이게 하는 것, 나로서 존재하게 하는 것이 무엇일지 자문해봐야만 했습니다. 그리하여 얼마간의 망설임과 고통이 따르지 않았던 것은 아니지만 다소 홀가분한 심정으로 지금과 같은 결론에 다르게 되었습니다.

이 문제에 관해서는 이미 대법원을 거쳐 헌법재판소에서까지 현행법에 문제가 없다는 합헌 판결이 내려졌고, 비록

더욱이 그 총부리는,
과거 광주에서 그랬듯
지금은 평택에서
묵묵히 고된 삶을 일궈오던
사람들에게로
향하고 있습니다

그 판결문에 시급히 대체복무법안을 마련하도록 촉구하는 내용이 담겨 있긴 하나 당분간 국회에서 그러한 권고를 이행할 가능성은 극히 희박해 보인다고 했을 때, 저와 같은 양심적 병역거부자들은 여태 그래왔던 것처럼 앞으로도 징역형을 피할 수 없습니다.

다행히 앞선 병역거부자들과 여러 시민단체의 각고의 노력으로 형이 1년 6개월로 줄긴 했지만, 사랑하는 사람들과 떨어져 신체의 자유를 구속당한 채 홀로 감내해야 할 그 시간이 결코 만만치는 않을 것이라 생각합니다. 그리고 막상 진짜 어려움은 그 다음에 찾아올 것이라는 냉정한 현실이 가슴을 한층 무겁게 내리 누릅니다. 그럴수록 재차 상기하게 되는 것은, 이것이 저 혼자 가는 길이 아니라는, 오히려 저는 먼저 간 분들의 피땀으로 다져진 평탄한

길에 뒤늦게 무임승차하는 염치없는 여행객에 불과할 뿐이란 사실입니다. 바로 이 순간 전국에 산재한 감옥에서는 930여 명의 평범한 사람들이 온몸으로 평화를 외치고 있습니다. 나라 밖의 상황을 보면, OECD 가입국 중에서 양심적 병역거부를 인정하지 않은 나라로 우리가 유일하지만 그외의 어떤 나라들에선 훨씬 더 가혹한 처벌을 내리기도 하는데, 그처럼 수천 수만에 이를 전 세계 모든 양심적 병역거부자들과 심정적 지지를 넘어 '입장의 동일함을 통해 연대의 최고 형태'를 나누기 위해서라도 저는 이 길을 가고 싶습니다. 당장은 조금 멀리 돌아가는 것처럼 보일지라도 그것이 더불어 행복하기 위한 가장 빠른 지름길임을 믿어 의심치 않습니다.

2006. 5. 9 병역거부선언

(박철)

착각의 재구성 혹은 재발견 2 : 화장실에 갈 때마다…

가끔씩 들르던 어느 술집 화장실에서
지금까지 내가 사용했던 문 앞에,
분홍색의 'Ladies'라는 팻말이 걸려있음을 발견한 순간…
그곳이 소위 말하는 '여자' 화장실이었다는 걸 깨닫기도 전에…
전 고민하기 시작했습니다.
과연, 예전처럼 그 문을 열고 들어갈 것인가?!
아니면, 반대편의 파란색 'Gentlemen'이 걸린 문을 열고 들어갈 것인가.
그 이유는, 그곳이 '여자' 화장실이라는 생각 때문이 아니었습니다.
왠지, 그곳으로 들어가면 안 될 것 같다는 불안감 때문이었죠….
특별히 그곳이 생소하거나 낯설게 느껴졌기 때문도 아니었습니다.
자꾸만 반대편으로 들어가야 한다고 강요하는 것만 같았기 때문입니다.
그래도 전 다시 그 분홍색 팻말이 걸린 문을 열고 들어갔습니다.
어색하지도 불편하지도 않았습니다. 대신, 참 의아하고 궁금했습니다.
솔직히, 그동안 잘 이용해왔던 공간을 팻말 하나 때문에 잃고 싶진 않았습니다.
경험적으로 당연하다는 것들이 언제부터 내 행동 하나하나를 결정해왔는지…
화장실에 갈 때마다…
언제부터 내가 '남자'이기 때문에 '여자'화장실엔 들어가지 말아야 한다고 느꼈는지…

나를 '남자'라 규정하고 그래서 '남자'화장실로 가야만 한다고 생각했는지…
확신할 수 없었습니다. 갑자기 새삼스러워지기 싫었습니다.
뭔가 뒤틀린 것만 같았습니다.
보통 저는 그곳이 어떤 화장실임을 뜻하는 다양한 상징들을 확인하고 난 후에,
당연하다는 듯, 별 생각 없이 '적당한' 곳으로 들어가 '볼일'을 봤습니다.
몸에 밴 습관처럼, '버릇'이 절 이끌었다는 표현이 더 적절할 겁니다.
어느 순간부터, 거리낌없이 '화장실'을 이용하고 있는 스스로를 발견하면서
언제나처럼 '남자' 화장실로만 향하고 있는 나와
'여자' 화장실로는 가지 않는 나를 알게 되었습니다.
생물학적인 '성'이라는 것을 일상적으로 인식하게 되는,
소위 '볼일'을 보면서 조차도 항상,
어느 '화장실'임을 뜻하는 기호와 상징으로부터의 사회화가 먼저였습니다.
그런 내가 '남자'라는 근거는 '남자' 화장실로 가면서부터였으며,
'여자' 화장실로는 가지 않는다는 것뿐이었습니다.
나는 '남자' 화장실로 가기 때문에 '남자'였던 것이고,
'여자'가 아니었기 때문에 '남자'였던 것입니다.
결국, 내가 '남자'라서 결정되어진 건 없었습니다.
모두, 내가 '여자'가 아니기 위한 것들뿐이었습니다.
화장실로 향하는 그 순간부터, 일단 그곳은 '여자' 화장실이 아니어야 했습니다.
완벽한 '남자'이기 위해선,
기본적으로 '여자' 화장실을 이용하지 않아야 했으니까요. '여자'가 아님을
증명하기 위해선 그런 '여자'란 사람이 꼭 필요하기 때문입니다.
그런데 그때 '여자'는 단순히 '남자'가 아니어서 '여자'이기만 하면 곤란했습니다.
완벽한 '여자'의 속성이라 간주되는 말이나 행동을 따라야 했기 때문이죠.
마치, '여자'는 본질적으로 어떠해야 한다는 것이 이미 정해져 있는 것처럼…
끊임없이, 철저하게 '여자'이기 위해 노력했을 때조차도 항상 뭔가 부족했습니다.
'남자'이기 위해 더 완벽한 '여자'가 필요한 사람과,
'여자'이기 위해 더 완벽해져야 하는 사람 모두다.
그렇게 '남자'화장실로만 향했던 나는,
정작 '여자'화장실이 없으면 곤란해집니다.
'남자'화장실이 있는 곳엔 어김없이 '여자'화장실이 있었습니다.
완벽하게 사회화 된 '남자'이기 위해서조차 무엇보다 '여자'가 아니어야 했습

니다. 자연스럽기 위해 '여자'답지 않아야 했던 순간들의 연속일 뿐…
이상적인 '남자' 역시도 '여자' 화장실을 이용하지 않아야 가능했고,
이상적인 '여자' 역시도 '남자' 화장실을 이용하지 않아야 그럴듯했습니다.
태어날 때부터 완벽해져야 하는 이유에 대해서는 의심할 수 없었습니다.
'여자'가 아님을 증명할 수 없다고 '남자'여야 할 이유도 없었습니다.
사람이 '여자' 아니면 '남자'여야 하는 이유를 아시나요?!
애초에 스스로를 '여자'나 '남자'로 증명해야 할 이유 같은 건 어디에도 없었습니다.
그런 내가 '남자' 화장실을 이용하는 것이 과연 그렇게 당연할 수 있을까요?!
그런 내가 '여자' 화장실을 이용하는 것이 과연 그렇게 이상할 수 있을까요?!
어느 것도, 자연스럽진 않을 겁니다.
전 아직도, 그 술집의 그 화장실에 갈 때면…
분홍색 팻말이 걸린 문을 열고 들어갑니다.
이젠, 그 반대편 문을 여는 것이 오히려 불편합니다.
아무렇지도 않게, 그런 문을 여는 나 자신이 싫어집니다.
언제부터 내가 '남자'였는지는 중요하지 않았습니다.
언제부터 내가 '여자'가 아니었는지가 문제였습니다.
나를 '남자'로 의식하는 내가 문제였을까요?! 아니면, 태어나기도 훨씬 전부터 나를 '남자'로 규정했던 사회가 문제인가요?! 나는 왜 그리고 어떻게 '남자'일까요?! 어디까지가 '남자'이고 어디서부터는 '남자'가 아닌 건가요?!
어느 누구도 'Ladies'나 'Gentlemen'이 근본적으로 아닐 순 없었습니다.
'여자' 화장실을 이용하는 사람은 '남자'가 아닌 사람들이었고,
'남자' 화장실을 이용하는 사람은 '여자'가 아닌 사람들이었을 뿐,
처음부터 본질적으로 '여자'이고 '남자'인 사람을 위한 화장실은 없었습니다.
사람들이 '군대'라는 곳에 가야되는 상황은 얼마나 당연할 수 있을까요?!
'남자'라서 현실적으로 '군대'에 가야 할 수밖에 없다고 하면서도, 정작
'군대' 가서는 이상적인 '남자'가 되어 돌아오라고 하는 현실은
또 어떻게 가능한가요?!
'군대'에 갔다 온 '남자'는 '사람' 되었다고도 하지만, 갔다 오지 않은 '사람'은
'남자'답지 못하거나 뭔가 부족하다하는 순간들은
다시 왜 만들어지는 걸까요?! 사실, 저에게 '군대'를 가야 하는 '남자'라고 하는 건… '남자' 화장실로 가야 하는 '남자'라는 것과 다르지 않습니다.

그리고 '군대'를 통해 진정한 '남자'로 거듭나라고 하는 건…
화장실을 통해야만 '남자'일 수 있다는 말과 다르지 않습니다.
또한 '군대' 갔다 와서 '남자'다운 '남자'가 되라고 하는 건…
'남자'답지 못한 '누군가'를 만들라는 말과 다르지 않습니다.
화장실에 갈 때마다 '군대'가는 것처럼 느껴지는 건 단순히 기분 탓만은 아닐 겁니다.
그렇듯 제가 '군대'에 가야 하는 상황은 그렇게 당연한 일이 아닙니다.
'남자'화장실에 걸린 'Gentlemen'이 되는 것만큼, 오히려 곤란한 일입니다.
누군가 본질적인 '남자'나 '여자'일 수 있다고 생각하게 되는 상황들이 불편합니다.
'군대'와 관계 맺기 시작하면서 누군가 '남자'나 '여자'로 분류되는 순간들이 거북합니다.
'군대'를 가고 안 가고의 문제는 그 '누군가'가 '여자'는 아니거나 '남자'다울 수 있을 때 가능했습니다.
그런 나에게 '군대'에 '가지 않을' 특별한 이유 같은 건 있을 수 없습니다.
그런 나에겐 '남자'가 '되지 않을' 특별한 이유 같은 것도 있을 수 없습니다.
단지, 지금도 무언가를 기준으로 이분화되고 있는 나와 내가 아닌 사람들의 현실을,
그동안 너무나 당연하게 받아들여졌던, 그래서 습관적으로 당연하다고 생각되는… 모든 의식 혹은 무의식적인 전제들을,
의심하고 또 의심하고 싶을 뿐입니다.
나아가, 나름의 인간성이 '남자'나 '여자'에 종속되지 않을 권리가 있다면,
사람이기 위해 어떻게든 '남자'나 '여자'여야 하는 상황에서 벗어나,
정말, 내가 되고 싶을 때 나이기 위한 권리와 그런 내가 소중하다면…
지금 당장 특별하게 경계 지을 필요가 없는 어떤 이에 대해,
성급하게 일반화하지 않기 위한 여유를 허락하고 싶습니다.
그때마다,
쉽게 주체가 될 순 없지만, 또 다른 재현이기를 거부하는
해체되는 정체성을 가진, 주변적 존재로서의 나이길 바랍니다.

2006. 7. 10 병역거부선언

박정경수

병역거부자의 길을 걸으며 : 적극적 평화의 길을 찾아

평화를 사랑합니다. 제가 병역거부를 선택한 것은 평화를 사랑하기 때문입니다. 하지만 아직 저는 평화가 무엇인지 충분히 설명할 만큼 평화를 알고 있지는 못합니다. 다만 그것이 어떠한 일이 있더라도 가야 할 길이며, 그것을 위해 지금 내가 무엇을 해야 하는지 알고 있을 뿐입니다. 저는 지금 병역거부자라는 이름으로 평화를 이야기하고자 합니다.

학교를 넘어서

제게 학교는 특별한 경험이었습니다. 그리고 그곳은 제게 끔찍한 기억의 장이기도 합니다. 저는 그 억압과 차별의 공간에서 제 의지와는 상관없는 많은 것들을 내면화할 수밖에 없었습니다. 저는 그런 것들을 '학교의 독'이라고 부릅니다.

학교는 제게 한번도 평화에 대해 설명해주지 않았습니다. 아니, 그보다는 "남들보다 좋은 대학에 가서 성공하라"는 이야기만 끊임없이 반복할 뿐이었습니다. 내신과 수능시험으로 이루어진 우리의 교육은 참교육이 자리잡을 공간을 허락하지 않았습니다. 사람답게 살아가는 길은 어디에도 없었고, 그런 것들은 대학에 간 뒤에 알아서 찾으면 되는 것이었습니다. 그런 학교 교육이 만들어낸 것은 경쟁하는 개인들뿐이었습니다. 좋은 대학에 가기 위해 밤을 지새우며 공부할 수는 있었지만 남을 위해서는 단 한 시간도 아까워하던 것이 바로 어제의 제 모습이기도 합니다.

체벌이 가르치는 것은 단지 당장의 아픔만은 아니라고 생각합니다. 성적이 낮은 누군가는 반드시 맞아야 하는 교실에서 저는 남의 아픔을 안타까워하기보다 '내가 아니어서 다행이다'라는 생각을 먼저 배웠습니다. 그리고 저는 이것을 약자들을 바라보는 우리 사회의 시선에서 다시 확인하게 되었습니다. 평화에 대해 충분히 배우지 못한, 오히려 반평화적인 교육을 받아온 저의 지난 모습에서 평화가 무엇이냐는 질문에 답을 찾지 못하는 것은 어쩌면 당연한지도 모릅니다. 그런 학교 교육의 문제점을 다시 확인하게 된 건 모순적이게도 학교를 벗어나면서였습니다. 아니, 더 큰 학교를 발견하게 된 건지도 모르겠습니다. 많은 사람들은 그것을 군사주의라고 이야기합니다.

저는 군대가 우리 교육의 정점에 자리해 있다고 생각합니다. 한국 사회의 많은 특징들은 그래서 군대를 통해 이해할 수 있습니다. 그것은 끊임없이 강자의 약자에 대한 지배와 위계질서, 그리고 유형무형의 폭력을 재생산해냅니다. 학교가 군대를 닮아 있듯이 군대도 끔찍하게 학교를 닮아 있습니다. 교육제도의 피해자인 우리들 자신이 한편으로는 또한 가해자이기도 하다는 사실을 생각할 때, 군사주의로 인한 가장 큰 피해자 역시 바로 우리 자신일 것입니다. 스스로의 인격을 소외시키는 이 군사주의의 틀을 벗어나지 않는다면 평화란 영원히 불가능한 일이 될 것입니다.

전쟁이 없는 세상

장난감 총을 가지고 놀던 기억이 있습니다. 동그랗고 하얀 플라스틱 조각을 친구들에게 쏘아대던 기억은 그리 유쾌하지만은 않습니다. 그렇게 총을 들게 되면 규칙은 너무 간단했습니다. 먼저 총으로 맞추거나 아니면 총에 맞던가. 둘이 비기는 경우는 없었습니다. 아니, 만약 있다고 해도 비기는 경우는 마지막 남은 둘 다 같이 죽는 경우뿐이었습니다. 누구들처럼 상대방을 북한이나 일본으로 부르며 놀지는 않았지만 총을 들면 늘 상대방은 이겨야 할 대상이 되었습니다. 그들과 함께 사는 길은 처음부터 없었습니다.

그런 어릴 적 모습을 저는 여행 중에 다시 볼 수 있었습니다. 바로 이스라엘에서였습니다. 다만 그들이 하는 것은 놀이가 아니라 바로 진짜 전쟁이라는 것이 달랐지만 말입니다. 남성과 여성이 모두 군대에 가는, 그리고 우리보다 강력한 군대를 유지하고 있는 이스라엘에도 평화는 없었습니다. 끊임없이 작고 큰 전쟁이 일어나는 그곳은 긴장과 의심의 연속이었습니다. 버스를 타려고 해도 짐을 모두 풀어헤쳐야 하는 그들의 모습에서 저는 평화로 가는 길을 찾을 수 없었습니다. 연이어 터지는 폭탄테러에 분리장벽과 마음의 장벽을 더 높이 쌓아보지만 아마 그들의 마음에 평화는 자리하지 못할 것입니다. 자기네가 당한 만큼 돌려주어야 하는 것이 전쟁의 속성입니다. 저는 그들이 더 많은 무기를 가진다 해도 중동에 평화는 찾아오지 않을 거라고 생각합니다.

이따금 이런 질문들을 받습니다. 지키기 위한 전쟁도 필요한 것 아니냐고. 전쟁을 억제할 목적으로라도 군대는 필요한 것 아니냐고. 그리고 아직도 전쟁 상태인 한반도를 떠올린다면 누가 당신의 가족들을 지켜주겠냐고. 하지만 저는 그럴 때마다 이렇게 다시 질문합니다. 과연 전쟁이 난다면 누가 가장 많이 죽겠느냐고 말입니다. 전쟁 중 사망 비전투원의 비율이 제2차 세계대전 후 증가하면서, 현대전에서는 80~90%의 사망자가 민간인이라고 합니다. 그들이 바로 우리 가족과 친구들입니다. 내가 지켜주고자 하는 이들입니다. 과연 지키는 자가 누구입니까. 의심스럽기만 합니다. 세계에서 가장 많은 무기를 가지고 있지만 가장 많은 전쟁을 일으키는 나라는 미국입니다. 그런 미국도 지금 자국의 안전을 위해 선제공격을 이야기하고 있습니다. 저는 정말 내 가족과 친구들을 지키기 원한다면 전쟁의 가능성부터 줄여나가야 한다고 생각합니다. 그래서 병역거부는 그저 기다리는 평화가 아니라 적극적으로 평화를 만들어가려는 하나의 태도입니다.

저는 여전히 한 가지 믿음을 가지고 있습니다. 전쟁을 원하는 사람보다 전쟁을 원하지 않는 평범한 사람들이 훨씬 더 많을 거라고 말입니다. 누군가는 전쟁이 없는 세상이 가능하기나 하겠냐고 묻겠지만 많은 사람들이 원하는 것, 전쟁 없는 세상이 더 당연한 것 아닌가 반문해 봅니다. 그런데도 만약 지금 우리 주변에서 전쟁이 일어나고 있다면 우리는 그 전쟁을 일으키는 자들이 누구인지 물을 필요가 있는 것 아닐까요. 전쟁은 늘 그럴싸한 이름으로 포장되지만 지금까지 그럴만한 이유를 가졌던 전쟁은 기억나지 않습니다.

생명평화의 길
저는 우리의 생존을 위협하는 것이 단지 전쟁만은 아니라고 생각합니다. 지난 몇 년간의 경험은 평화에 대한 또 다른 시각을 형성해주었습니다. 그것은 한편으론 인간의 자연에 대한 폭력이 다시 인간에 대한 폭력으로 이어질 것이라는 생각입니다. 바로 생태주의적 시각입니다. 저는 현재와 같은 발전주의 패러다임은 머지않아 한계에 도달할 것이라고 생각합니다. 우리의 욕망을 무한정 충족시켜줄 만큼 지구는 충분한 자원을 가지고 있지 못합니다. 우리의 이기심은 언젠가 되돌아올 화살입니다. 하지만 지금도 우리 주변의 곳곳에서는 자신의 이윤 동기에 따라 행동하는 이들이 우리 공동의 미래를 위협하는 것을 어렵지 않게 확인할 수 있습니다.

매시간 끊임없이 도로가 놓여지고, 다른 생명들이 함께 살아야 할 곳에는 여지없이 골프장과 리조트가 들어서고 있습니다. 필요 이상의 댐이 건설되고, 농약으로 인해 우리의 지하수는 갈수록 오염되어 가고 있습니다. 그리고 이제는 국가마다 CO_2 배출권을 거래해야 하는 지구 온난화의 시대가 되었습니다. 최근에 태어나고 있는 아이들의 1/3이 아토피로 고생하고 있다고 합니다. 건강한 먹거리에 대한 고민은 갈수록 높아지고 있지만 점점 더 많은 GMO가 우리의 식탁을 점령해가고 있습니다. 대부분의 에너지원을 수입해 사용하고 있는 우리는 이미 세계 10번째 에너지 소비국가입니다.

단순히 우리의 자연과 자원이 과잉 소비되고 있다는 점을 이야기하려는 것이 아닙니다. 제가 걱정하는 것은 우리의 욕망으로 인해 한정된 자원을 두고 인간들 사이의 갈등이 커져나가지는 않을까 하는 점입니다. 또 환경을 파괴하는 자와 그 피해를 보는 자가 분리되어지는 환경정의의 문제 역시 우리들 사이의 갈등을 키울 것입니다. 성장의 한계에 도달했을 때, 그리고 우리의 생존이 위협당할 때를 지금 우리는 상상하기 힘듭니다.

우리 아닌 그들을 적으로 가정하고 안으로는 억압과 통제, 차별과 배제를 강제하는 사회는 평화로울 수 없습니다. 하나의 생명을 차가운 쇳조각과 맞바꾸려는 태도 역시 평화를 만들어낼 수 없습니다. 그리고 대상을 도구적인 시각에서 바라오는 지금의 발전 패러다임은 역시 평화를 만들어낼 수 없습니다. 때문에 군사주의 혹은 반평화에 대한 끊임없는 긴장, 미시적 폭력에 대한 생태·평화적 감수성이 그 주요한 실천이 될 것입니다. 무엇보다 생명의 가치를 존중하게 될 때 비로소 우리 공동의 미래는 지켜낼 수 있을 것입니다. 그리고 우리 모두의 욕망을 충족시킬 수는 없더라도 우리 모두의 필요는 채워나갈 수 있는 사회가 되어야 우리 공동의 미래는 지탱해나갈 수 있을 것입니다. 저는 이것을 생명평화의 길이라고 부르고 싶습니다.

꿈꾸지 않으면

불가능해 보이더라도 가야 할 길이 있습니다. 꿈꾸지 않으면, 희망하지 않으면 갈 수 없는 길이 있습니다. 저는 그것을 예수 그리스도의 비폭력 저항, 제3의 길에서 찾으려고 합니다. 십자가는 분명 철저한 패배의 역사를 이야기하지만 십자가는 분명 승리의 길이었음을 지금 우리는 확인할 수 있습니다. 예수는 분명 유다처럼 체제에 포섭되지도, 베드로처럼 칼을 들지도 않았지만 분명 세계를 바꾸었습니다. 그의 몸은 그분 하나의 것이 아닌 이스라엘 민중들의 것이었다고, 약하고 가난한 자들의 것이었다고 저는 믿습니다. 그러기에 십자가에 매달린 사건은 많은 사람들에게 더 큰 하나님나라 운동을 만들어낼 수 있었다고 생각합니다. 저의 작은 실천이 작게나마 제 친구들에게 울림이 되어 사회에 던져지길 기대합니다.

폭력을 행하지 않으면서 저항을 통해 자신의 존재감을 확립하는 예수의 비폭력 저항에서 적극적인 평화운동의 가능성을 찾습니다. 이제는 자신의 존재를 세우면서 사람들에게 더 많은 고민을 던져주는 병역거부가 폭력도 타협도 아닌 예수의 비폭력 저항을 실천하는 제3의 길이라고 믿고 싶습니다. 더불어 제가 세상에서 배운 것들을 다시 돌려주는 일, 내 주변의 생명들과 여성, 장애인, 소수자 그리고 노동자들과 연대하겠다는 마음을 게을리하지 않으려고 합니다. 물은 아래로 흐르지만 가장 낮은 곳으로 흐른 물은 넓은 바다를 만난다는 가르침처럼 저의 몸을 낮추어서 더 많은 이들과 평화의 싹을 틔울 것을 다짐합니다.

물론 지금 저희 행동이 법의 테두리에서는 이해받지 못한다는 걸 잘 알고 있습니다. 그래서 지금까지 1만여 명이 넘는 사람들이, 그리고 지금도 1천여 명에 이르는 사람들이 교도소에 갇혀 있다는 사실도 잘 알고 있습니다. 하지만 저는 저의 행동이, 그리고 그동안 병역거부를 고민했던 사람들의 행동이 가장 적극적인 평화를 위한, 그리고 비폭력 직접행동의 태도로 실천해왔다는 것을 이해받는 날을 올 것이라고 믿고 있습니다. 그리고 그들의 꿈이, 그리고 실천들이 공동체 사회를 위해 쓰일 수 있는 날이 오기를 기대합니다. 저는 모든 사람들이 저와 같은 삶의 태도를 가지고 살아가길 원하지는 않습니다. 그들 하나하나의 삶의 태도는 그들 나름의 진실성을 담보하고 있다고 생각하기 때문입니다. 다만 이제는 자신의 신념에 따른 병역거부가 단지 자신들과 다르다는 이유로 처벌받지 않는 사회가 되었으면 하고 바랄뿐입니다. 저의 행동도 제 나름의 진실성을 가지고 있기 때문입니다. 총을 잡지 않는 대신, 또 다른 방식의 의무를 부과해서 지역 사회에 대한 의무를 수행할 수 있게 하는 것, 저는 지금 병역거부자로서 멀게만 보이는 그 꿈을 꾸고 있습니다.

2006. 7. 13 병역거부선언

김치수

병역을 거부하며

이제 말을 꺼내야만 한다. 물음들이 엉켜있을 때, 눈을 감고, 열은 한숨을 내뱉으며, 지나칠 수 있는 시간은 더 이상 주어지지 않을 것이다. 당신은 왜 군대를 가지 않으려고 하십니까? 물음은 단호한 어휘들로 무장한 채, 격한 어투로, 혹은 신중하고 짓궂으며, 자신만의 인내심을 지닌 채, 나에게 던져지고 있다. 나는 지금 피할 수 없이, 마치 운명을 대면하듯, 그 단호한 단어들을 끄집어내야만 하고, 그들과, 더 나아가 '법'과 마주선 채, 나의 행위의 정당성을 설명해야만 한다. 내가 이토록 주저하고, 당신의 시선을 피한 채, 쉽게 대답을 하지 못하는 이유는 물음 자체가 지닌 그 혹독함 때문이다.

당신은 군대가 없는 사회가 가능하다고 주장하고 있습니까? 당신은 국가안보를 부정하고 있나요? 정당방위에 입각한 정의로운 전쟁의 상황에서 당신 같은 이들로만 가득하다면, 당신의 누이와 어머니와 아무것도 알지 못하는 아이들은 누가 보호합니까? 우리는 최악의 경우조차 생각해야만 합니다. 신뢰할 수 없는 악이 국경을 침입할 가능성을, 심지어 휴전 상황인 한반도의 현실을, 더 나아가 예측 불가능한 동북아와 세계 전체의 군사적 긴장을, 당신을 포함하여, 우리는 항상 인정해야만 합니다. 그리고 최소한 한국사회는 귀를 먹먹하게 할 만큼의 수많은 경험들과 근심들과 확신들을 내뱉을 것이며, 나를 향해, 기다려온 예외 사례를 향해 온갖 이야기들, 사고실험들, 선택의 순간들을 쏟아낼 것이다. 다수의 이름으로, 법의 이름으로, 현실을 살아냈던 아버지의 이름으로 들려주는 놀랄만한 정치의 과잉. 게다가 더더욱 슬프게도 다수의 의견, 다수의 경험, 다수의 불안은 올바름에 대한 최후의 기준은 아닐지라도, 민주주의가 비껴갈 수 없으며, 자기 속에 포함하고 있는 분명한 진실이다. 그러나, 그럼에도 불구하고, 아니 그렇기 때문에 나는 평화주의자이다.

군대가 없는 사회는, 누구나 직관하듯이, 우리의 현실적 기대 속에서 불가능하다. 전쟁국가들로 이루어진 세계질서는 영적 비약을 겪기에는, 혹은 세계시민연합으로 전환되기에는, 혹은 국가간 조약을 통해 영원한 평화를 약속하기에는 이미, 지나치게 무장되어 있기 때문이다. 그러나 또한 누구나 다 알 듯, 전쟁국가는 전쟁 자체를 목적으로 삼을 수는 없다. 집단적 살육과 제국으로의 욕망을 자기목적으로 삼는 국가는 수많은 경험들과 근심들과 확신들을 통해, 당신을 포함하여, 우리의 이름으로 용납할 수 없기 때문이다. 따라서 우리가 마주하게 되는 답변이란 정의로운 전쟁, 민주주의를 수출하기 위한 전쟁, 더 나아가 평화를 위한 전쟁, 혹은 전쟁을 누구보다 강력하게 준비함으로써 얻게 되는 평화와 같은 온통 불가능한 답변들, 문제를 은폐하는 침묵들뿐이다. 우리는 좀 더 곤혹스러워져야만 한다. 우리 앞에는 실정법이 강제력을 수반하고 있다는 동어반복의 회로 이전에 이미 주어진 상황이, 즉 불가능한 이상과 불가능한 현실이 서로를 외면하고 있는 상황이 놓여 있기 때문이다. 물음은 이제 이 상황 자체에 대해 되물어져야만 한다.

한국의 법이 나를 포함한 수많은 신체들에게서 정상적인 남성성을 발견하고, 그들의 강인해야만 하는 두 손에 쥐어주려는 총이 겨냥하고 있는 것은 무엇인가? 평화인가? 만일 평화라면 평화를 겨냥하는 총이 어떻게 평화를 실현할 수 있는지를, 왜 평화를 위협하지는 않는지를 그토록 오래된 전쟁의 역사 속에서 설명해내어야만 한다. 혹은 애초에 평화란 존재할 수 없으며, 영토경계선의 총구는 지속적인 휴전 상황을 연장시키는 것을 목적으로 한다면, 등장할 수 없는 평화의 이름으로 제시하고, 제시되었던 갖가지 (비극으로 종결될) 순서도들, 외교문서들, 정치적 선동구들이 희망하고 있는 유령이 무엇인지를 그들 스스로 답해야만 한다. 혹은 우리의 이해타산적인 총구는 대통령의 소신처럼 국가이익에서 조금 더 어른스러운 자신의 목표점을 발견할지도 모른다. 하지만 통치자의 결단의 순간, 당신께서는 흐뭇한 미소로 약속된 미래를 보았을지도 모르지만, 우리가 확인할 수 있는 것은 잠재된 재앙뿐이다. 국가 이익이 정치적 판단의 최종적인 척도가 되었을 때, 이는 자국의 이익(?)과는 상관없는 모든 문제에 대해 사유 금지를 강요하는 우울증과 허무주의를, 즉 구조적인 파시즘을 내포하고 있기 때문이다. 마지막으로 총구의 비관적인 화염이 기다리고 있는 것은 전쟁상태의 현실과 두려움으로 가득한 암흑 그 자체일지도 모른다. 만일 그렇다면, 우리는 모든 종류의 대화와 정치와 이러한 입씨름조차 포기해야만 한다. 세계는 난사할 표적들에 대한 숨죽인 조준과 인간 자신의 자살 이외에는 다른 무엇도 허락하지 않을 것이기 때문이다.

따라서 나는 총을 들 수 없다. 만일 조준의 대상이 나와 같은 동시대의 시민이라면, 그의 불안과 슬픔 혹은 냉정함과 광기를, 어떠한 이유로도 견뎌낼 수 없기 때문이다. 만일 한국사회가 불가능한 평화를 위한 희구와 불가능한 전쟁국가의 지속 중 계속해서 후자를 선택한다면, 당신을 포함하여, 우리 모두는 사회 속에 주권자로 내던져 졌지만, 실은 국외자에 불과할 것이다. 우리는 전쟁을 지속하기 위해 태어나지는 않았으며, 전쟁을 수행하는 것으로 함께 살아가는 이유를 확인할 수도 없기 때문이다. 나는 희망컨대, 평화를 향한 일관된 노력만이 당신을 포함하여, 우리 모두의 꿈과 다르지 않을 길을 조금씩 우리에게 보여주리라 믿는다. 그리고 이 지난한 길은 한국사회에서는 대체복무제의 도입을 출발점으로 하는 병역법의 개정과 더 나아가 헌법의 평화헌법으로의 개정 그리고 평화국가로서의 국제사회로의 개입을 향한 도전과 실험의 길일 것이다. 또한 이 과정은 민주주의의 가능성에 대한 우리 자신의 믿음에 부합하는 길이기도 할 것이다.

> 따라서 나는 총을 들 수 없다. 만일 조준의 대상이 나와 같은 동시대의 시민이라면, 그의 불안과 슬픔 혹은 냉정함과 광기를, 어떠한 이유로도 견뎌낼 수 없기 때문이다

한국사회당 당원 김치수

2007. 5. 15 병역거부선언

안홍렬

나는 왜 군대를 거부하는가

1. 어린 시절부터 가깝게 지내던 친구들 대부분이 군대를 다녀왔다. 그 친구들을 다시 만나게 되었을 때, 나는 "군대를 다녀와야 '사람'이 되고 '진짜 남자'가 된다"던 어른들의 말을 실감할 수 있었다. 세상의 부조리에 냉소를 보내고, 부당한 권력행사에 저항하던 한 친구는 자신의 저항이 얼마나 부질없는 짓이었는지 반성하며, 나에게 세상 사는 법을 설파한다. 군 복무를 하던 어느 순간부터 그는 세상에 자신을 맞춰가는 법을 배웠다고 한다. 이제는 '영혼 없는 관료'가 되어 한낱 기계부품처럼 살아가고 있지만, 세상은 그가 드디어 철이 들었다고 환영한다. 어른들이 말하던 '사람'은, 힘들어도 군소리하지 않고 명령에 따라 성실하게 작동하는 로봇이었던 것이다.

평소 수줍음이 많고 내성적이었던 다른 한 친구는, 내가 알던 친구가 맞는지 의심스러울 정도로 많이 변해 있었다. 그렇게 싫어하던 담배까지 입에 물고서 그가 내뱉던 말들은, 담배 연기만큼이나 지독하고, 거북했다. 여성에 대한 얘기로 시작해서, 여성에 대한 얘기로 끝나던 그 지루하고 짜증나던 대화에서, 여성은 그에게 단지 성적 소모품일 뿐이었다. 성매매업소의 출입을 부끄러워하지 않고, 마치 전리품을 얻은 듯 당당히 말하는 그를, 나는 이제 만나지 않는다. 학창 시절을 함께 보냈던 그는 친구가 아닌, 낯선 이방인이 되어버렸고, '진짜 남자'가 되어 가짜인 나를 하찮게 여기는 당당한 '대한민국 국군장병'으로 살고 있다.

2. 처음 걸프전을 TV에서 보고 환호하던 내 모습을 떠올려본다. 밤하늘을 수놓던 미사일의 불꽃과 지상에서 벌어지던 수많은 폭죽놀이. 미국 무기의 이름과 성능을 달달 외우고, 오늘은 또 어떤 무기가 새롭게 선보일지 기대하던 그 시절, 전쟁은 일종의 게임이었다. 그러나 2003년 이라크 전쟁과 세계 각국의 내전을 보던 나의 눈은 더 이상 미사일의 궤적을 좇지 않는다. 폭죽놀이 속에서 미처 발견하지 못했던 사람들의 주검과 전쟁의 폐허 속에서 울고 있는 어린아이들이 보인다. 그리고 석유만큼이나 시커먼 정치꾼들의 속내가 보인다.

파병을 둘러싸고 '국익' 논란이 뜨거웠다. 파병을 해야, 그 지역의 사업이권을 챙길 명분이 생긴다는 한 정치꾼의 말이 아직도 귓가에 맴돈다. 이라크 국민들이 흘리는 붉은 피는 정치꾼들에게 푸른 종잇조각으로 보인다. 아이들의 울음소리는 국익보장을 약속하는 승전보로 들린다. 그렇다. 죽음은 중요치 않다. 이라크 국민들의 죽음은 말할 것도 없고, 파병군인들의 죽음도 중요치 않다. 군인은 국익을 위한 일종의 투자금일 뿐이다. 그리고 투자금을 담아 보내는 가방에는 커다란 두 글자가 쓰여 있다. 평화! 투자금의 가치를 높이기 위해, 그리고 평화를 위해, 오늘도 '대한민국 국군장병'들은 총을 들고, 사람을 죽이는 연습을 한다.

> 죽음은 중요치 않다.
> 이라크 국민들의 죽음은 말할 것도 없고, 파병군인들의 죽음도 중요치 않다.
> 군인은 국익을 위한 일종의 투자금일 뿐이다.

내가 바라본 군대는 바로 이런 곳이다

군대는 유무형의 폭력을 통해, 조직의 억압적인 위계질서와 권위를 유지한다. 그 안에서 한 명의 군인으로 사는 순간부터, 옳고 그름을 판단하는 이성은 마비되고 명령에 대한 자동적인 육체적 응답만이 요구된다. 그렇기에 군'인(人)'은 사라지고, 오직 군'번(番)'만이 존재하는 곳이 바로 군대다. 그런데 군대에서 요구되는 이러한 적응과 순응은 사회에서 성공하는 데 중요한 자산이 된다. 여전히 가부장적인 한국사회의 질서는 군대 내의 질서와 거의 똑같으며, 부당한 명령에 대한 문제제기나 저항은 조직의 질서를 무너뜨리는 위험한 행동으로 간주된다. 반면 군대를 잘 다녀온 사람들이 보여주는 유연함은 조직의 원활한 운영을 도와주는 윤활유가 된다. 그리고 이 유연함이 바로 견고한 위계질서를 유지하는 비결인 것이다. 또한 군대를 경험하거나 군대문화를 체득한 사람들이 만들어내는 '진짜 사나이'의 신화는 여성에 대한 성적 대상화와 성폭력을 미화한다. 사나이들의 우정을 경험하지 못한 여성들에 대한 남자들의 알 수 없는 우월감과 폐쇄된 공간에서 유포되는 왜곡된 성문화는 이러한 분위기를 더욱 부추기고 있다. 군대문화는 사회의 다양한 영역에서 공고하게 자리잡고 있고, 그 속에서 여성들은 동등한 인간으로서가 아니라, 남성들의 성적 불만족을 충족시켜주는 한낱 대상으로서 간주될 뿐이다.

군대는 국민의 안전을 지키고, 평화를 유지하는 것을 목적으로 하며, 대한민국 국민은 누구나 국방의 의무를 지닌다. 그런데 국방의 의무는 어떤 이유에서인지 간단히 병역의무와 동일하게 여겨지고, 총을 들어야만 의무를 제대로 수행하는 것으로 생각한다. 이처럼 평화를 목적으로 삼고 있으면서 동시에 총을 들고 합법적으로 살인기술을 배우는 이율배반적인 곳이 바로 군대다. 총은 국민의 안전을 지키고 평화를 유지하는 수단이 될 수 없다. 오히려 총은 불안을 불러일으키고, 나아가 총을 든 자의 폭력성을 불러일으키거나, 만들어낸다. 이라크 전쟁이 우리에게 남겨준 교훈 중 하나는, '무기나 무력은 평화를 위한 수단일 뿐이며, 이것은 인간의 이성으로 올바르게 관리할 수 있다'는 믿음이 환상이라는 사실이다. 무기를 드는 순간부터 인간은 무기의 노예가 되었던 것이다. 결국 누가 진짜 적인지도 모른 채, 정치꾼들이 '만들어낸 적', 또는 '적일 것 같은 적'을 해치우기 위해 총을 들 뿐이다. 그러나 서로의 가슴에 총부리를 겨누고 있는 한, 손에서 무기를 내려놓지 않는 한, 평화는 찾아오지 않는다. 서로에 대한 불신에서 비롯되는 긴장감과 불안한 정적은 평화가 아니다. 그저 언제 터질지 모르는 시한폭탄일 뿐이다.

그래서 나는 두렵다

내 육체에 가해질지도 모를 고통보다 내 정신에 찾아올지도 모를 안락함이 두렵다. 무엇이 옳고 그른지에 대한 판단은 언제나 유보한 채, 오로지 적응하는 데 온 힘을 쏟아야 한다는 게 두렵다. 그리고 언젠가 나에게 가해진 폭력을 무의식적으로 다른 사람에게 행사할까 두렵다. 타인의 고통에 대해 무감각해지는 게 두렵다. 또 한 명의 마초가 될까 두렵다. 국익이라는 이름하에, 정치꾼들이 그려놓은 사업계획에 따라 꼭두각시처럼 춤을 추게 될까 두렵다. 내가 알지도 못하는, 어쩌면 친구로 만날 수도 있었을 그런 사람들을 향해 총부리를 겨누고, 어느 순간 명령에 따라 총을 쏴야 하는 순간이 닥칠까 두렵다. 그리고 이 모든 두려움은 다름 아닌 총을 들고 '대한민국 국군장병'으로 살아야 한다는 — 나 자신이 동의하지도 않았고, 동의할 수도 없는, 또한 나 스스로 부여한 것도 아닌 — 병역 의무에서 시작되었다. 그러나 나는 대한민국 국민이기 이전에 한 명의 인간이 되고 싶다. 이성을 가진, 영혼을 지닌 한 명의 온전한 인간이 되고 싶다.

2008. 2. 19 병역거부선언

이길준

나는 저항한다!

저는 지금 현역 의경으로 복무를 하다 특별외박을 나와, 부대에 복귀하지 않고 병역거부를 하겠다고 선언하려 합니다. 분명 쉽지 않은 결정이었습니다. 이런 결정이 야기할 수많은 고통과 상처들, 특히 제 부모님이 겪으실 일을 수없이 생각했고, 그것들을 머릿속에 그려보는 과정은 괴로운 시간들이었습니다. 그런데도 저는 저항을 이야기하고 있습니다. 꽤나 거창하게 들리죠. 하지만 제가 하려는 일은 엄청난 대의를 가진 일이 아닙니다. 단지 삶에 있어서 제 목소리를 가지고, 저의 삶을 찾아가는 과정이죠.

그렇습니다. 제게 있어 저항은 주체성을 가지고 제 삶을 만들어나가는 일입니다. 자신의 마음의 소리에 귀 기울이며, 옳다고 생각하는 가치를 지니고 자신의 삶의 색채를 더해가는 것, 그리고 다른 사람의 삶과 조화를 이루며 공존하는 것은 누구에게든 의미 있는 일일 것입니다. 그리고 그 과정에서 자신의 삶을 억압하는 것을 똑바로 바라보고, 그에 대해 저항하는 것은 열정적으로 삶을 살아가는 자세라고 생각합니다. 그리고 지금 저는 지금껏 억압들에 대해 순응하며 살아온 제 삶을 내던지며 저항을 통해 제 삶을 찾아가야 한다고 느낍니다.

저는 지난 2월, 지원을 통해 의무경찰로 입대했습니다. 이런 결정에 대해 수많은 비난이 있을 수 있다고 생각합니다. 특히 지금의 제 결정과 관련해서 말이죠. 저는 기본적으로 징병제에 회의적인 입장이었지만, 제가 속한 공동체를 위해 복무하게 된다면 저나 사회를 위해 의미 있는 일에 복무하고 싶었습니다. 고민 끝에 선택한 길은 의무경찰이었죠. 제 생각과는 많이 달랐고, 그에 대해 무책임한 선택이란 비판이 있을 수도 있습니다. 하지만 그렇다고 해서 부당한 명령을 거부할 권리가 퇴색한다고는 생각하지 않습니다.

의경으로 있는 동안 제가 느낀 건, 언제고 우리는 권력에 의해 원치 않는 상황에 놓일 수 있다는 것입니다. 지난 몇 달 간의 촛불집회를 진압대원의 입장에서 바라보며 전 이런 생각을 했어요. 촛불을 들며 많은 사람들이 이야기하는 것들, 미국과의 소고기 재협상 요구, 공기업·의료보험 민영화 반대, 경쟁으로 내모는 교육 제도에 대한 반대 같은 것들이 이런 목소리로 느껴지더군요. 권력은 언제든지 우리의 삶을 위협할 수 있고, 그 위협에 맞서 살고 싶다고 말하는 것으로 말이에요.

촛불집회에서 사람들은 하나의 주제로 다양한 목소리를 가지고 모였고, 여러 모습이 있었지만 기본적으로 비장한 투쟁이 아닌 자신과 공동체의 삶을 위한 즐거운 축제였습니다. 하지만 삶을 위협할 수 있는 권력에게는 소통의 의지가 느껴지지 않았습니다. 오히려 제 또래의 젊은이들과, 그들과 같은 시대를 사는 시민들을, 적개심을 가지고 맞붙어야 하는 상황으로 내몰았죠. 저와 같은 친구들이 특별히 악랄해서 시민들을 적으로 여기고 진압해야 했을까요? 모두가 저처럼 가족과 공동체의 구성원들을 위해 2년이라는 시간을 복무하기로 한 사람들입니다. 그들 중에 누가 집회를 참여하는 사람들을 공격하겠다는 마음가짐으로 들어갔겠어요. 하지만 권력은 시위대는 적이 아니라고 명심하라는 위선적인 말을 하며 실질적으로는 이미 우리에게 시민들을 적으로 상정하게 하고 언제든 공격할 태세를 갖추도록 만들어놓습니다.

이렇게 보이지 않는 힘 앞에서 개인은 무력해집니다. 방패를 들고 시민들 앞에 설 때, 폭력을 가하게 될 때, 폭력을 유지시키는 일을 할 때, 저는 감히 그런 명령을 거부할 생각을 못하고 제게 주어지는 상처를 고스란히 받아들이는 수밖에 없었습니다. 모두가 마찬가지예요. 우리를 사지로 내모는 권력은 어디 숨었는지 보이지도 않고, 암묵적으로 그저 적으로 상정된 시위대를 향해 분노를 표출하며 상처를 덮고 합리화를 시키는 거죠.

이런 나날이 반복되고, 저는 제 인간성이 하얗게 타버리는 기분이었습니다. 진압작전에 동원될 때도, 기약 없이 골목길을 지키고 있어야 할 때도, 시민들의 야유와 항의를 받을 때에도 아무 말 못하고 명령에 따라야 하는 스스로를 받아들이는 것은 끔찍한 일이었습니다. 근무시간이 늘어나고 육체적으로 고통이 따르는 건 감수할 수 있었지만, 그렇게 제가 하는 일이 대체 무엇을 지키기 위해서인가를 생각하면 더 괴로워지더군요. 누구도 그런 것에 대해 말하는 사람은 없었지만, 사회의 질서와 안녕을 위해서라면 갓 스물의 젊은이들이 폭력적인 억압의 도구가 되어도 괜찮은가요? 그런 정당성은 누가 보장해주나요?

힘든 시간 동안 전 일단 어떤 식으로든 도피를 모색했지만 어느 순간 더 이상 도피는 답이 아니라는 생각이 들더군요. 어디에 있든 제가 그곳에 남아 있는 한 결국 억압의 구조를 유지시키는 데 일조할 것이고 그건 눈 가리고 아웅하는 것일 뿐이다 싶었어요. 무엇보다 제가 남은 삶을 주체적으로 정립해나가는 데에 있어서 제 마음의 소리에 귀 기울이고 지금 저를 억압하는 것에 대해 분명한 목소리로 저항하는 것이 필요하다고 느꼈습니다. 이대로 부당하다고 생각하는 명령에 순응하고 가해지는 상처를 외면하면 스스로에게 이율배반적이고 껍데기뿐인 인간으로 남을 거란 불안도 있었고요.

가해자로서, 피해자로서의 상처를 극복하는 방법, 고민 속에 흐려져가는 삶을 재정립하는 방법은 저항이었습니다. 돌이켜보면 지금까지 제 삶을 억압하는 것들에 대해 늘 타협했을 뿐 자신 있게 저항한 적이 한번도 없다고 느껴지더군요. 이번 기회는 제 삶의 중요한 전환점으로 느껴졌습니다. 힘들고 괴로운 일이 많겠지만 제가 원하는 저를 찾아간다는 것은 즐겁게 느껴지기도 했습니다.

> 사회의 질서와 안녕을 위해서라면 갓 스물의 젊은이들이 폭력적인 억압의 도구가 되어도 괜찮은가요? 그런 정당성은 누가 보장해주나요?

주변에서 흔히 걱정하는 것처럼 전 스스로를 어지러운 정국의 희생양이나 순교자로 생각하지 않습니다. 그렇다고 분위기를 탄 영웅이 되고 싶은 건 생각도 없어요. 정략적인 이해관계에 휘둘리거나 어떤 이득을 취할 생각도 없고요. 전 단지 스스로에게 인정될 수 있고, 타인과 평화롭게 조화를 이루는 평범한 삶을 살고 싶을 뿐이고, 그런 스스로의 욕망에 충실할 뿐이에요.

비장한 각오의 투쟁을 선언하고 싶진 않군요. 전 저항의 과정은 즐거워야 한다고 생각해요. 억압의 조건은 힘겹지만 그에 대항해 자신을 찾고 목소리를 내는 과정은 무겁게 받아들일 일만은 아니에요. 저도 노력하겠지만 많은 분들이 자신의 삶에 있어서의 억압에 대해 저항해나가는 것도 제 작은 바람입니다.

제가 한 행동을 통해 저는 제 삶의 주인이 되어간다고 느끼고, 아울러 폭력이 강요되고 반복되는 지금의 구조들도 해결될 수 있었으면 좋겠습니다. 저와 같은 젊은이들이 상처받으며 고통 속에서 밤을 지새우는 일만큼은 이제 그만두어야 하지 않을까요?

끝으로 제 얘기를 듣고 저를 도와주시며 지금도 함께해주시는 많은 분들께 감사드립니다. 특히 못난 아들을 위해 상처를 감수하고 이해하고 제 편이 되어주시는, 어려운 결정 내리신 부모님께 다시 한 번 고맙고 사랑한다는 말씀을 드립니다.

2008. 7. 27 병역거부선언

김영익

양심에 따른 병역거부를 결심하며

미국이 아프간을 부당하게 침공한 때부터 저는 대학에서 반전운동에 동참했습니다. 2003년 2월 15일 서울 대학로에 모인 3천여 명의 반전 시위대에 저도 끼어 있었습니다. 3월 20일 미국이 끝내 이라크를 공습한 날, 저는 학교 민주광장에서 미국의 전쟁을 지금 당장 끝내길 바라는 100여 명의 학생들 중의 하나였습니다.

그러나 이 야만에 대한민국의 지배자들이 보여준 모습에 저는 적잖이 실망하게 됐습니다. 노무현은 국민적 반대를 거스르고 한국군을 전쟁과 살육의 땅, 이라크로 보냈지요. 오무전기 노동자 2명과 김선일 씨의 희생을 외면한 채 말입니다.

대기업들도 이에 못지않았습니다. 4년 전, 서울 삼성동 코엑스에서 이라크 재건 사업 협의회가 열렸습니다. 미국의 원청업체로부터 이라크 재건 사업에 대한 설명을 듣고자 국내 굴지의 기업들이 몰려왔습니다. 그러나 이 날 설명회는 말 그대로 '피 비린내 나는' 자리였습니다. 미군이 자국의 패권과 석유를 위해 이라크 양민을 학살하고 억누르고 있을 때, 한국의 대기업들은 이라크 민중의 피가 묻은 돈에 눈이 멀어 이리떼처럼 달려들고 있던 겁니다.

반전 운동을 경험하면서, 그리고 한국의 힘 있는 자들과 가진 자들의 위선과 탐욕에 분노하면서 제 자신은 아주 많이 변하게 됐습니다. 그리고 제게 새로운 시각으로 우리 사회를 바라보게 되는 계기를 마련해줬습니다. 이제

제 눈에 한국은 지배자들의 이익을 위해 한국의 평범한 자식들에게 이국땅의 양민을 억누르는 일을 맡기는 소(小)패권 국가로 보이게 됐습니다.

불과 28년 전에 한국군은 빛고을 광주에서 힘 있는 자들을 위해 총칼로 시민들을 짓밟았습니다. 그리고 좀 더 거슬러 올라가, 베트남에서 한국군은 베트남 양민을 '인간 사냥'해 베트남 정글을 핏빛으로 물들였습니다.

혹자는 민주화한 한국에서 더는 군대가 이런 짓을 저지르지 않을 거라고 할 수 있습니다. 그러나 제 눈에는 여전히 한국에서 군대는 서민의 자식을 끌어다 이 사회의 힘 있는 자들과 가진 자들에 대한 복종을 가르치고, 다른 나라든 우리나라든 우리와 같은 처지의 민중에게 총을 들이대게 하는 '비극'을 강요하고 있습니다.

한국의 지배자들은 매년 수십만의 청년들을 군대에 밀어 넣어 체제에 대한 복종과 약자에 대한 폭력을 강요하고, 국토방위를 명분으로 수십조 원의 돈을 국방비로 쏟아 붓고 있습니다. 만약 이런 인력과 자원을 옳게 활용한다면, 전 국민에게 보편적인 복지를 얼마든지 제공할 수 있을 텐데 말입니다.

저는 이런 군대에서 복무하기를 거부합니다. 힘 있고 가진 자들을 위한 군대에서 그들을 위해 일하는 것은 저는 단 한 순간도 받아들일 수 없습니다.

물론 이것이 한국 사회에서 무엇을 의미하는지 저는 잘 알고 있습니다. 그러나 양심에 따른 병역거부는 유엔 인권이사회가 인정하고 대부분의 국가가 받아들이고 있는 시민적 권리입니다. 중국과 군사적 대치 중인 대만도 양심에 따른 병역거부를 인정하고 있을 정도입니다. 그런 권리를 왜 우리는 누릴 수 없는 것입니까?

저는 언제나 제 양심의 울림에 따라 살고 싶습니다. 그곳이 가시밭길이어도 상관없습니다. 그것이 옳다면 말입니다.

2008. 11. 4 병역거부선언

권순욱

병역을 거부하며

2008년 11월 11일, 저의 나의 28세입니다. 28년의 인생 중에 바로 지금, 전 가장 두렵고 떨리는, 그리고, 가장 서글픈 순간을 경험하고 있습니다. 6년 전, 감리교신학대학을 입학하게 되었습니다. 예수님은 이 땅에 하느님 나라의 건설을 위해 평등과 평화를 말씀하시곤 자신의 종교적 양심과 정치적 신념에 의해 십자가에 일신이 못 박히셨습니다. 언제나 사회적 약자와 함께하셨으며, 종교 권력자나 정치 권력자들에게 항거하셨습니다. 예수님의 그러한 모습 속에서 제가 평생을 아픔 속에서 몸서리치며 고민했던 것이 바로 이 사회가 만들어놓은 논리 속에서 제가 사회적 약자일 수밖에 없다는 것이었음을 깨달았습니다. 또한, 어떠한 종교적 이념을 넘어 예수님의 십자가 지심은 이 땅의 권력 지향적 모순과 이 사회가 만들어놓은 권위주의적인 논리를 타파하고 사회적 약자들에게 해방의 길을 보여주신 것이었습니다.

사회적 약자라는 것, 그것은 분명 이 사회가 만들어놓은 것입니다. 폭력적이고 억압적인 가진 자들의 논리 속에 그에 반대되는 갖지 못한 자들의 집단… 장애인이 그렇고 여성이 그렇고 성소수자가 그렇고 빈민이 그렇고 노동자가 그렇고 농민이 그렇습니다. 이 땅의 많은 사회적 약자들이 권력 앞에서 죽어갈 수밖에 없는 현실입니다. 제 자신이 바로 사회적 약자이며, 저는 가진 자들의 논리에 저항하는 활동을 지금까지도 하고 있으며 앞으로도 하려고 합니다.

저는 현재 장애인 단체에서 활동하고 있습니다. 우리 사회의 장애인의 문제의 핵심은 군대가 병역의 의무를 부과하는 '신체 건강한 남성'의 정상성 규정과 일맥상통합니다. 바로 '신체 건강한'이라는 획일적인 기준, 획일적인 사고가 지금 사회를 만들었습니다. 장애인은 비장애인 중심의 사회 안에서 배제 된 사람들, 즉 사회적 약자로서의 장애인일 뿐입니다. 하지만 사회는 끊임없이 기준을 정해 정상과 비정상을 나누고 그 기준에 맞추어 사람을 획일적으로 양성할 뿐입니다. 제가 활동하는 장애인 단체는 민들레장애인야학입니다. 장애인 단체들 중에서도 최중증장애인들이 대부분인 곳입니다. 이 사회가 이야기하는 신체적 기준으로 보았을 때, 그들은 아무것도 할 수 없는 신체를 지니고 있습니다. 하지만, 그들도 비장애인들과 마찬가지로 다양한 개성을 가지고 있으며, 잘 하는 것도 있고 못 하는 것도 있는, 또한 다양한 꿈을 갖고 있는 평범한 한 명의 인간일 뿐입니다. 하지만, 그러한 것들을 모두 무시당하고 이 사회에서 비정상으로 낙인 찍혀 시설과 골방에 버려진 채 삶에서 배제되어 살아왔습니다. 사회는 끊임없이 기준을 만들어 그 기준에 맞게 사람을 만들어내고, 그 기준에 미달된 사람은 배제하고 사회에서 낙오시킵니다. 이렇게 정상적이며 획일화된 남성 문화를 권위주의적이며 전체주의적으로 주입하여 만들어내는 것이 바로 군대라는 조직입니다.

군대는 바로 국가가 권력을 유지하기 위한 하나의 도구에 불과합니다. 전쟁이라는 것으로 약자를 비참히 짓밟고 그것으로 잡은 권력을 계속해서 지켜나가기 위한 도구… 그것을 위해 수많은 남성들을 권위주의적이며 전체주의적 사고를 주입해 양성하고 있는 것이 바로 지금의 군대 문화입니다. 3년 전, 평택 대추리에서 보았던 군인들, 집회를 나갈 때 보는 전의경들, 그들은 이미 어떠한 이성적 사리판단도 전혀 할 수 없는 상태의 권위주의적인 질서에 충성을 다하는 사람들로 보였으며, 그것은 얼마나 군대의 문화가 권위주의적이며 전체주의적인 사고를 양성하고 폭력적인 문화를 가지고 있는지를 느끼게 해주었습니다. 그것이 얼마나 안타까운 현실인지를, 군대 문화라는 것이 그것을 받아들이는 사람에게 얼마나 폭력적인 것인지를 실감할 수 있었습니다. 이처럼 군대라는 조직은 인간을 획일화시키고 권위주의적인 계급 문화를 경험하게 합니다. 또한, 조직 내 계급 질서와 전쟁 기술을 가르치는 곳이기도 합니다. 인간의 존엄성이나 개성은 인정되지 않으며, 국가 안보 이데올로기를 주입합니다.

그럼에도 불구하고 저의 이러한 선택에 많은 이들은 대한민국의 특수성을 논합니다. 하지만 그들에게 묻고 싶습니다. 분단이라는 특수한 상황에서 벗어난다면 군대를 없애는 데 동의할 것인가라고 말입니다. 국가는 통일이 되든 안 되든 군대를 계속해서 유지하려 할 것입니다. 바로 이것이 특수한 상황이라는 것과는 별개의 문제라는 것입니다. 계속해서 특권의 혜택을 누리지 못하는 대다수의 힘없는 국민들의 희생으로 군대를 유지시키려 할 것입니다.

6년 전 대학에 입학하고 아버지로부터 한 가지 사실을 알게 되었습니다. 50여 년 전 바로 이곳, 용산역에서 저의 할아버지께서 미군이 던진 폭탄에 맞아 돌아가셨다는 사실을 말입니다. 아버지는 20여 년 동안 그 아픔을 숨기고 철저히 권위주의적인 아버지가 될 수밖에 없으셨던 것입니다. 체제에 순응하고 이 사회가 원하는 사람으로 살아가기 위해 말입니다. 아픔이 그대로 후대에 남아 저의 아버지는 평생을 고통 속에 살아가셨고 그것을 다시 저에게 되물림 해주셨던 것입니다. 전쟁으로 인한 아픔은 끝나야 합니다. 군대는 사라져야 합니다.

이것이 제가 군대를 갈 수 없는 이유이며, 병역을 거부하는 이유인 것입니다. 비록 이 길이 다른 사람들에게 어리석다 판단되어질지라도 저는 갈 것입니다. 저는 이것이 저의 운명이라고 생각합니다. 이것이 바로 제가 가야 할 길이라고 생각합니다. 어차피 자신의 가슴이 허락하는 대로, 자신의 심장이 가리키는 대로 살아가는 것 아니겠습니까. 저도 그렇게 가려합니다. 저의 진정한 존재 가치를 제 스스로 몸부림쳐 느끼기 위해 말입니다. 진정한 저를 뼈저리게 느끼고 가슴 깊이 알아가기 위해 말입니다. 제가 지금의 자리에서 원하는 것은 이 아픔이 저를 마지막으로 끝났으면 하는 것이며, 다양한 양심들과 신념들이 인정되는 사회가 속히 오기를 바라는 것입니다.

세상아, 사람들아, 몸부림치며 외친다. 사랑한다고. 사랑한다고. 내 가슴 뻥 뚫려 이제는 어느 누구도 담을 수 없을지라도 나는 눈물을 뿌리며 외칠 수 있다.

그렇기 때문에 나는 산다. 그렇기 때문에 내가 계속 죽지 않고 살고 있는 것이다. 그렇기 때문에 어리석다 손가락질당해도 계속해서 나아가는 것이다. 그렇기 때문에 나는 사람인 것이다.

난 나라는 사람을 한 사람으로서 증명해보일 것이며 이 땅을 당당히 밟고 일어설 것이다.

2008. 11. 11 병역거부선언

(오정민)

군대는 전쟁을 생산하는 기구입니다

자유인이냐 수인(囚人)이냐? 이것은 오늘을 사는 우리들이 선택해야 하는 피할 수 없는 절박한 질문입니다. 우리는 전지구적 전쟁이 항상 진행되고 있는 시대에 살고 있습니다. 제가 이 글을 쓰는 2009년 1월 초에도 이스라엘과 팔레스타인 하마스가 전쟁 중이라는 소식이 들립니다. 우리는 지난 20세기를 전쟁의 세기로 기억합니다. 제1, 2차 세계대전 이외에도 수를 헤아리기 어려운 국지적인 전쟁들이 있었습니다. 어쩌면 우리는 21세기도 전쟁의 세기로 기억하게 될지 모릅니다. 2001년 9월 11일 미국 무역빌딩에 대한 테러공격 이후 미국 정부는 이라크를 침공했습니다. 국내외 양심 있는 언론인, 지식인, 문학인들이 이라크에 대한 미국 전쟁의 참상을 전해주었습니다. 이것은 또 하나의 끔찍한 전쟁입니다. 이라크에 대한 미국 전쟁에서 적(敵)은 이라크라는 국민국가나 테러행위를 한 자들만이 아니었습니다. 미국은 이 전쟁이 '악'에 대한 전쟁임을 분명히 했습니다. 악이라니요. 누가, 무엇이 악인가요? 악을 규정하는 일은 매우 신중해야 하며 그렇기에 어려운 일입니다. 하지만 우리는 미국 정부가 전쟁을 일으킨 이후 미국 내에서 전쟁에 반대하는 다양한 사람들이나 이슬람인들이 '악'으로 규정되는 모습을 확인했습니다. '악'과 같은 추상적인 것이 적으로 정의되는 순간 다른 국가와 국민뿐만 아니라 내국민도 적이 될 수 있습니다. 이제 적은 국민국가 안팎을 가리지 않고 존재하게 됩니다. 이렇듯 우리는 언제라도 국민들이 (정부가 규정한) 적이 될 수 있는 '전쟁의 시대'에 살고 있습니다.

한국 정부도 이 전쟁의 당사자입니다. 2003년 한국 정부는 이라크에 대량살상무기가 있는지 없는지 확인되지 않았음에도 미국 정부가 일으킨 전쟁에 국익의 이름으로 파병을 결정했고, 의회에서 이것이 통과되었습니다. 수많은 시민들이 국회 앞, 도심에서 연일 집회를 열었지만 정부와 일부 국회의원들은 묵묵부답이었습니다. 정부는 고(故) 김선일 씨가 납치되었음에도 파병 결정을 중단하지 않았습니다. 오히려 정부는 국민들을 '잠재적 테러행위자들'로 여기며 지하철에서 쓰레기통을 치우고, (도무지 정의할 수 없는) '이상한' 사람들을 신고하라며 '테러방지법'을 통과시키려 하였습니다. 놀랍게도 이 모습은 미국 정부가 내국민에게 보인 태도와 너무 흡사합니다.

저 또한 전쟁과 파병에 반대하는 이 수많은 사람들 속에 있었으며, 대학학생회 집행부로서 전쟁반대 일일휴교 집회를 준비하고 연일 거리로 나갔습니다. 하지만 이후 한국군은 파병되었습니다. 또한 이라크에 대량살상무기가 없다는 사실도 확인되어 미국 정부의 거짓이 드러났습니다. 그럼에도 한국 정부와 파병에 찬성한 사람들은 사과하지 않았고 자신의 잘못을 책임지지 않았습니다. 참으로 분노할 일입니다.

> 군대는
> '전쟁을 막기 위한 기구'가
> 아닙니다.
> 군대는 전쟁을
> 생산하는 기구입니다

군대는 이러한 전쟁을 준비하는 국가기구입니다. 실제 전쟁이 발생하지 않아도 군대는 전쟁이 발생했다는 가상의 전제 위에서 전쟁을 준비하는 군사훈련을 실행합니다. 그렇기에 군대는 '전쟁을 막기 위한 기구'가 아닙니다. 군대는 전쟁을 생산하는 기구입니다. 저는 이러한 군대에 입영할 수 없습니다. 이것은 '전쟁의 시대'라는 감옥 속에서 수인(囚人)으로 살아가는 것이 아니라 자유인으로 살아가기 위한 절박하고도 피할 수 없는 선택입니다.

전쟁은 민주주의와 양립할 수 없습니다

전쟁은 민주주의와 양립할 수 없습니다. 전쟁은 민주주의의 즉각적인 유보입니다. 대한민국 헌법 제5조는 '대한민국은 국제평화의 유지에 노력하고 침략적 전쟁을 부인한다'라고 명시하고 있습니다. 지난 베트남에 대한 미국의 전쟁과 이라크에 대한 미국의 전쟁에 참여를 결정한 한국 정부는 모두 헌법을 위반했습니다. 왜냐하면 불가피한 최후의 방어가 아닌 전쟁은 모두 침략전쟁이기 때문입니다. 게다가 이라크에 대한 미국의 전쟁은 '예방과 선제 공격'임을 명확히 했기에 더욱더 큰 문제입니다. 이러한 전쟁이 침략전쟁이 아니라면 무엇이 침략전쟁입니까? 그럼에도 이 위헌 결정에 대한 책임 문제는 해결되지 않고 남아 있습니다. 정부는 헌법을 위반함으로써 민주주의를 훼손시켰음에도 말입니다. 이것이 바로 잡히지 않는다면 한국의 헌법은 아무런 힘도 발휘할 수 없을 것입니다. 그리고 민주주의는 실현되지 않고 항상 미뤄진 상태일 것입니다. 저는 이렇게 침략전쟁에 참여했음에도 아무런 역사적 사회적 정치적 의미의 사과도 하지 않고, 책임도 지지 않는 정부의 군대에 입영할 수 없습니다. 이 또한 우리의 민주주의를 지키기 위한 절박한 선택입니다.

민주주의는 제헌권력입니다

지난 2004년 8월 26일 헌법재판소의 '병역법 제88조 제1항 제1호 위헌제청'의 판결과 2004년 7월 15일 대법원의 '양심에 따른 병역거부에 대한 대법원 판결'로 한국의 민주주의는 다시 한 번 유예되었습니다. 저는 '국방의 의무'가 '양심의 자유'보다 우선한다는 헌법재판소와 대법원의 국가주의적 판결에 깊은 상심에 빠졌습니다. 이런 판결이 지속된다면 헌법에서 보장하고 있는 국민의 자유는 항상 국가주의적 판단에 의해 뒤로 밀려날 수밖에 없는 것입니다. 헌법을 만드는 사람은 누구인가요? 제정되어 성문화된 헌법보다 더 중요한 것은 헌법을 만드는 국민들의 행위 아닐까요? 한국의 헌법 제1조 2항은 '대한민국의 주권은 국민에게 있고, 모든 권력은 국민으로부터 나온다'라고 명시하여 헌법을 만드는 원천으로서의 권력, 즉 제헌(制憲)권력이 국민에게 있음을 천명하고 있습니다. 제정·성문화된 헌법은 항상 이 제헌권력에 의해 변경될 수 있다는 점에서 일시적인 것일 수밖에 없는 것이 아닌가요? 재판부는 헌법 제39조 1항이 '모든 국민은 법률이 정하는 바에 의하여 국방의 의무를 진다'는 조항에 근거하여 이 점도 중시한 것이라고 말할지 모르겠습니다. 하지만 국방의 의무도 국민의 양심의 자유보다 우선할 수 없는 것이 아닌가요? 국민이 존재하지 않는다면 국방의 의무도 국가도 사라지기 때문에 항상 우선시되어야 하는 것은 국민의 의사가 아닌가요? 이것이 민주주의의 원리가 아닌가요?

　최근 저는 또 한 번 참담한 소식을 들었습니다. 그것은 국방부의 발표입니다. 2008년 12월 24일 국방부는 실질적으로 '대체복무제도 백지화' 발표를 하였습니다. 국방부는 헌법재판소, 대법원, 국가인권위원회의 '국방의 의무와 양심의 자유가 충돌하여 발생하는 문제를 조화롭게 해결할 수 있는 방법을 찾아야 한다'는 권고도 무시한 채 대체복무제도 백지화 발표를 하였습니다. 설문조사 과정을 거친 발표라고 하였지만 최근 언론기사에 의하면, 국방부는 설문조사와는 아무 상관없이 대체복무제도 도입을 반대하는 입장이었음을 알 수 있습니다. 대체복무제도는 개헌을 하지 않고서도 추가 입법을 통해서만 도입할 수 있는 제도이며 외국의 다양한 대체복무제도와 그 도입 과정에 관한 사례들이 국내에도 여러 차례 소개되었습니다. 이런 기초적인 제도조차도 한국에서는 도입될 수 없는 위기에 처해 있습니다. 이것이 의미하는 바가 무엇일까요? 아직 한국의 민주주의가 가야 할 길이 멀다는 점을 말해줍니다. 한편으로는 오늘 이 땅을 사는 사람들이 민주주의를 위해 더욱더 많은 고민과 실천을 해야 한다는 것을 시사하는 것이기도 할 테지요.

　이상이 부모님이 흘리시는 눈물에 제 가슴이 찢기는 것 같은 고통에도 불구하고 병역거부를 선택한 이유입니다. 아마 이 고통은 지난 수십년 간 양심에 따른 병역거부를 한 분들과 그들의 가족, 연인, 친구 그리고 그밖에 뜻을 같이하는 사람들과 같은 것이겠지요. 부모님께 진심으로 죄송하다는 말씀을 드리며, 수십년 간 쌓인 양심에 따른 병역거부자들의 고통들을 위로합니다. 그리고 우리들의 한 걸음이 민주주의로 가는 즐거운 한 걸음이라고 믿습니다.

2009. 1. 6 병역거부선언

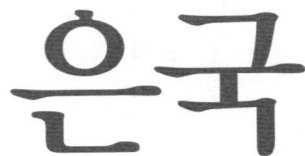

어쩌다 나는 감옥에 가는가

초등학교 때 의무적으로 국군아저씨에게 편지를 쓰는 시간이 있었다. "추운 날씨에도 나라를 지켜주시느라 고생이 많으세요. 힘내세요"라고 썼다. 다른 아이들과 마찬가지로 나에게도 군인 아저씨는 늠름하고 씩씩한 우리의 수호자였다. 이러한 생각은 중고등학교를 다닐 때까지도 변함이 없었다. 고등학교 때에는 이왕 군인이 되려면 가장 강하다는 해병이 되어야겠다고 생각했고, 열아홉 살 때 받은 군대 신체검사에서는 1급을 받고 내심 기쁜 마음이 들었다. 나는 나라에서 보증하는 튼튼한 1급 남자였다.

엉뚱하기는 하지만 어디까지나 모범생이었던 내가 대학교 때 선배들을 따라가서 본 집회는 큰 충격이었다. 전경들과 몸싸움을 하다니! 그들은 경찰이 아닌가? 저래도 되는 건가? 하는 의문이 들었고 집회를 다녀와서는 이불 속에 들어가서 몸을 벌벌 떨었다. 대단한 범죄를 저지른 듯한 두려움 때문이었다. 하지만 본격적으로 학생 운동을 시작한 후로 공권력은 언제나 나와 반대편에 있었다. 그들은 법질서를 지킨다며 해고당한 노동자와 농민, 철거민, 장애인과 같은 사회적 약자들의 목소리를 몽둥이와 방패로 끝없이 진압했다. 법과 공권력은 언제나 가진 자들의 편이며 이 자유민주주의라는 나라는 약육강식의 정글과 다르지 않았다. 하지만 그때까지만 해도 나는 전투경찰은 절대 하지 않을 거라고만 생각했지 병역 자체를 거부하겠다고 진지하게 생각하지는 않았다.

그 당시 내 머릿속에는 "가장 억압받은 자에게 가장 먼저 연대하라"는 말이 항상 빙빙 돌았다. 지금 생각해보면 책임질 수도 없는 거대한 이야기이지만, 나는 그 말에 매료되었다. 2003년 3월, 그 말은 나를 이라크의 수도 바그다드에까지 가게 했다. 그때 바그다드에는 미국의 이라크 침공을 막기 위해 전 세계의 반전 운동가들이 몰려들었는데 나도 그 중의 하나였다. 침공이 시작되더라도 끝까지 이라크에 남아 있겠다고 다짐했지만, 미국의 선전포고가 발표되고 난 후 나는 바그다드를 빠져나왔다. 침공이 기정사실이 된 상황에서 이라크에 머무르는 것보다 한국에 돌아와서 전쟁 반대와 한국군 파병 반대 여론을 만드는 것도 차선이 될 수 있을 거라고 스스로를 위안했지만, 끝까지 이라크에 남아 있지 못한 것에 대해서 부끄러웠다.

그리고 침공이 시작되었다. 집들은 무너져내렸고 사람들은 마구 죽어갔다. 총에 맞아 죽고 폭탄에 터져 죽고 건물에 깔려 죽었다. 나는 TV을 볼 수가 없었다. 내가 도망쳐 나온 곳에서, 도망쳐 나오지 못한 사람들이 죽어가고 있었다. 아무도 이 학살을 멈출 수 없었고, 심지어 한국군의 이라크 파병조차도 막을 수 없었다. 국익을 위해서 미국의 날강도질에 후방 지원을 하다니. 이것은 결코 용서할 수 없는 범죄행위였다. 그때 나는 마음먹었다. 이런 전범국의 나라에서 병역을 이행하지 않겠다고. 나는 부조리한 세상을 바꿀 아무런 힘이 없지만, 적어도 이런 부조리를 강화시키는 행위는 하지 말아야겠다고 다짐했다. 이라크 파병을 선택한 이 나라 정부는 나에게 국방의 의무를 요구할 권위를 잃어버린 것이다.

"가장 억압받은 자에게 가장 먼저 연대하라"

같은 해 5월, 나는 팔레스타인에 있었다. 이라크 반전 운동을 계기로 국제 평화 운동에 눈이 떠진 것이다. 한 달간 머무른 팔레스타인에서 죽음은 항상 나와 가까이 있었다. 마을에서는 늘 곳곳의 이스라엘 저격수들이 우리를 주시하고 있었고 테러리스트를 색출한다는 검문소에서는 여권을 요구하며 총을 들이밀었다. 장전된 총에 조준되어본 적이 있는가? 그것은 오줌이 지리고 온 몸이 얼어붙어 숨쉬기가 어려운 공포였다. 한 밤 중에는 폭탄이 떨어져서 땅이 흔들렸고 탱크소리와 장갑차 소리, 총소리가 들려왔다. 여기서 죽지 않고 살아 돌아갈 수 있을까? 팔레스타인은 거대한 홀로코스트 수용소였다.

수십 년 동안 그리고 지금까지도 이스라엘은 나치에게 그들이 당한 그 방식 그대로 팔레스타인을 압살해가고 있었다. 이러한 아이러니를 어떻게 설명할 수 있을까? 이것이 내가 팔레스타인에서 돌아와 가지게 된 의문이었다. 그리고 그 의문에 대한 현재까지의 나의 결론은 "모든 권력의 집중은 악이다"라는 것이다. 예전의 나치나 지금의 이스라엘의 공통점은 막강한 군사력을 가지고 있다는 점이었다. 그것은 누가 가지고 있든지 간에 매우 위험한 것이며, 필연적으로 상대적 약자를 지배하는 구조가 형성된다. 따라서 나는 모든 권력의 집중에 반대하는 것이 궁극적인 해결책이라고 생각하게 되었다.

나는 무조건적인 비폭력주의자는 아니다. 폭력은 맥락적으로 판단되어야 하며 자기 자신을 지키기 위한 방어는 필요하다. 군대의 원칙적인 존재 이유 역시 나라를 방어하는 것이었지만, 예전의 베트남 파병, 그리고 지난 이라크 파병은 나라를 방어하는 본연의 임무를 떠난 범죄행위였다. 이러한 범죄행위에 대한 반성이 없는 정부가 국방의 의무를 요구하는 것은 수용할 수 없다. 또한 지금과 같은 한국의 군사력 확대주의는 평화가 아니라 무력 충돌과 전쟁 위험성을 높이는 데에 기여할 뿐이라고 생각한다. 병역거부가 군사력을 약화시키고 나라를 위험하게 만드는 범죄행위라고 생각하는 사람이 대다수지만, 나는 군사력 축소가 전쟁을 방지하는 진정한 길이라고 믿는다.

나는 이러한 신념에 따라서 병역을 거부한다. 이 세상에는 다양한 의견을 가진 사람들이 함께 살고 있다. 나는 각자의 신념에 따라서 병역의 의무를 이행한 사람들과 군사력 강화를 주장하는 사람들의 의견을 존중한다. 그들은 평화를 이루기 위한 방법론이 나와 다른 것뿐이다. 하지만 그들과 다른 나의 신념에 따른 행동에 대해서 실형을 선고하는 지금의 법은, 민주사회의 다양성을 파괴하고 개인의 사상과 신념의 자유를 억압하는 범죄를 저지르고 있다. 동의할 수 없는 강제 징집과 감옥행 중에 한 가지만을 고르라는 하는 것은 협박에 가까운 국가폭력이다. 이러한 협박에 굴하지 않는 것은 내 자신과 이 사회 모두를 더욱 건강하게 만드는 선택일 것이다. 또한 나는 생명을 보살피는 의료인의 한 사람으로서 군사력 확대를 반대하고 모든 종류의 전쟁을 거부하는 것이 병을 치료하는 행위와 다르지 않다고 믿는다.

2009. 2. 19 병역거부선언

하동기

예수의 걸음을 따라

선언
어떠한 전쟁도 사람을 살릴 수 없습니다. 어떤 목적을 가진 전쟁이라고 하더라도 그것은 사랑의 표현이 될 수 없습니다. 누군가는 자신을 지키기 위한 전쟁을, 혹은 평화를 얻기 위한 전쟁을 주장하지만 어떠한 전쟁도 모든 사람을 지킬 수 없으며, 어떠한 전쟁도 진정한 평화를 보장하지 못합니다. 그래서 저는 모든 전쟁에 반대합니다.

만남
2005년에 인권위원회에서 국방부와 국회에 대체복무제를 인정하라고 권고했을 때, 가장 크게 반발한 단체 중 하나가 '한국기독교총연합회'라는 개신교 조직이었습니다. 저는 이 단체의 주장을 이해할 수 없었습니다. 제가 만난 예수께서는 '이웃을 사랑하라'고 했는데, 이 단체는 적을 상정하고 그들을 찌르고 쏘는 훈련을 통해 이웃 사랑이 아닌 이웃 파괴를 자행하는 군대에 갈 수 없다는 사람들의 신념을 인정할 수 없다고 말했습니다. 전 이 이야기가 예수의 삶을 따르노라고 목이 터져라 주장하는 사람들이 하는 이야기라고 생각할 수 없었습니다. 이 소식을 접하고 나서야 '양심적 병역거부자'라고 불리는 이들의 주장을 알게 되었습니다. 그리고 그들의 입장을 지지하기로 마음먹었습니다.

현실

그때부터 시작된 병역거부에 대한 고민은 2006년 미군기지 확장을 위해서 주민들의 토지를 강제로 수용하던 평택에 갔을 때 제게도 현실화되었습니다. 고통받는 현실에 놓인 사람들과 같이 있는 것이 가장 가치 있는 것이라고 믿으며 찾았던 평택의 땅에서 만난 것은 국가의 권력이라는 것, 그리고 군사력이라는 것이 사람들을 얼마나 고통스럽게 하는지 알게 하는 사건이었습니다. 그곳에 있던 군인들과 경찰들의 눈빛은 분노와 증오의 감정에 휩싸여 있었습니다. 그 자리를 지키고자 했던 나를 분노의 눈길로 쳐다보던 몇몇 경찰들이 꼭 내 친구인 것 같았고, 내 선후배인 것 같았습니다. 그들이 내뿜는 분노의 기운은 결코 그들의 성품에서 기인하지 않았습니다. 국가라는 이름, 혹은 권력이라는 이름은 그들을 강제로 자신들의 세력에 편입시켜 그들로 하여금 폭력을 행사하게 하고 그 폭력이 정당하다고 말하게 했습니다. 스무 살 남짓의 청년들을 일선에 내세우고 그들의 뒤에 선 간부급의 사람은 "X소대, 너희 동료가 맞고 있다. 가만히 보고만 있을 건가!"라며 폭력을 선동했습니다. 그들에게 맞선 사람들은 총칼도 들고 있지 않은, 그저 여기에 사는 주민들이 쫓겨나야 한다는 사실을 믿을 수 없어 주민들을 쫓아내지 말라고 주장하는 사람들일 뿐인데도 이들을 때려잡지 못해 안달인 것처럼 보였습니다. 흥분한 전경들은 돌을 던져 창문을 깼고, 그 돌은 제 머리 바로 위에 날아와 벽을 때렸습니다. 누군가는

그 작은 전쟁을 경험하면서 폭력의 사용을 강제하는 국가의 요구에 응답하지 않기로 결심했습니다

방패에 맞아서, 누군가는 돌에 맞아서, 누군가는 곤봉에 맞아서 피를 흘리며 그 자리를 벗어났습니다. 내 친구와 같은, 내 선후배와 같은 전경들도 흥분한 시위대의 폭력에 피를 흘리며 그 자리를 떠났습니다. 그 작은 전쟁을 경험하면서 폭력의 사용을 강제하는 국가의 요구에 응답하지 않기로 결심했습니다.

고백

교회라는 공간에서 목사님의 설교를 이해할 수 있게 된 초등학교 4학년 시절부터 저의 꿈은 '목사'가 되는 것이었습니다. 교회에 더욱 열심히 출석했고, 성경도 열심히 읽었으며, 예수님과 닮은 삶을 살 수 있기를 항상 기도했습니다. 시간이 흐르고 '신학'을 공부하는 곳에 입학을 했고, 신학을 배우면서 예

수님을 닮아가려면 '어떻게' 살아야 할까를 고민하기 시작했습니다. 신학을 공부하면서, 성경을 읽으면서 만난 예수님께서 제게 항상 하셨던 말씀은 '이웃을 사랑하라'는 것이었습니다. 그 이웃에 대한 사랑은 그저 곁에 다가가 사랑한다고 속삭이라는 의미가 아니라, 헐벗고 고통받는 이웃에게 다가가 그와 함께 있으면서 그 아픔을 함께 나누라는 의미였습니다. 또한 누구도 이러한 아픔과 고통에 내몰리지 않도록 세상을 바꾸어나가라는 이야기였습니다. 더욱 이 말씀이 와 닿았던 것은 내게 말씀하신 '이웃'이라는 존재가 내가 알고 있는, 혹은 사랑할 수 있는 사람들만을 가리키는 것이 아니라 '원수'라고 불리는 존재들까지 포괄하고 있었기 때문입니다.

하지만 제가 살아가고 있는 세상에서는, 이 세상의 군대에서는 그 사랑을 말하기보다는 분쟁과 폭력을 이야기합니다. 하나님께서 사랑하시는 사람들을 적으로 상정하고 그들의 목숨을 뺏는 방법과 효과적으로 그들을 타격하는 법을 가르칩니다. 제가 신앙하는 예수님은 제가 그런 자리에 가도록 허락하지 않습니다. 예수께서 그러하셨듯이 국가와 권력의 폭력에 휩쓸려 죽음의 자리에 이를지언정 묵묵히 자신의 길을, 평화의 길을 걸어가야 한다고 말씀하십니다. 예수께서 가르치셨던 기도문에 나오는 것처럼, 하나님의 나라가 이 땅 위에 이루어지도록 이 길을 걸어가야 한다고 말입니다.

믿음

인생의 한 걸음이라도 예수께서 가셨던 길을 따라서, 내게 보여주셨던 평화와 사랑의 걸음을 걷는 것이야말로 저의 인생에 있어 최고의 가치입니다. 그리고 그 걸음에 언제나 예수께서 함께하실 것이라고 믿어 의심하지 않습니다.

2009. 7. 7 병역거부선언

백승덕

한국에서 신성시되는 병역을 거부한다는 것은 조사받고, 감옥에 갇히고, 전과자로 낙인찍히는 것을 의미함을 잘 알고 있습니다. 출소 후에도 '병역거부자'라는 낙인은 따가운 시선과 함께 줄곧 따라다닐 것입니다. 이 사실은 한동안 저를 괴롭게 했습니다. '병역을 거부한다고 무엇이 바뀔까?' 스스로에게 이런 질문을 하며 어떻게든 회피할 변명을 찾고만 싶었습니다. 그렇지만 결국 저는 병역을 거부합니다.

중학교 2학년 때 아버지가 운영하던 회사가 부도난 후 아버지는 두 번의 구치소 생활을 해야 했습니다. 어머니가 나와 내 동생의 학비와 생활비를 책임졌지만 우리는 월세 방을 전전해야 했습니다. 연대 보증으로 묶인 친척들의 삶 역시 마찬가지로 곤두박질쳤습니다. 우린 모두 가난해져야만 했습니다. 모 대기업이 부도유예의 혜택을 받는 동안, 그 회사의 하청을 받던 아버지 회사는 지급받기로 한 어음이 휴지조각이 되는 참담한 상황에 놓였습니다. 그것은 저와 저의 친척들의 삶을 송두리째 바꿔놓았습니다.

이런 가족사가 그리 특이한 것은 아닙니다. 당시 위기라며 국가가 나서 '고통분담'을 외치던 우리 사회에서 이러한 예는 너무나 흔했습니다. 언론 등에서 대기업들의 판매실적이 사상 최고라는 보도가 흘러나오기 시작했지만 그것은 어디까지나 그들의 축제에 불과했습니다. 위기라던 시기에 해고된 노동자나 부도난 영세자영업자들의 희생은 능력이 뛰어나지 못하다고 여겨지는 이들이 감내해야 할 당연한 것처럼 요구되었습니다. 당시 제가 인식하던 사회는 냉혹한 생존경쟁의 전쟁터였습니다. 개인적인 성공만이 이 진창에서 벗어나게 해줄 것이라고 생각했습니다.

우연히 친구의 손에 이끌려 가입했던 가톨릭학생회는 그런 저를 변화시켰습니다. 저는 점차 그곳에 스며들었습니다. 의도치 않게 대학생활 전부를 가톨릭학생회에서 보내게 되었고 그 안에서 관계의 소중함을 배웠습니다. '나와 너', '우리와 그들'은 서로 떨어질 수 없는 관계 안에 살고 있다는 것을, 가톨릭학생회는 제게 가르쳐줬습니다. 혼자서 살아남아야 한다는 조급증이 서서히 녹아내리는 기분이었습니다. 가톨릭학생회는 제게 예수라는 이가 누구인지, 그를 따른다는 것이 무엇을 의미하는지 가르쳐주었습니다. 누군가가 일부러 가르친 것은 아니었습니다. 가톨릭학생회에서 사람들과 부대끼며 보낸 시간들 그 자체가 복음, 즉 예수가 선포한 '기쁜 소식'을 이해하는 과정이었을 뿐입니다.

'기쁜 소식'은 이렇게 선포합니다. "행복하여라, 가난한 사람들! 하느님의 나라가 너희 것이다."(루카 6,20) '기쁜 소식'은 가난하고 소외된 이들로 하여금 잔치의 주인이 되도록 요청합니다. 또한 예수는 불의한 권력에 타협하지 않고 저항함으로써 그의 사랑이 값싼 동정이 아님을 몸소 보여줬습니다. 사회에서 당연하게 배제되었던 이들은 예수의 '기쁜 소식'으로 관계의 연대를 통해 그들 삶의 주인이 되도록 초대받은 것입니다. 그를 알며, 이렇게 주님의 정의가 바로선 그 사회에 평화가 입을 맞추듯 함께할 것(시편 85,11)이라 믿게 되었습니다. 그러나 불행히도 우리의 현실은 '기쁜 소식'과는 머나먼 다른 세계입니다.

우리 사회는 정반대의 암담한 현실 속에 놓여 있습니다. 한국의 국가권력은 가난하고 소외된 이들일수록 의무만을 강제하면서 정작 더 많이 가진 이들의 이익에만 봉사하고 있습니다. 용산 참사, 쌍용차 문제 등이 그것이 명시적으로 드러난 예입니다. 더욱이 경제적으로 어려운 시기일수록 고통분담은 가난한 이들에게 전가되고 폭력은 약자에게 분풀이처럼 행해집니다. 용산 참사와 쌍용차 문제에서 드러난 것처럼, 가난하고 소외된 이들의 "살고 싶다"라는 목소리는 침묵을 요구하는 탄압에 묵살되기 십상입니다. 가난하고 소외된 이들은 단지 유리 알갱이처럼 개인으로 흩어져 이 상황을 감내하고 순응하는 일만을 요구받는 것이 현실입니다.

한국의 국가권력은 탄압하며 늘 이렇게 변명합니다. "우리는 전시상황이다." 실상 우리 사회는 마치 두 개의 전쟁을 치루고 있는 것처럼 보입니다. 하나는 남북 간의 대치, 다른 하나는 경제 전쟁입니다. 두 가지 형태의 전시상황은 늘 국가권력의 탄압을 정당화하는 명분처럼 자리잡아 버렸습니다. 분단과 산업화를 거치며 늘 풀릴 기미가 없는 오래되고 단단한 명분입니다.

저는 이것을 완전히 부정할 생각은 없습니다. 현실의 대치와 경쟁을 눈감아버린다고 평화와 연대의 길로 들어설 것이라고 믿는 것은 더더욱 아닙니다. 우리는 분명 대치와 경쟁의 현실 위에서 살아가고 있습니다. 그러나 모순된 현실에 대해 눈감을 수는 없는 것 또한 사실입니다. 왜 항상 억눌리는 이들은 정해져 있습니까? 전시상황이라면, 위기라면, 응당 대치와 경쟁을 완화해가려는 노력이 있어야 하지 않겠습니까? 그러나 현 국가권력은 대치와 경쟁을 더욱 부추기고만 있다는 것이 통탄할 일입니다. 저항 없는 순응만이 있다면 딱히 이 상황이 나쁠 것도 없는 그들입니다. 지금 여기에서 예수를 따르겠다고 고백한 그리스도인으로서 저는 이 현실에 대해 진지하게 고민하지 않을 수 없습니다.

언제나 위기를 변명삼아 가난하고 소외된 이들의 목소리를 탄압하는 데에만 열심인 국가권력의 모순을 고발하고자 병역거부를 선택했습니다

한국의 군대는 이러한 국가권력의 편협함을 노골적으로 드러내고 있습니다. 2007년 국방부에서 도입하겠다고 발표한 대체복무제를 2008년 12월 국방부 스스로 백지화한 것은 대표적인 예입니다. 개인의 신념과 자유에 대한 최소한의 보장조차 고려하지 않은 채 무조건 감옥에 보내겠다는 국방부의 '국방의 의무'는 너무나도 편협할 뿐입니다. 게다가 최근 물의를 일으켰던 '불온도서 선정'을 통해서 국방부는 스스로의 정치적 편향성을 고백하고 말았습니다. 국방의 의무를 다하겠노라고 입영한 젊은이들에게 "주변에서 집회에 참가하는 이들이 있으면 이름을 써라"라고 요구하는 것은 또 어떻습니까?

저는 국가권력이 항상 '위기'라는 것을 변명으로만 이용할 뿐 기본적인 자유와 사회 안전망을 보장할 자신의 역할은 기피하는 현실이 모순적이라고 판단합니다. 이 모순에 군대를 운영하는 이들의 정치적 편향성이 큰 몫을 하고 있음을 우려하고 있습니다.

고민 끝에 저는 일방적으로 부과된 의무에 단순히 동원되는 것으로는 아무 것도 바꿀 수가 없다는 결론을 내리게 되었습니다. 언제나 위기를 변명

삼아 가난하고 소외된 이들의 목소리를 탄압하는 데에만 열심인 국가권력의 모순을 고발하고자 병역거부를 선택했습니다. 이 저항을 통해, 의무와 순응 그리고 동원을 당연시하는 국가의 성찰을 요구하고자 합니다. "우리는 전시 상황이다"라며 모든 것을 덮어버리려는 시도 앞에 "우리는 쓰고 버리는 일회용이 아니다!"라고 외치고자 합니다. 비록 기대할 수 있는 것이 크지 않은 저항일지라도 포기해야 할 만큼 작은 저항은 아닐 것이기에, 병역을 거부하고자 합니다.

2009. 9. 7 병역거부선언

이정식

소견서를 작성하기에 앞서 진술이라는 사전적 의미 — 법률적인 민사소송에서 사실에 대한 지식을 보고하고 알리는 일 — 가 가지는 법(法)이 드러낼 수 있는 국가적 권력의 강제적이고 통치적 — 사람이 사람을 통치하는 현실 — 인 무겁고 엄격함 따위는 엄두에 두고 글을 쓰지 않았어. 자기 진실의 가장 성실한 진술이 문학적 행위라면 칼리오페(그리스 신화에 나오는 아홉 뮤즈의 우두머리, 서사시 혹은 서정시를 관장)를 위하여 고백적인 글을 써야겠다고 생각했지.

폭력의 반대는 무엇인가?
1차원적인 어휘력을 가진 이들은 평화라고 대답하겠지. 나는 폭력의 반대는 침묵이라고 생각했어. 폭력과 평화란 종속되고 상호 보완적인 관계라서 단어적인 차이를 두려는 건 말장난에 불과해. 폭력적이든 평화적이든 사회의 외부에 떠다니는 건 암묵적인 일시적 합의, 언제 폭발해도 자연스러운 거대한 핵에너지다. 비둘기가 평화의 상징이라던데.

　　　날개 밑에 수많은 박테리아를 거느리고 도시에 오물을 투척하는 고깃덩어리 말이야. 비둘기 시체를 본적 있나? 아스팔트 도로 위에서 멍청하게 부리질만 하다가 지나가던 차 타이어에 휘말려 들어가서 괴상하게 비틀려진 날개 하며, 심장에서 숨이 가냘프게 빠져나가는 모습이 평화의 고상한 모습이고, 그것을 목격하고 당황하고 혐오감을 느끼며 방치해두고 지나가는 사람들도 평화의 우아한 취미지. 위 문장에서 평화를 폭력이라는 단어로 바꿔 읽어봐. 어색함이 없어. 역사에서 반복되는 두 단어 사이엔 여백이 있을 수 없다는 사실의 반증이지. 그런데 왜 폭력의 반대는 침묵이냐고? 그건 병역거부 사실에 대한 기록과는 관계없으니까 내 입 만 아파. 다른 질문을 던져보자고.

군대라는 집단의 존속 필요성은 무엇인가?

나에게 남북 분단 현실의 문제를 거들먹거리는 답을 들으리란 기대는 버리라고. 그건 최대한으로 저급할 수 있는 표현보다 더 밑바닥이니까. 그건 군대라는 집단의 권력 유지를 위해서 표면적으로 사람들에게 설명한, 이해하기 쉬운 하나의 현실적인 단면에 불과하거든.

매년 소비되는 국방비를 비교해 봐. 국가의 경제력과 비례할 수치라면 그래프로 그려서 확인할 필요까진 없을 거야. 상식이라는 게 있다면 말이지. 더구나 이미 북한의 정치 체제는 내부에서 은밀하게 붕괴하고 있다고 보는 게 설득력이 있지. 다만 국가 권력의 필요성은 국민을 위해서 최소한으로 사회 질서 유지를 위해서만 존재해야 하는데 그렇다면 편재하는 모든 권력은 정당성도 없고 불합리하거든. 그래서 언론을 통해 드러나고 그에 따라 조성되는 불안감, 공포, 두려움 따위는 정치인들이 가장 좋아하는 먹이지. 권력을 합리화시키고 민중을 납득시켜야 마음 놓고 비리를 저지를 테니까. 아주 효과적인 연극 무대

> 병역의 의무?
> 인간적인 평등함이라곤
> 찾아 볼 수 없는 자본주의가
> 민주주의를 내세우고
> 그 안에 숨어버렸지

지. 그렇게 생각하면 북한의 무력 도발이 얼마나 정치적일지 납득이 가?

전쟁이 일어난다면? 그건 핵무기가 국가의 권력을 과시하기 위한, 쓰이지 못하는 전시용일 뿐이란 걸 생각해보지 못한 아둔한 자의 불안감이야.

병역의 의무? 인간적인 평등함이라곤 찾아 볼 수 없는 자본주의가 민주주의를 내세우고 그 안에 숨어버렸지. 개인의 양심, 신념에 따른 선택이라고 말하는 건 너무 어리석은 태도야.

자본주의에서 법이 개인의 자유를 철저하게 말살해야 하는 파시스트로 변모하는 순간이거든. 집단이라는 부피에서 소수의 권력 유지를 위해 필요한 부품, 그것이 대체가능한 부품일지라도 시장경제에서 손해를 보는 일은 용납하기 어려운 거니까.

이제 법에 대한 의문이 남는다고?

법아, 너의 승리는 어디에 있느냐?("죽음아, 너의 승리는 어디에 있느냐?", 고린전도서 15:15) 내가 법에 대해 말할 수 있는 사실은 그것이 매우 훌륭한 교육자라는 거야. 비유를 통해서 우리들에게 역설과 모순에 대해서 효과적으로 납득시켜주거든. 가증스러운 건 그 놈이 때로는 지나치게 악랄함을 보인다는 거지. 신사적이고 차분한 어조의 위선자를 생각해 봐.

그런데 내가 애국심이 없다고 말하는 놈들을 보게.

나는 전쟁이 일어난다면 누구보다 먼저 총을 들고 적장에 뛰어든다고 고백할거야.

전쟁을 일으킨 이들이 체스게임을 즐기듯 여유롭게 감상자적인 태도를 취하고 있을 때 힘이 없는 아이와 여성, 노인들이 죽음 앞에서 유린된다고 생각하면 도저히 비겁함을 보일 수 있는 문제가 아니거든. 게임에선 인간의 죽음이 중요한 게 아니야. 경제적으로 이익을 보느냐 손해를 보느냐가 중요한 거지.

그런데 너무나도 단호한 내 병역거부 선택이 이해가 가지 않는다고?

역사적으로 자연이 인간에게 내린 죽음보다 인간이 인간에게 내린 죽음이 압도한 이래로 내가 정신병리학에 해당되는 상태라면, 이성이 마비되고 파괴에 대한 광기만이 남아 있는 잔인하게 분열된 정신적 세계를 구축했다면 군대라는 집단에 소속된다는 건 내게 큰 영광일거야. 그건 내가 미쳤다는 소리거든.

나는 아직 미치지 않아서 단테를 인용해서 글을 끝내려고 해.

"지옥의 가장 뜨거운 곳은 도덕적 위기의 시대에 중립을 지킨 자들을 위해 예약되어 있다."

난 도저히 이렇게 날카롭고 소름 돋는 표현을 못하겠어. 그래서 내 글이 무언가 아니꼬워 어린애 같이 불만을 가득 나열한, 주제 없는 혼란스러운 글이라고 생각한다면 큰 오산이야.

형사 조사를 받고 재판을 받기 전에 이미 법적 처분이 결정지어진 형식의 순리에 혼란스러움보다 더 적절한 표현 방식이 뭐가 있겠어.

2009. 10. 13 병역거부선언

현민

다음 세대를 위한 병역거부 길잡이

1. 오래된 고민을 끄집어내며

병역거부를 결심한 시기가 언제인지, 그 시작점을 꼬집어 말하기란 쉽지 않다. 야들야들하던 대학 초년생 시절, 결핍된 남성성에 대해 고민하면서 같은 시기에 가시화된 병역거부자의 존재에 가슴이 두근거렸다. 공교롭게도 내가 대학에 입학한 2001년은 오태양이 비(非)여호와의증인으로서 최초로 병역거부를 선언한 시기이기도 하다. 이라크전 반대 집회가 한창이던 2003년, 병역거부 선전물을 받아 읽고서 감정이 북받쳤던 기억도 떠오른다. 하지만 병역거부를 선언하는 시점에서 새삼 그때를 돌이키고자 하니, 아련하고 어색하다.

아련하고 어색한 데에는 까닭이 있다. 일단 시간이 적잖이 흘렀다. 사회적 신분도 달라졌다. 2001년의 신입생은 대학에 이어 대학원도 졸업해 사회학 석사가 됐다. 하지만 시간이 병역문제를 해결해줄 수는 없었다. 병역 문제의 잠복기가 길어질수록 증상은 더욱 선명해졌다. 마침내 외면할 수 없는 시기가 됐다. 하던 일을 정리하고, 올해 초부터 본격적으로 병역거부를 준비했다. '전쟁없는세상'의 모임에 참석해 활동가들과 안면을 익혔다. 그리고 지난 10월 입영통지를 받자 주변사람들에게 병역거부 의사를 밝혔다. 대개 이유를 꼬치꼬치 따지지 않고 지지해줬다. 궁금할 법도 한데. 만류할 법도 한데. 대단한 반향이 없자, 한편으론 섭섭한 마음이 들었다.

병역거부를 주제 삼아 토론하게 된 첫 번째 상대는 신림동 인쇄소 아저씨였다. 오늘 행사를 알리는 초대장을 찾으러갔을 때, 아저씨는 안타까운 기색을 비치며 이것저것 꼼꼼히 물었다. 예전부터 머릿속에 그려온 상황이었다. 하지만 그 순간 내 입에서 흘러나온 말은 볼품없고 식상했다. 병역거부관련 자료는 어지간히 봤다고 생각했는데, 소용이 없었다. 그후에도 비슷한 상황이 더 있었지만, 내 말이 헛돈다는 느낌은 가시지 않았다.

내가 지금까지 사람들을 설득하기 위해 시도한 방법은 다음과 같은 테두리를 벗어나지 못했다. 먼저 반(反)이명박 정서를 이용해 공감을 사는 방법이다. 노무현 정부가 정권 말기에 대체복무제 도입을 약속했는데, 2008년 12월 이명박 정부가 그것을 백지화했다는 점을 강조하는 것이다. 그리고 구체적 수치를 들어 한국사회의 후진성을 폭로하는 방식도 있다. 전 세계 병역거부 수감자 중 90% 이상이 한국인이며, 2010년 현재 전국 교도소에 700여 명이 수감되어 있다는 사실을 알리는 것이다. 치사하지만, 본인이 사회복지학과 출신임을 활용할 수도 있다. 상대방의 눈을 지긋이 바라보며 온화한 말씨로 군사훈련 대신 복지 영역에 복무하고 싶다고 하면 된다.

이처럼 안전한 언사를 사용할 수밖에 없는 맥락부터 설명하고자 한다. 나는 토론이 깊어질수록 자신을 방어하기 위해 아주 많은 정보가 필요하다고 느꼈다. 〈100분 토론〉에 나가 병역거부와 대체복무제의 찬성측 패널이 되는 상상을 해보았다. 맹자의 성선설부터 식민지 근대의 징병제 도입, 나아가 미국 오바마 행정부의 동아시아 군사 전략까지 학습해야 한다는 압박이 밀려왔다. 한국사회는 병역거부자(와 평화운동가)에게 인간의 본성부터 국민국가 이후 세계체제의 윤곽까지 답변하라고 채근하는 것이다.

또한 군사주의를 가지고 제대로 된 토론을 하기 위해서는 국가, 국민, 안보, 평화, 폭력 등과 같이 대화의 전제가 되는 개념을 문제삼아야 한다. 그런데 그러다보면 대화가 성립하지 않는다. 일상언어를 허물어뜨리면서 소통을 도모해야 한다는 이중의 난제가 있다. 하지만 이 또한 내 능력 밖이거나 대답해도 책임질 수 없는 것이 대부분이다. 때문에 어느 정도를 넘지 않는 말만 고르게 되었다. 자꾸 사회복지학과 이력을 꺼내 동정표를 사고 싶어졌다.

다른 한편으로 나는 앞에서 이야기한 내용을 잘 설명할 수 있게 된다고 해도, '나'의 병역거부를 설명하는 언어는 빈곤을 면치 못할 거란 예감이 있었다. 조심스레 고백하건대, 병역거부 당사자인 나는 위의 이야기 틀에 내가 병역거부를 결심하게 된 사연을 잘 담을 수 없어 마음이 허했다. 물론 이런저런 담론이 지닌 교육적 가치를 폄하하고 싶진 않다. 또한 우리는 이만큼의 언어를 벼르기 위해 운동한 역사를 간과해서도 안 된다.

그럼에도 불구하고 내게 기존의 언어는 몸을 보호하기 위해 입기는 하지만 사이즈가 잘 맞지 않는 외투처럼 어색하게 느껴졌다. 정작 내가 하고픈 이야기는 정치적 대의와는 먼 사소한 문제제기처럼 보였다. 그것이 정치적으로 올바른 병역거부자의 이미지와 배치될까 봐 덜컥 겁이 나기도 했다. 하지만 공과 사, 정치와 일상을 분리하는 경계는 허구적이었다. 그리고 내밀한 일상이야말로 내가 얼마만큼 권력에 사로잡혀 있는지가 확연히 드러나는 영역이었다. 어쩌면 우리가 덮어두고자 애쓰는 순간순간에 소수자의 삶과 공명할 수 있는 계기가 숨겨져 있는지도 모르겠다.

아무튼 지금부터 나는 이 자리에 모인 여러분과 더불어 군대에 대한 고민과 병역거부에 이르게 된 내밀한 사연을 나누고자 한다. 여기에는 나와 개인적 친분 때문에 온 사람이 있다. 반면 동료로서 활동에 결합하기 위해 온 사람이 있고, 단순히 병역거부자를 보려고 온 사람도 있다. 심지어 빨간 내복을 입고 우스꽝스런 춤을 추는 사내를 기대하는 사람도 있을 것이다(이 행사를 알리는 초대장 앞면에는 필자가 빨간 쫄쫄이 스판을 입고 하이킥을 날리는 그림이 그려져 있다). 병역을 기준으로 분류하면, 예비역, 면제자, 입영대상자, 병역에서 배제된 자가 다 있다. 참 다양한 사람들이 모였다.

나는 오늘 우리가 병역거부를 고민하는 자리를 함께 마련했다고 생각한다. 이제 여러분에게 사적인 개인이 괴로워하던 끝에, 괴로움의 원인이 권력임을 인식하고, 권력과 접촉면의 최대치에서 병역거부를 선언한 과정에 대해 허심탄회하게 이야기하고 싶다. 특히, 고생이라고는 용돈을 벌고 등록금을 보태는 정도였던 평범한 젊은이가 권력과 대면하며 겪었던 혼란에 대해 말하고 싶다.

2. 입문 단계 : 고통의 의미를 해석하기

먼저 병역거부를 상의하지 못한 점에 대해 주변사람들에게 양해를 구하고 싶다. 짐작했겠지만, 군대 때문에 우울했다. 대학 남자동기들이 하나둘씩 입대했을 때부터니, 제법 오래됐다. 식은땀에 흠뻑 젖어 잠에서 깬 적도 있다. 곁에 누워 자던 친구가 놀라서 깨운 적도 있다. 군대엔 가지도 않았는데 '엄살'이 심했다. 남들은 입대 직전이나 제대 후 십년 정도 그런 악몽을 꾼다고 했다.

정말 군대와 대면하고 싶지 않았다. 군복을 입고 총을 멘 자신의 모습을 상상할 수 없었다. 하지만 이유를 설명하고픈 욕구는 없었다. 왜냐하면 상상만 해도 감정에 압도되어 괴로웠기 때문이다. 그걸 피하는 게 우선이었다. "그냥 총을 들지 않겠다는 건데. 이게 국가안보를 위협하는 정치적 신념이라니. 소박한 바람에 가깝지 않나" 정도로 생각했다. 잊고 지내다보면 수가 생기지 않을까 싶었다. 가끔 주위에서도 "잘 되겠지"라고 했다. 당시에는 군대 문제가 나를 이 정도로 괴롭힐 줄 몰랐다.

대학을 졸업할 무렵에는, 우울이 방문하는 빈도가 잦아졌다. 진이 빠져 멍 때릴 때가 많았다. 사회에 대해 쉽게 분노하거나 막연히 변화를 기대하는 것은 순진한 생각이 되었다. "잘 되겠지"란 말을 들으면 짜증이 났다. 돌파구는 고사하고 실마리조차 막막했다. 성행위에 몰두하기도 했다. 실용성으로 볼 때, 탁월한 선택이었다. 성행위를 하면 몸에서 기운이 빠져나가고 아무 생각도 나지 않았다. 쉽게 잠들 수 있다. 물론 이것도 스트레스가 심하면 실행이 불가능했다.

시간이 흐를수록, 군대에 대한 두려움은 인생에 대한 두려움으로 번졌다. 통상 20대라면, 계획을 가지고 선택을 조합하면서 무언가를 해내겠다는 목표를 갖기 마련이다. 하지만 내겐 군대라는 장벽 때문에 30대 이후의 서사를 준비할 수 없었다. 취업, 결혼 등과 같은 '통과의례'를 실감할 수 없었다. 능동적으로 사는 게 아니라, 피동적으로 '살아진다'는 느낌 때문에 괴로웠다.

며칠 전 병역거부에 대해 털어놓자, 한 친구는 "왜 지금까지 한 번도 군대에 가지 않겠다고 말하지 않았어?"라고 질문했다. 간단하다. 군대에 가지 않으면 어떤 일이 발생하는지 알기 때문이다. 내가 처한 시대적 조건상 감옥행을 피할 순 없다. 군대 대신 감옥에 가겠다는 말을 하긴 힘들었다. 마음속의 혼란과 동요도 통제하지 못하면서, 병역거부란 단어를 입에 올릴 수는 없었다. 말이 씨가 될까 봐 두려웠다. 군대 못지않게 감옥도 두려웠다. 지금도 마찬가지다.

내 주변 사람들은 알고 있다. 나는 '군대', '입영' 등을 화제로 삼지 않는다. 주변 사람들도 내게 군대에 대해 묻지 않는다. 금기다. 따로 정하진 않았다. 하지만 언제부터인지 주변 사람들과 나 사이에는 그런 암묵적 규칙이 생겼다. 또한 군대 문제는 연인과의 관계에도 영향을 미쳤다. 나는 아무런 약속도 기약도 하지 않는 책임감 없는 애인 신세를 벗어나지 못했다. 2006년 봄에 교제를 시작했는데 2009년 봄이 될 때까지 군대 문제로 대화한 적이 없다. 단순 부재를 말하는 게 아니다. 직접 언급되진 않았지만 해결되지 않는 문제로서 군대는 항상 존재했다.

그렇다고 모든 상황에서 침묵을 지킬 수 있었던 것은 아니다. 통제할 수 없는 상황도 발생했다. 예컨대, 또래 남자나 나이 많은 형들과의 술자리에서 군대는 안주로 오르곤 했다. 그럴 때마다 나는 찰나의 공백도 허용하지 않고, 이야기를 쉴새없이 쏟아냈다. 이야기의 화살이 내 군대 문제로 돌아오지 않도록, 과장된 말투로 시간을 메우면서 대화의 방향을 은근슬쩍 다른 쪽으로 돌렸다. 역시 언제부터인지 모르겠지만, 이러한 임기응변에 능숙해졌다. 나는 그런 일을 잘했다.

하지만 이런 대처방식에는 부작용이 따른다. 내 일상을 구성하면서 내게 (군대 문제를 포함한) 조언과 충고를 아끼지 않는 사람들과의 관계가 굴절됐다. 그들의 성심과 선의에도 불구하고, 나는 그들에게 거리감을 갖게 된 것이다. 내겐 절박한 현실이 한국사회의 일상에는 들어설 여지가 없는 비현실이라는 점을 거듭 확인했다. 마음속의 군대가 커질수록, 고민을 나눌 수 없겠다는 확신도 커졌다. 그럴 때마다 관계에 대해 체념했다. 좋은 사람들에게 미안한 짓을 저지르고 말았다.

불쑥 용기를 내 말하고 싶었던 순간도 있었다. 하지만 내가 군대에 대해 말한다면, 입술이 제대로 떨어질지조차 의심스러웠다. 얼굴은 벌게지고, 목소리 톤은 조절되지 않고, 눈가엔 눈물이 맺히는 상황이 그려졌다. 그러면 나는 분위기를 망치는 이상한 사람이 될 것만 같았다. (실제로 그런 적도 있다) 안 그래도 '예민하다'('까다롭다'의 에두른 표현)란 말에 취약한데, 공연히 약점을 드러내어 이목을 끌고 싶진 않았다.

내가 보기에, 이런 장면은 특별하지 않다. 군대와 관련해서, 우리에게 익숙하고 평범한 일상이 내 20대의 대부분을 차지한다. 그런데 이런 소소한 일상의 풍경에도 권력이 스며들어 있다고 말한다면 지나친 주장일까. 물론 이러한 자리에는 고함도, 욕설도, 발길질도, 핏자국도 없다. 나쁜 의도를 가지고 권력을 행사하는 가해자를 지목하기도 힘들다. 하지만 그토록 '자연스런' 일상이었기에, 그곳에도 권력이 작동한다는 점을 깨닫기 어려웠다.

그랬기 때문에 가장 힘들었던 것은 내가 겪는 고통과 슬픔의 의미를 알 수 없었다는 점이다. 솔직히 나는 지금도 자신의 경험을 설명하기 위해 '고통', '슬픔', '권력' 같은 단어를 사용하는 게 낯설다. 나 같은 사람이 쓰라고 만든 단어가 아닌 것 같다. 군대와 관련해서, 내가 권력관계에 취약한지 의심스럽다. 물론 나는 학습을 통해 '국가폭력', '국민 만들기', '생권력' 등의 개념을 알고 있었다. 하지만 지금 겪는 곤란은 권력보다는, 내가 관계 맺기가 서툴고 미래가 요동치는 시시한 20대를 보내기 때문이 아닌가 생각하게 된다.

시인 이성복은 "나는 곱게 곱게 자라왔고 몇 개의 돌부리 같은 사건들을 제외하면 아무 일도 없었다"고 말했다. 과연 내 삶을 거쳐 간 돌부리의 목록을 작성해보니, 실연이나 재수처럼 흔해 빠진 거라 남에게 보여주기 민망했다. 내가 경험한 '억압(?)'은 딱 그 수준이었다. 그래서 내게서 피어나는 감정은, 세상의 불행을 저 혼자 짊어진 척하는 자의식의 산물일 것이라고 의심했다. 20대의 미성숙이 야기하는 과장된 자의식 말이다. 이런 몰골이 누군가에게는 어설픈 신파극처럼 보일 것만 같았다. 이런 내 모습을 인정하고 싶지 않았다. 극복하거나 부정하거나 단숨에 제거하고 싶었는데, 잘 안 됐다.

어쩌다보니 심각한 척, 불행한 척, 불쌍한 척하는 내용을 늘어놓고 말았다. 하지만 오해하진 마시라. 나의 20대가 눈물로 범벅이 되었던 것은 아니다. 그럭저럭 지낼 만했고 실제로 잘 지냈다. 맛집도 가고, 등산도 하고, 영화도 보고, 음악도 들으면서 살았다. 농담 따먹기를 하며 시간을 죽이고, 포털사이트의 기사를 클릭해대며 웹서핑도 하고, 속없는 사람처럼 지내기도 했다.

그리고 그렇게 지내다보면 내겐 정말 아무 문제도 없는 것 같았다. 유머 감각이 떨어지긴 했다. 많이 먹었다. 옹졸하게 굴었지만 예전에도 그랬다. 남들처럼 현재에 의미를 부여하면서 미래를 다져가지 못하는 게 약간 아쉬웠다. 미래를 의욕적으로 구상하고 실행에 옮길 수 없는 게 약간 서운했다. 그리고 나중에는 이게 군대 때문인지, 아니면 군대를 핑계 삼아 삶을 방기하기 때문인지 모를 정도가 되었다.

이와 같은 감정과 정서는 우울증의 증상일 수 있다. 우울증이라는 진단명이 나를 설명하기 위해 쓸 수 있는 용어라고 생각한다. 하지만 나는 이러한 상태가 내가 지금 어떤 권력과 부대끼고 있기 때문에 비롯된다는 예감을 좀처럼 떨칠 수 없었다. 그리고 만약 그렇다면, 이런 상태를 다른 각도에서 바라보는 것도 가능하다 싶었다. 사실 그렇지 않은가. 아무리 봐도 심증은 명백한데. 문제는 나의 일상을 '일시적 치기'가 아닌 권력과 결부시킬 정치적 언어가 없다는 것이었다.

3. 응용 단계 : 선택의 무게를 가늠하기

병역과 관련해서, 내게 주어진 약간의 행운이 있다. 첫 번째 행운은 내가 서울 소재의 제법 괜찮은 대학을 다녔다는 사실이다. 이것은 기득권이지만, 기득권에서 비롯된 여유는 기성사회를 비판적으로 사고할 수 있는 토양이 되기도 한다. 많은 이들은 권력과 폭력이 무엇인지 사고할 기회조차 갖지 못한 채 그것을 경험한다. 나도 중고등학교 때 그랬었다. 당하면서도 막연히 불쾌하단 느낌만 가질 뿐, 그것이 무엇인지 알지 못했다.

　권력과 폭력에 제대로 이름붙일 수 없는 사람들이 있다. 그들은 피해자다. 하지만 안타깝게도 피해자는 자신의 경험을 성찰할 수 있는 기회를 갖지 못함으로서 가해자가 되기도 한다. 권력에 공모하는 것이다. 아니, 피해자와 가해자를 포개서 악순환을 재생산하는 게 권력의 작동방식이다. 군대는 피해자와 가해자를 동시에 생산하는 대표적 기구이다. 때문에 병역거부자(와 평화운동가)를 향한 예비역의 분노는 생뚱맞지 않다. 물론 바람직하지 않다.

　다행히도 내가 우울에 허덕이면서도 고민을 지속할 수 있던 까닭은 대학 안팎의 활동을 통해 권력에 대해 생각할 수 있는 기회와 자원을 가졌기 때문이다. 그리고 두 번째 행운은 내가 대학에 입학한 시기와 한국사회에 병역거부'운동'이 출현한 시기가 겹친 것이다. 하지만 그런 자원이 있는 것과, 그것을 실제 삶으로 녹여내 사유로 확장하는 것 사이에는 괴리가 있다. 더군다나 고민의 끝에는 사유로 환원되지 않는, 실천이란 '도약'이 있었다.

　병역거부관련 자료를 찾고, 읽고, 할 수 있을지 가늠하는 일은 고됐다. 아무런 지지와 공감도 없이 혼자 고민하는 작업은 쉽지 않았다. 이럴 땐 속절없이 자기 안으로 침잠하곤 했다. 내가 겪는 감정과 정서를 권력의 관점에서 구체적으로 사유할 줄 몰랐기에 감상주의에 빠지곤 했다. '왜 남들이 실용적으로 결정하고 처리하는 문제를 가지고서 전전긍긍하나', '왜 남들이 20대 초반에 통과하는 문제를 가지고서 20대 내내 에너지를 쏟아붓나' 운운. '전쟁없는세상'의 모임에 나가기 전까진 안도감을 가질 수 없었다.

　온갖 복잡한 수식으로 계산해도 답은 마이너스가 나왔다. 손해가 막심했다. 병역거부를 한다고 활력이 증가하고 기쁨이 발생하진 않는다. 다가올 손실을 최소화할 수단과 방법을 고민하는 게 최선이었다. 그러면 어느새 나는 비극의 주인공이 되어 근심걱정의 나래를 펼치곤 했다. 이를테면 다음과 같은 식이다. 감옥에 가도 클렌징폼하고 선크림은 있어야 외모가 유지될 텐

> **피해자와 가해자를 포개서 악순환을 재생산하는 게 권력의 작동방식이다. 군대는 피해자와 가해자를 동시에 생산하는 대표적 기구이다**

데, 「마이클 잭슨 - 스릴러」하고 「언니네 이발관 - 가장 보통의 존재」 앨범은 지구상 어디서든 들어야 하는데. 평소에는 집에 전화도 잘 안하면서, 불효자가 될 신세를 한탄하고. 토익, 토플 성적표 하나 없으면서, 출소 후 직장을 못 구할까봐 마음을 졸였다.

대학동기들이 대부분 중산층 이상이기 때문에, 나는 내가 가진 게 없다고 생각해왔다. 하지만 감옥에 간다고 생각하니, 잃을 게 한두 가지가 아니었다. 대수롭지 않게 여겼던 것들이 일상을 유지하는 중요한 관계, 노동, 자원이었고, 사라진다고 생각하니 깜깜했다. 또한 내가 주류적 삶을 선택하지 않는 것과는 별개로 전과자가 되어 사회로 진입할 수 있는 여러 가지 가능성 자체가 차단된다는 느낌은 씁쓸했다. 뒤집어 보면, 나는 그동안 권력관계에서 취약한 상황에 놓인 적이 없었다.

결정적으로, 나는 병역거부가 나를 아끼고 사랑하는 사람들에게는 치명적인 상처가 된다는 사실을 받아들이기 힘들었다. 누군가에게 지울 수 없는 상처를 주는 가해자가 된다는 깨달음은 고통스럽다. 대표적으로, 외할머니를 떠올릴 때마다 머리가 어질어질했다. 나는 유복자로 태어나서 생계부양자인 어머니와 가정주부인 외할머니 밑에서 자랐다. 때문에 아직까지도 어머니보다 외할머니에 대한 정서적·감정적 애착이 크다.

하지만 나는 여든 살의 외할머니에게 손자 인생의 가장 중요한 결심을 이야기하고 이해를 구할 수 없다. 대신 병역거부선언과 이후의 수감생활을 숨기기 위한 구체적 방편을 준비하고 실행에 옮겨야 한다. 어머니, 누나와 함께 공동모의를 해야 한다. 나는 한국사회에서 제일 좋다고 하는 대학을 졸업했고, 석사학위까지 있다. 하지만 그 모든 공부는 나와 사랑하는 외할머니 사이를 소통할 수 있는 언어를 제공하지 못한다. 이것은 슬픈 일이다.

빤히 보이는 파국에도 불구하고 나는 왜 병역거부에 집착하는 걸까. 어렸을 때부터 고집이 세고 오기가 있다는 말을 들었는데, 세 살 버릇을 고치지 못한 걸까. 어쩌면 정신분석에서 말하는 죽음충동이 내게 들러붙은 것은 아닐까. 한편으론 외할머니에게 숨길 방안을 모색하는데 급급한 나는, 병역거부자로서 자격미달은 아닌가 싶기도 했다.

그러는 와중에 나의 운동 관념을 다시 생각하게 되었다. 공부와 활동을 한다는 걸 대단한 비주류적 삶의 양식처럼 내세웠다. 실제로 그런 것이라고 생각했다. 하지만 그것을 통해 더욱 풍성한 관계, 행복, 인정을 누리길 바란다는 점은 변함이 없었다. 즉 내게 공부와 활동은 세상에 대한 발언권, 설명력, 통제력을 얻기 위한 소중한 수단이었다. 공부와 활동이 쌓이면, 내 이야기에 귀를 기울이고 지지와 공감을 보내줄 사람이 늘어날 거라고 생각했다. 하지만 내가 당면한 병역거부는 고양이나 상승을 기대하면서 뛰어들 순 없는 운동이었다. 병역거부는 사회적으로 주어진 선택 바깥에 있는 것이니 가장 자유롭고 주체적인 것이라 할 수 있다. 그런데 보다시피 자유로운 주체의 모습은 매력적이지 않았다.

이와 같은 감정의 정체는 위치의 자각과 뒤따르는 이동의 예감에서 발생하는 두려움이었다. '탈주', '횡단', '한계경험' 같은 거창한 용어를 애용하던 시절이 있었다. 하지만 병역거부를 계기로 나는 자신이 한 번도 그런 위치 이동을 겪어본 적이 없다는 사실을 깨달았다. 그리고 그런 개념이 지칭하는 바가 무협지의 황홀한 무공이 아니라는 것도 알았다. 나의 두려움은 현재 위치와 병역거부 사이에 놓인 심연을 목격했기 때문에 발생하는 것이다.

한 측근은 내게 다음과 같이 충고했다. "어쩐지 병역거부 할 것 같더니만. 이왕 할 거면 좀 진즉 하지 그랬어." 2009년 7월 병역거부를 선언한 기독교신자의 취재기사에서도 비슷한 댓글을 본 적이 있다. '20대 초반도 아니고. 대학졸업할 때가 되니 병역거부를 한다니. 군대 가기 싫어서 그러는 것 아니냐. 비겁하다'고 적혀있었던 것 같다. 그런 점에서 나는 내가 겁쟁이임을 밝히지 않을 수 없다. 하지만 내가 하고픈 변명은, 선택 바깥을 선택하기 위해서는 훨씬 많이 준비해야 한다는 것이다. 시간이 필요했다. 그리고 이런 겁은 소심증일 수도 있지만, 권력을 권력으로서 경험하고 인식하려는 자만이 겪는 감정일 수도 있다고 주장하고 싶다.

겁을 권력의 증후로 사고했을 때 우리는 다음과 같은 전환을 목격한다. 이것은 무엇보다도 겁을 극복하거나 제거해야 할 부정적 감정으로 간주하지 않는다는 것을 의미한다. 따라서 어떤 고민을 권력의 문제로 제기하기 위해서는 감정을 섣불리 지우지 않고 오히려 감정에 집중할 것이 요구된다. 또 그와 같은 감정이 몸과 마음에 미치는 동학을 감내하고, 관찰하고, 기록해야 한다. 그래서 이토록 오랜 시간이 걸렸나 보다. 우울증은 의학적 치유의 대상이다. 하지만 우울증은 간혹 정치학의 자원이 되기도 한다. 나는 우울증의 치유제로 정치학을 선택했다.

4. 심화 단계 : 운동주체의 자격을 검열하기

기존 정치적 병역거부자는 '양심적' 혹은 '양심에 따른' 병역거부라는 용어를 걸고 활동했다. 먼저 십 년째 따라다니는 지긋지긋한 오해를 반복하지 않기 위해 다음은 꼭 짚고 넘어가자. 양심의 '양'자는 어질 양(良)으로 환원되지 않는다. 평화운동가들이 말하는 양심은 도덕적 가치의 목록이 아니다. '사회적인 것'으로 잠식되지 말아야 할 개인의 내밀한 신념을 가리킨다. 그렇기 때문에 양심의 내용은 제각각이고, 몽상적이거나 순수할 수도 있다.

즉 양심 개념은 사회의 지배적 가치로 포섭되지 않는 영역을 보호하기 위해 고안되었다. 양심은 삶을 지탱하기 위한 방어적 개념이다. 하지만 사회 변화를 유도하는 힘이 잠재되기도 했다. 오랜 세월 한국사회에서 국가는 개인 위에 군림해왔다. 국가에 대항하는 진보진영에서도 대의와 집단성이 운동의 핵심적인 요소였다. 기업 마케팅을 제외하고는, 1990년대까지 공적담론에서 개인의 존재가 주목받고 노출된 경험이 거의 없다. 따라서 국가에 대항해 '양심의 자유'를 내세우는 병역거부운동은 보수진보를 막론하고 격렬한 논란을 불러일으켰다. 한국적 맥락에서 '양심의 자유'는, 자유주의적 수사를 띠었지만 급진적 파급력을 지닐 수 있었다.

나는 병역거부자의 소견서를 읽어보면서 양심으로 집약되는 완결된 서사와 고도의 성찰성을 공통적으로 발견했다. 병역거부자의 소견서에는 최초의 계기와 중요한 문턱을 거쳐 마침내 병역거부를 선언하기까지의 드라마틱한 서사가 담겨있다. 그들은 일찍이 고유한 문제의식과 목표를 가지고 살아온 우직한 선구자처럼 보인다. 이런 면모는 운동의 설득력에 있어 핵심적인 요소였다.

그런데 내가 병역거부자가 되어 소견서를 작성하려고 보니, 내세울만한 신념이 없었다. 성찰성은 죄책감을 불러일으켰다. 죄책감은 좀 시달려도 괜찮다. 하지만 죄책감은 "다르게 살아야지"가 아니라 "그러니까 넌 안 돼"라고 속삭였다. 또한 과거의 이력은 균질적이지 않았다. 주워 담고 싶어도 수습되지 않는 과거가 훨씬 많았다. 모난 곳 투성이라 운동주체로서 병역거부자의 이미지로 잘 귀결되지 않았다.

일례로 사회학과 대학원 선배는 소문을 듣고서 "현민이는 군대 갔다 와야 하는데……"라고 반응했다고 한다. 그게 전해들은 소식의 전부였다. 그는 큰 고민 없이 말했을 가능성이 크다. 어쩌면 그는 자신이 한 말을 기억 못할 수도 있다. 나도 그쯤은 안다. 하지만 그 말을 듣자마자, 출석체크나 하던 대학원 생활과 쥐지도 놓지도 못하던 어정쩡한 관계가 상기됐다. 논문을 통과하기 위해 취했던 비굴한 태도도 떠올랐다. 의도도 깊이도 없는 말 하나를 두고서 여러 날을 끙끙 앓았다. 나는 병역거부를 할만큼 훌륭한 인물이 아닌 것 같았다.

병역거부자면서 평화학연구자인 임재성이 내가 다니던 대학원에 입학하고 활동하는 모습을 보면서 그런 생각은 더욱 강해졌다. 임재성은 내가 가장 가까이서 지켜본 병역거부자다. 그는 병역거부를 할 만한 능력이 있는 청년이었다. 속된 말로 군대에 다녀오지 않아도 될 만했다. "저런 사람이 병역거부자니까 주변사람들도 공감하겠지"라고 생각했다. 나는 병역거부를 준비하면서 임재성에게 많은 도움을 받았지만, 가까워질수록 그와 나를 견줘보면서 열등감을 느끼기도 했다.

내게 병역거부의 사유로 밀만한 키워드는 없는 것 같다. 천주교 세례명이 있지만, 냉담자다. 소속단체가 없다. 활동가가 아니다. 짝사랑하는 사상가는 있지만, 무슨주의자라고 하기엔 쑥스럽다. 20대 내내 페미니즘은 나와 고민을 함께 했던 사상이었다. 하지만 페미니스트라고 하기엔 성별에 문제가 있다. 게다가 페미니스트와 연애에 실패했다는 치명적 과거도 있다. 평화를 사랑하기보다 그냥 싸움을 못하는 것 같다. 병역거부자라면 분쟁지역의 상황도 잘 알아야 할 것 같은데, 부끄럽지만, 내겐 팔레스타인 주민의 아픔을 헤아릴 능력이 없다.

이번에 개설한 후원카페를 보니 대학동기가 '평화의 꽃'이 되라고 지지 글을 올렸다. 그런데 나는 '평화의 꽃'보다 '얼짱 꽃미남'이 되고 싶다는 생각을 훨씬 많이 했다. 이런 생각을 하다 보면, 나는 병역거부에 어울리지 않고, 내 이력은 너무 빈약하다는 죄책감이 들었다. 때로는 내게도 배경은 이렇고 기승전결은 이렇다는 화끈한 서사가 있었으면 좋겠다고 생각했다. 하지만 병역거부를 결정짓는 단 한 번의 사건은 없었다. 이럴 때 정말 그릇도 안 되는 놈이 분단국가에 태어나서 주제넘게 욕을 보는구나 싶었다.

하지만 여성학연구자 강인화의 연구는 나의 고민이 병역거부운동의 역사와 밀접하게 연관되어 있다는 점을 알려준다. 강인화는 병역거부운동에서 나타나는 남성성을 분석하면서, 초기 병역거부운동이 정당성을 얻기 위해 '기피'와 '거부'를 구분짓는 데 몰두했음을 지적한다(강인화, 「한국사회의 병역거부운동을 통해 본 남성성 연구」, 이화여자대학교 석사학위논문, 2007). 내용인즉슨, 병역거부운동은 진정성을 입증하기 위해, '강한 도덕성'과 '나약함에 대한 거부'를 내세웠다. 그리고 이는 운동에 적합한 주체와 부적합한 주체를 구분 짓는 효과를 낳았다는 것이다. 이를 이해하는 일은 어렵지 않다.

예컨대, 병역거부를 고민하는 한 친구는 사적인 대화에서 흥미로운 일화를 들려줬다. 평화운동을 시작할 무렵, 자신은 술자리에서 오태양이 맥주를 마시는 걸 보고 속으로 기겁했다는 것이다. 오태양이라면 개미 한 마리 못죽이고 공중부양을 해서 다닐 줄 알았다는 농담도 덤으로 건넸다. 우리는 술마시고 주정부리는 병역거부자를 상상하지 못한다. 나 또한 자신의 속물성을 알기에, 내가 병역거부를 할라치면, 비웃음을 살 거라고 생각해왔다.

이처럼 운동에 적합한 주체와 부적합한 주체, 병역거부와 병역기피 사이의 구분이 엄연히 있다. 그리고 이는 병역거부를 신성시하는 효과를 낳는다. 신성한 병역을 문제 삼는 병역거부는 병역의무 이상으로 신성시된 측면이 있다. 그래서 병역거부자 개인은 묵직한 실존적 결단을 감수해야 한다. 때문에 현재 병역거부운동의 집단적 주체는 잘 생기지 않고 있다. 동시에 병역거부자가 아니거나 병역의무에서 배제된 평화운동가는 주변화되기도 했다 (필자는 병역거부를 선언하기 전 필자의 어머니를 '전쟁없는세상'의 여성활동가에게 소개하는 자리를 가졌다. 그 자리에서 필자의 어머니가 한 첫 번째 말은 다음과 같았다. "당연히 감옥에 갔다 오고 나이도 좀 있는 남자일 거라고 생각했는데. 아가씨가 올 줄은 몰랐네요."). 그리고 병역거부자의 서사에 이질적인 이력이나 행적이 노출됐을 때, 운동의 도덕성이 훼손되기도 한다.

가령 사람들은 병역거부자가 장교나 카투사, 산업기능요원 시험에 응시한 전력이 있으면 의혹을 품는다. 병역을 여러 차례 연기해도 안 된다. 파렴치한(?) 과거가 '발각'되거나 '들통'났다고 생각한다. 학생회 활동을 할 때였다. 학생회 간부 출신이 병역거부를 하자, 운동권 선배들은 그가 집회 때면 전경과 싸우기 위해 맨 앞으로 뛰쳐나갔다고 수군댔다. 사회운동가조차 병역거부자가 간디와 유사한 이미지에서 벗어나면 납득을 못한다.

태어나서 이런 운동단체는 처음 봤다. '전쟁없는세상'에 가서 병역거부를 하고 싶다고 말해도 환영받지 못한다. 대신 "대체 왜 그래요. 다시 한 번 생각해봐요"라는 핀잔을 듣는다. (물론 여기에는 감옥행이라는 현실적인 고려가 작동하고 있다) 한국사회에서 군대에 간다고 하면 아무도 '왜'라고 질문하지 않는다. 총을 들고 군사훈련을 받는 게 예삿일은 아닐텐데. 반면 군대에 안 간다고 하면 해명할 게 너무 많다. 이상하다. 질문에 일일이 답변하고 틀리지 않으려고 애쓰기에 앞서, 상황의 비대칭성을 문제삼고 싶다. 병역거부 '운동'의 역사가 십년을 바라보는데, 이제 그래도 될 것 같다. 병역거부와 병역기피 사이의 경계를 슬며시 이동시키고 싶다. 나 같은 사람도 하는 마당에, 뻔뻔한 병역거부자가 조금 더 많아졌으면 좋겠다.

나는 병역거부를 하기 위해 자신을 완전무결한 도덕적 주체로 포장하고 싶지 않다. 대의에 기대고 싶지도 않다. 샅샅이 뒤지면, 병역거부에 필요한 이력이 없진 않다. 학생회 활동을 했고, 집회에 자주 나갔다. 미군기지를 둘러싼 갈등이 있었던 화성 매향리, 평택 대추리도 갔었다. 전경한테 맞기도 했다. 월드컵 땐 시큰둥했다. 행렬 앞에서 확신을 찬 목소리로 구호를 외친 적도 있다. 병역관련 시험에 응시한 적이 없다. 엮으면 끼워 맞출 수 있다. 하지만 그런 활동은 단일한 목표의식 하에 행해진 일이 아니었다.

동시에 남의 말을 섣불리 가져다 써 후회되는 순간도 있다. 연대라고 했지만 나중에 보니 연민인 적도 있다. 당시에는 강렬했지만 흔적조차 흐릿한 기억, 관계, 사람도 많다. 부족함을 고해성사하는 게 아니다. 내겐 진정성과 속물성, 소심함과 뻔뻔함, '귀여움(?)'과 '섹시함(?)'이 공존한다. 어떤 사람의 눈에는 병역거부자의 모순처럼 보이겠지만, 실은 모든 삶은 이질성으로 그득하기 마련이다. 내게 완결된 서사는 불가능하며 매력이 없다. 완결된 서사의 이면, 즉 내밀한 일상의 파편은 정치적 올바름을 훼손하는 게 아니라 오히려 정치를 다르게 사고할 수 있는 자원이라고 생각한다.

나는 병역거부를 하면서 내 몸에 얽혀있는 감정을 부정하고 싶지 않았다. 자신의 찌질함조차 자학하지 않고 긍정하는 병역거부운동을 하고 싶다. 운동을 바다에 떠있는 배에 빗대보자. 목적지에 도달하려고 파도를 가르는 쾌속선보다, 정해진 항로도 종착지도 없이, 그때그때 해풍과 물결에 따라 항해하는 범선이 되고 싶다. 대신 외부적 계기에 아주 민감한 돛을 달고 싶다. 나는 개개의 마주침 또한 운동이 될 수 있다고 생각한다. 병역거부는 그렇게 맞닥뜨린 계기이다. 다행히 항해에 참고할만한 별자리가 없진 않다.

병역거부자 이용석이 쓴 멋진 글귀가 내게 응원을 보내는 것만 같다. "평화의 결과로 병역거부를 선택한 것이 아니라 병역거부를 하면서 평화를 알아가게 됐다"(이용석, 「촛불집회, 사실 너머의 진실을 보도하라」, 『MBC, MB氏를 부탁해』, 프레시안북, 2008). 그렇다면 나 같은 사람도 괜찮지 않을까. 안 괜찮아도 어쩔 수 없다. 그래도 그냥 병역거부 하련다.

5. 도약이 아닌 몰락을

유머와 위트가 넘치는 두 형에게 병역거부 결심을 털어놓았을 때다. 한 형의 눈동자가 일순간 흔들렸다. 그리고 다른 형은 "이제 우리가 한 사람의 인생이 도약하는 순간을 목격하겠구나"라며 감탄사를 뱉었다. 그는 내가 앞으로 대단한 투사나 정치인이 될 거라고 예상했나보다. 하지만 그 말을 듣자마자 나는 고개를 갸우뚱했다. 별다른 말을 보태진 않았지만, "형. 사실 그것은 도약이 아니라 몰락이에요"라고 말하고 싶었다. 왜냐하면 내가 병역거부를 통해 선택한 것은 하강이지 상승이 아니기 때문이다.

나는 사회운동에 관심이 많다. 하지만 많은 대학생과 지식인이 그러하듯이, 필요에 따라 소위 민중과 자신을 동일시하거나 적당히 거리를 조절할 수 있었다. 물론 이때도 나름의 진정성과 공감의 시간이 없진 않았다. 하지만 병역거부는 내게 지금까지의 행동과는 달리 실제 그러한 삶의 진입이 어떤 체험인지를 예감하게끔 했다. 아무리 따져봐도 병역거부에는 이득이 없다. 손실은 오래 지속된다. 생의 좌표가 한번 기우뚱할 뿐이다. 하지만 그렇기 때문에 역설적으로 강력한 선택이자, 주체적 떠맡음일 수 있다. 가치척도가 뒤바뀌기 때문이다. 전과 같은 눈과 귀를 가질 수 없다. 내가 병역거부를 두고서, 오랜 고민 끝에 내린 결론이다.

지금까지 살펴본 것처럼, 이 병역거부 소견서에는 드라마 같은 인생역정이 없다. 정치적 대의의 담지자도 없다. 소견서 어디를 뒤져봐도 신념을 전달하려고 결연한 눈빛을 보내는 젊은이는 없다. 겁 많고 소심한 젊은이가 웅크리고 앉아 눈치를 보고 있을 따름이다. 병역거부는 내가 처한 상황을 여과 없이 노출시켰다. 나는 권력의 피해자로 자신을 인식하기 힘들었다. 왜냐하면 난 저항자의 포즈는 곧잘 취했지만, 정작 피해자로서 자의식은 한 번도 가져본 적이 없기 때문이었다. 그랬기 때문에 나의 고통과 슬픔을 권력과 결부시키기 위해 정말이지 많은 시간과 에너지를 소모했다.

아마도 병역거부는 내가 지닌 안전한 위치와 거리조절 능력, 그 밖의 자원을 상당히 박탈할 것이다. 그리고 이때 생긴 상처는 쉽게 지울 수 없으면서 오랜 세월 감당해야 할 것으로 남을지도 모르겠다. 다른 병역거부자들이 그런 것처럼 말이다. 즉 병역거부는 몰락의 순간이다. 하지만 나는 몰락을 기꺼이 선택함으로써, 내게 부착된 권력을 백일하에 드러내고자 한다. 그것이 찰나에 불과할 지라도. 나는 이를 통해 개별적인 삶에서 벗어나기를 소망한다. 그리고 나의 삶을 다른 이들과 포갤 수 있는 위치에 이르고 싶다. 물론 그것을 낭만적으로 생각해서는 금물이다. 유쾌한 경험이 될 순 없을 것이다. 하지만 그때의 삶은 운명일 수 있다. 나는 이제 병역거부자라고 불리는 전혀 새로운 삶으로 이주한다.

겨우 딛던 자리에서 벗어나 한 발자국 내려왔을 뿐이다. 아래로 한 발을 딛는데 이토록 힘이 들고 오랜 시간이 걸릴 줄은 몰랐다. 그동안은 위로만 시선을 향했지, 아래에도 발을 디딜 수 있는 세계가 있다는 사실을 알지 못했다. 그래봤자 한번인데. 하지만 지금 내겐 이 한 발자국의 몰락이 이전의 어떤 도약보다 의미심장해 보인다.

추기 : 나는 스스로가 오태양의 출현을 충격으로 받아들인 세대의 끝임을 의식하며 이 글을 작성했다. 오태양 이후의 비(非)여호와의증인 병역거부자는 대개 서울소재 대학 출신으로 학생운동경험이 있었다. 하지만 이제 그런 병역거부자 세대는 종말을 고하는 것처럼 보인다. 시대적 조건이 달라졌고, 다른 상황과 배경 속에서 병역거부를 고민하는 사람이 늘고 있다. 전형적으로 굳어진 병역거부자의 모습 또한 변화하고 있다. 주제 넘는 제목을 붙였지만, 그들이 병역거부의 문턱에서 서성일 때, 참고할 만한 글이 됐으면 좋겠다.

2009. 11. 10 병역거부선언

2010 ~ 2014 병역거부선언

김영배

양심을 선택하겠습니다

저는 오늘, 국가가 부여한 병역의 의무를 거부하고자 합니다. 전쟁에 반대해야 한다는 제 마음의 외침에 따라, 더구나 국익이라는 이름으로 침략전쟁에 동참하고 있는 대한민국 군대에서 사람을 죽이는 훈련을 받는 것에 대해서 거부할 수밖에 없습니다. 저는 사람이 사람으로 사는 평화로운 세상을 꿈꾸고 있습니다. 그렇기에 현 징병제하에서 일방적인 군사훈련이 아니라, 우리 사회와 공공에 이익이 보탬이 되는, 우리 사회에서 차별받고 있는 이들을 위한 활동으로 대체복무를 하고 싶었으나, 작년 국방부의 대체복무제 백지화로 인해 저는 결국 병역거부를 선택합니다.

우리는 어릴 적부터 학교에서나 집에서나 언제나 나보다 다른 사람을 먼저 생각하고 배려하라고 배워왔습니다. 그리고 저는 부족하지만 제 힘껏 그렇게 살기 위해 노력해왔습니다. 그냥 져주는 게 마음 편했고, '바보'처럼 살아서일지 모르지만 그 누구와도 다툴 일도 없었고, 남자 중학교와 남자 고등학교를 다니면서도 그 흔한 몸싸움조차 한 번 하지 않았습니다. 싸움을 못하기도 했지만, 누군가를 때리고, 얻어맞는 그런 행위 자체가 싫었기 때문입니다. 그런 탓에 여러 부분에 있어서 소극적이기도 했고, 수동적인 학생, 선생님들이 좋아하는 학생으로 10대를 보냈습니다. 그러나 제가 어른이 되어 만난 세상은 고등학교 3학년 때만 해도 윤리시간과 사회시간에 가르치던 그런 세상과는 다른 세상이었습니다. 남들과 겨루고, 경쟁해서 이겨야만 살아

남는 곳이었기 때문입니다. 나 홀로 다른 세상에 떨어진 느낌이었습니다.

　　대학에 들어온 뒤, 저는 제 자신을 보다 적극적이고, 능동적인 사람으로 바꾸고 싶었습니다. 그래서 학교 선배들과 여러 문화제와 집회, 기자회견에 참석했고 현실 속에서의 민주주의와 인권 그리고 자유와 평등에 대해 어렴풋하게나마 배웠습니다. 그러면서 많은 고민이 생겼습니다. 장애인이 차별받지 않을 권리에 대해 이야기하고, 비정규직 노동자가 차별받지 않을 권리에 대해 이야기하고, 민주주의에 대해 이야기를 하는 우리를 언제나 정부와 경찰이 막아섰기 때문입니다. 사람이 사람으로 사는 데에 있어서 가장 중요하고 기본적인 주장을 하고 있는 것인데, 나는 왜 내 또래인 전·의경들과 대치하고 몸싸움을 하며 서로를 밀어야 하는지 이해할 수 없었습니다. '내 또래인 전·의경들은 이 주장들이, 너무나도 당연한 인간의 권리 주장이 싫은 것일까?'하는 생각에 답답한 마음이 들 뿐이었습니다.

　　그렇습니다. 저는 아직 군대라는 조직을 잘 몰랐습니다. 군대라는 조직은 내가 하기 싫어도 해야 하고, 그 행위가 자기 자신의 신념과 양심에 반하고, 자기의 주장과 다르더라도 무조건 따라야만 하는 곳이라는 것을 몰랐습니다. 그러면서 어서 군대에 가서 나라를 지키고 싶어했던 제 행동에 대해 고민이 들기 시작했습니다.

　　과거에는 더 심했다고, 이제는 많이 줄어든 것이라고 들었지만, 군대에 다녀온 복학생들이 많아서인지 제가 입학한 2001년도의 대학 사회는 군사문화가 매우 크게 자리를 잡고 있었습니다. 엄격한 위계적 학번질서와 남성 중심의 분위기, 술자리에서의 군대 이야기와 성적 대상화된 여성에 대한 농담들은 저를 많이 불편하게 만들었습니다. 무엇보다 마음이 아프고, 두려웠던 것은 군대에 가기 전에는 함께 더 나은 사회를 만들자고 했던 친구들과 선후배들이, 성매매를 반대하고 평등한 관계를 논하던 선배들이 자랑스레 자신의 성매매 경험을 늘어놓거나 후배들을 자기 부하를 부리듯이 하는 모습이었습니다. 도대체 군대가 어떤 곳이기에 사람이 저렇게 변하게 되었을까, 군대에 다녀오면 나도 그렇게 변하게 될까 두려웠습니다. 사람이 살아가는데 있어 자기 자신을 지키는 것은 중요한 일이며, 그것은 신체뿐만 아니라 내면의 양심과 신념을 포함하는 것이라고 생각합니다.

　　지난 2002년, 20여 명이 학생들이 양심에 따른 예비 병역거부를 선언했습니다. 당시 저는 양심에 따른 병역거부운동을 지지하며, 더 많은 시민들에게 동의를 얻고자 캠페인 등 여러 활동을 했었지만, 내 자신이 병역거부를 할 생각까지는 하지 못했습니다. 감옥에 간다는 것이, 그 이후의 사회생활이 두렵기도 했으며, 아직 내 양심의 소리에 귀를 기울이는 법을 몰랐으며, 나의 신념에 대해 나 스스로도 명확히 인식하지 못했기 때문입니다.

그러나 단과대학 학생회를 하던 2003년 3월, 미국과 영국의 이라크침공이 시작되면서 저는 제가 무엇을 해야 할지 알게 됐습니다. 어릴 적 람보로 대표되는 여러 미국의 전쟁 영웅들이 나오는 영화를 보며 늘 불편했던 이유를 깨닫게 됐습니다. 이제 영화가 아니라 현실 속에서 군인 간의 싸움이 아니라 노인과 어린이, 여성과 남성을 포함한 민간인들까지 학살하는 전쟁은 어릴 때부터 보았던 성경 속의 지옥보다 더하면 더했지, 못하지는 않았습니다.

한국 정부 역시 파병을 통해 수많은 이라크 민중을 학살하는 침략전쟁에 동조했습니다. '국익'이라는 명분으로 한국은 자국의 군대를 전쟁터에 보냈지만, 저는 '국익'이라는 '돈'보다 그 땅에 살고 있는 사람들과 자연, 그리고 평화가 더 중요하다고 생각했습니다. 전쟁으로 부모와 자식을 잃은 사람들, 신체의 일부를 잃거나 그 누구도 함부로 다뤄서는 안 되는 생명을 잃은 사람들을 보며 가슴이 아팠고, 눈물을 흘렸습니다. 그리고 알았습니다. 그 어떤 이유로도 전쟁은 정당화될 수 없다는 것을 말입니다. 이때부터 저는 양심에 따른 병역거부에 대해 진지한 고민을 시작하게 되었습니다. 그리고 입영영장이 나온 지금 제 결심은 분명해졌습니다.

제 결심을 더욱 강하게 만든 일은 지난 2008년 촛불 집회 중에 있었습니다. 비폭력을 외치는 시위대를 전·의경들이 물대포와 곤봉, 무섭게 내리찍는 방패로 진압을 하는 것을 보고 그 속에 있으면서, 군대라는 조직의 폭력성에 다시 한 번 병역거부의 마음을 다잡고 있던 제 눈에 한 청년의 모습이 들어왔습니다. 이길준. 그는 의경으로 입대해 방법순찰대원으로 복무하던 중 촛불집회 진압에 동원되어 진압을 했으나, 시민들을 향한 폭력진압을 더 이상 하지 못하겠다는 자신의 양심에 따라 외박 후 병역거부를 선언한 사건은 군대라는 조직 안에서는 더 이상 자신의 양심을 지킬 수 없다는 것을 확인시켜줬습니다. 국민의 안전을 위해 존재한다는 군대는 현실 사회에서 국가와 국민의 안전보다는 권력의 안전과 강화를 위한 도구라고 생각하며, 그 조직 안에서 나의 양심을 지킬 수 있는 길은 지금과 마찬가지로 국가가 부여한 병역의 의무를 거부를 하는 행동뿐이라는 것을 알았습니다.

저는 사회당 당원입니다. 차별받는 사람들과 함께하는 정당, 일상적 연대로 나눔을 실천하고, 사람이 사람으로 사는 세상을 만들고자 불철주야 노력하는 사람들이 있는 곳입니다. 지난 2009년 11월 개정한 사회당의 강령에는 한반도 평화체제를 수립, 군비축소, 국외파병의 금지와 함께 대체복무제의 도입에 대한 내용을 담고 있습니다. 저는 전쟁에 반대하는 사회당의 당원으로서 저에게 지워진 병역의 의무를 거부하고자 합니다.

대학 시절 대학생 정치조직인 대학생사람연대의 1기 대표를 맡았었습니다. 대학생사람연대는 '가장 낮은 곳을 향하는 연대'라는 슬로건을 걸고 끊임없이 사람을 차별하고 배제하는 방식으로 사회를 통합하는 이른바 '배제적 통합'에 반대하며, 모든 전쟁에 반대하며, 평화국가의 수립을 요구하며, '53년 체제'라는 정전협정 이후 한반도의 긴장관계를 만들어 사회를 지배해온 구조를 해소하고, 평화협정을 통해 평화체제를 수립할 것, 양심에 따른 병역거부에 대한 인정 등을 강령에서 요구하고 있습니다. 저는 대학생사람연대의 회원으로서, 1기 대표로서 병역을 거부합니다.

병역거부의 길을 선택하면서 가장 저를 망설이게 했던 것은 감옥에 가는 것도, 사회적 편견도 아닌 부모님께 드릴 마음의 상처였습니다. 한평생 자식을 아끼며 살아오신 분들이기에, 자신의 몸을 돌보시기 전에 자식을 먼저 살피며 한 평생을 살아오신 것을 알고 있기에 부모님께 드릴 상처가 너무도 죄스러웠습니다. 제 스스로가 아무리 당당하다 하더라도 감옥에 가는 선택을 할 수밖에 없고, 부모님께는 죄스러울 수밖에 없는 현실이 미웠습니다.

입대 예정일을 이틀 앞두고, 저는 부모님께 무거운 입을 열었습니다. 부모님은 화도 내시고, 부탁도 하시며 저를 말리셨고, 어머니께선 많은 눈물을 흘리셨습니다. 그 눈물을 보며 저도 눈물을 참을 수가 없었습니다. 제가 부모님께 배운바대로 착하게 살고자 하는, 타인을 먼저 생각하고 아끼는 양심에 따라, 이 사회에 필요한 일을 하는 사람이 되고자 한 선택이라는 말씀을 드리자 어머니께선 당신께서 저를 잘못 가르쳤다고, 이럴 줄 알았으면 나빠도 평범하게 사는 것을 가르칠걸 그랬다고 자책하며 눈물을 흘리셨습니다. 저는 부모님께 그 가르침이 잘못된 것이 아니라 사회에 문제가 있는 것이니 그렇게 생각하시지 말라고 말씀드렸습니다. 제가 감옥에 가야 하는 이유가 제가 특별한 놈이라서가 아니라 이 사회가 아직 개인의 양심과 신념의 자유를 지켜줄 준비를 하지 못하고 있기 때문입니다.

부모님께 말씀드리는 내내, 그리고 부모님의 만류를 듣는 내내 마음이 괴로웠습니다. 포기할까 하는 망설임이 들기도 했습니다. 그러나 저는 도저히 자신이 없습니다. 내 양심을 속이고, 내 양심이 죽어가는 시간이 저를 얼마나 황폐하게 만들지 알기 때문이고, 그 결과가 어떤 결말로 치닫게 될지 두렵기 때문입니다. 결국 저도, 부모님도 서로를 설득하진 못했습니다. 하지만 저는 그 마음이, 그 상처가 저를 사랑하고, 걱정하시기 때문이라는 것을 알고 있습니다. 제가 군대에 다녀와 그저 다른 사람들처럼 적응하며 살아야 제 삶의 불안 요소가 줄어들 것이라 믿고 계시기 때문이라는 것을 알고 있습니다. 부모님께서도 지금은 비록 힘들더라도 시간이 지나면 제가 당당히 양심과 신념을 지키며 살아가는 것을 응원해주시리라 믿습니다.

기계는 입력된 대로 시키는 대로 움직이지만, 사람은 그 요구가 옳고 그른지 자신의 양심에 어떻게 받아들여지는지를 판단하며 행동합니다. 저는 기계가 아니기에 사람인 나로서 할 수 없는 것들, 군사훈련과 침략전쟁에 동참하는 군대의 일원이 되는 것, 그리고 내 양심과 신념을 벗어난 행동을 명령받고 행해야 하는 것으로부터 내 자신의 양심을 지키고자 노력하는 한 인간으로서 병역을 거부합니다. 긴 시간 고민을 하는 제게 많은 조언과 응원, 염려를 해주신 분들이 많이 있습니다. 그분들이 계시기에 저는 더욱 용기를 낼 수 있었습니다. 지지와 응원을 보내주시는 모든 분들, 그리고 걱정해주시고, 비판해주시는 모든 분들께 감사를 드리며, 앞으로도 이 사회에 필요한 사람이 되도록 노력할 것입니다. 긴 글을 읽어주셔서 감사합니다.

2010. 3. 2 병역거부선언

이 순간을 오래 기다려왔다. 처음 고민을 했던 시점이 2004년이니 6년을 고민하고 기다려왔다. 복합적인 감정이다. 설레고, 두렵고, 기쁘다. 오늘 이 순간부터 나는 병역을 거부한다. 별 특출할 것 없는 삶이지만, 내 삶의 궤적이 바로 병역거부의 이유라 생각한다. 내가 어떻게 나 자신을 만들어왔는지를 보이는 것이 병역거부의 이유를 가장 잘 드러내는 것이라 믿는다.
 "인간은 다 똥 싸는 부처다."
 출가하신 아버지께서 남기신 마지막 말씀이다. 무난했던 삶은 이 한마디에서부터 변했다. 내가 알던 아버지는 깨어 있는 지성인이셨고, 인간적으로도 존경스런 분이셨다. 그분의 영향을 받아 전공으로 철학과를 선택했을 만큼 나에게 큰 영향을 끼치던 그였기에, 그가 의미심장한 한마디의 화두만 던져두고 사라졌을 때, 나는 큰 충격을 받았다. 인간은 다 똥 싸는 부처라니 대체 무슨 귀신 씨나락 까먹는 말인가. 당시에는 무척 혼란스러웠다. 남겨진 가족들을 생각할 때 그가 무책임하다고 생각했고, 어머니와 동생이 힘들어하는 모습을 볼 때면 그가 미웠다. 하지만, 시간이 흐르고 감정이 가라앉자 궁금해졌다. 그가 남긴 말은 대체 어떤 의미인가. 그는 무엇을 보고 있었을까. 그를 이해하고 싶었다. 결국, 그의 마지막 한마디는 내 삶의 화두가 됐고, 그 화두로 말미암아 내 가치관은 근본부터 바뀌기 시작했다.
 아버지를 이해하기 위해 그가 남겨둔 책들을 탐독하기 시작했고, 사회과학·철학이 대부분이었던 그의 책들은 내 가치관을 조금씩 변화시켰다. 책은 내가 가지고 있던 가치관이 얼마나 나태했는지, 내가 믿고 있던 많은 것들이 얼마나 허술한지를 알게 해줬다. 개안이 될 정도로 의식에 변화가 있었던 것은 아니지만, 적어도 20여 년간 주조된 내 모습을 백지부터 다시 만들어가고 싶다는 욕구 하나만은 확실해졌다. 이 욕구에 따라 사회적 관습과 통념, 도덕, 규범을 당연시했던 나를 거부하고, 나 스스로 가치관과 세계관을 만들어야겠다는 목표가 생겼다.

목표는 확실해졌지만, 모든 것이 막연했다. 구체적인 무언가가 필요했다. 나에게 주어진 환경과 관계가 지금의 나를 만들었다면, 이제부터 그 환경과 관계를 주어지는 대로 받아들이는 것이 아니라 주체적으로 구체적인 환경과 관계를 만들어가겠다고 생각을 했고, 그 시작으로 시민단체 활동을 시작했다. 병역거부운동, 나아가 평화운동을 하는 단체를 선택했는데, 단체에서 접할 수 있는 경험이 내 고민과 깊이 맞닿아 있었기에 내린 결정이었다. '병역의무'에 대한 기존 가치관도 회의해야 할 범주에 들어 있었다.

지금 생각하면 시민단체 활동은 나에게 큰 행운이자 멋진 기회였다. 연대 활동을 통해 다양한 분야의 활동가 분들을 만날 수 있었고, 그들과의 관계는 그 자체로 자극이었다. 넓은 범위의 평화단체, 인권단체, 조금 더 구체적 범위에서 여성단체, 퀴어단체, 문화단체 등에서 활동하는 활동가들과의 만남은 내 가치관을 주체적으로 만들어가는 데 중요한 기제가 됐다. 그들과의 관계 덕분에 평화주의자, 페미니스트를 지향하는 나를 만들 수 있었다.

후천적인 노력으로 나를 내가 원하는 모습으로 만들 수 있으리라 믿었던 그 시절, 우습게도 나는 나 자신을 실험해보기 위해 달라이 라마를 롤모델로 삼기도 했다. 그의 말이 철학적 맥락의 논리에서는 엄밀해 보이지 않았지만, 인간의 가장 본질적인 면을 꿰뚫는 통찰력을 지니고 있다고 생각했기 때문이다. 나에 대한 연민을 점차 확장해서 가족, 인간, 동물, 생물, 모든 존재까지 연민하려는 시도, 나와 다른 존재와의 경계를 허물려는 시도를 부단히도 했고, 한때 충만한 감정으로 가득 차기도 했다. 만약 그 당시 소견서를 썼다면 자비, 사랑, 연민 같은 단어로 점철된 느끼한 병역거부 소견서가 완성됐을 것이다.

하지만, 어설프게나마 만들어가던 내 가치관은 쉬이 흔들렸다. 생활에 여유가 없거나 몸이 고될 때는 내 몸 하나 건사하기 어려웠다. 분명히 내 가치관은 분열적이고 모순적이었다. 나 자신을 추스르기도 어렵고, 나 자신을 연민하는 것도 버거웠다. 삶의 상당 부분이 저열하고 나태했다. 이런 나태하고 저열한 모습이 마음에 안 든다며 자책할 때도 있고, 나태와 저열의 윤리적 금기에 반발하며 긍정하기도 했다. 이런 분열적 모습 자체를 연민하고 보듬어 주려 하던 때도 있었고, 이젠 뭐가 뭔지 모르겠다며 생각을 태업할 때도 있었다.

이런 분열에도 나는 병역거부를 선택한다. 분열하기 때문에 나는 병역거부를 선택한다. 결국 완벽하고 이상적인, 분열하지 않는 나에는 도달할 수 없을 거라고 느낀다. 하지만, 그것을 향해 노력하는 것은 의미가 있다고 믿는다. 분열의 순간들 사이에서 나에게 의미 있는 일은 내가 지향하는 가치를 드러내고 끊임없이 수정하며 발전시키는 일이다. 완벽해야 무언가를 할 수 있는 것이 아니라, 불완전한 자신을 안고 끊임없이 선택하는 실존적 모습이 내가 믿고 있는 유일한 도덕체계다.

내가 신뢰하는 도덕체계에서 선택한 가치들은 병역을 거부했을 때에 비로소 구체적으로 드러난다. 평화주의, 페미니스트와 같이 내가 선택한 가치들은 대부분 군대와 상충한다. 이는 결국, 만약 내가 군대에 간다면 군대에 적응하기 위해 내 모든 도덕의식을 정지시켜야 한다는 얘기고, 그것은 곧 인간으로서 죽음이라고 생각한다. 난 도덕적으로 존재하려는 것이 곧 인간으로 존재하는 것이라 믿는다. 물론 나는 때때로 도덕의식 없이 행동하고, 똥 싸는 기계처럼 존재해 있을 때도 잦다. 하지만, 나는 내 삶의 더 많은 부분을 도덕적으로 구성하고 싶고, 더 인간적으로 살고 싶다.

만약 내가 군대에 간다면 군대에 적응하기 위해 내 모든 도덕의식을 정지시켜야 한다는 얘기고, 그것은 곧 인간으로서 죽음이라고 생각한다

따라서 나는 병역거부를 선택한다. 개인이 실존적으로 선택한 개인의 행동원칙과 규범을 도덕이라 하고, 이러한 도덕 중 보편화 된 도덕을 윤리라고 전제했을 때, 나는 사회윤리에 대한 순응이 아닌 개인적 도덕으로서 실존을 선택하겠다.

나아가 내 도덕적 가치가 공리적 가치로 윤리화되길 희망한다. 윤리는 윤리에 반하는 개인의 도덕들에 의해 변화할 수밖에 없다. 윤리가 문서화된 것이 법이라 했을 때, 법 또한 사회윤리의 변화에 따라 바뀔 수밖에 없다. 나는 내가 선택한 도덕이 사회윤리가 변하고, 법이 바뀌는 데 영향을 끼치길 원한다. 내가 선택한 병역거부의 의미가 사회에서 받아들여지고, 법제화를 통해 병역거부자가 더는 감옥에 가지 않는 사회가 오길 소망한다.

　이런 나 개인의 도덕에서 나는 병역거부를 선택하며, 선택에서 오는 결과를 온전히 받아들이겠다. 다만, 내 선택에 오해가 생기지 않았으면 하는 바람이 있다. 내 의견을 듣고, 군대 간 사람은 인간도 아니냐는 반박이 있을 수 있다. 나는 국가를 지킨다는 신념을 지니고 입대한 이들도, 혹은 그 외의 이유로 입대한 이들도 충분히 도덕적일 수 있다고 생각한다. 국가의 의무를 거부했으니 한국을 떠나라는 반박이 있을 수도 있다. 나는 나에게 폭력적일 수 있는 강제성을 거부한 것일 뿐이지, 이 사회시스템 자체를 부정하는 것이 아니다. 난 한국이라는 공동체에서의 삶을 선택했고, 내 선택에 따라 이 사회의 규범을 존중한다. 내 선택에 따라 감옥에 갈 수도 있다고 생각하며, 선택에 책임을 지겠다. 감옥행이 될지 대체복무가 될지는 모르겠지만, 앞으로 있을 재판결과를 받아들임으로써 사회규범에 존중을 표하겠다. 사회적 규탄이 있다면 그것 또한 내 선택에 대한 책임으로서 감내하겠다.

　지금까지 내가 언급한 얘기들은 인간사에서 새로운 것일 리 없다는 것을 안다. 나의 언어는 내가 읽은 책, 나를 가르쳐주신 선생님들의 언어와 같이 누군가의 말을 빌려온 것일 뿐이라는 걸 안다. 하지만, 이 소견서가 일종의 감상문이라 하더라도, 이러한 작업이 무의미하다고 생각하지 않는다. 창작이 무에서 유로의 생성이 아닌, 소재의 차이를 드러내는 관계적 개념이라면 편집자가 곧 창작자다. 난 새로운 무언가를 제시하는 것이 아니라 내 삶의 감상문이라도 잘 쓰고 싶었고, 삶의 구체적인 순간에서 기존의 철학적 재료를 내 방식으로 채택, 선택했다. 불완전한 편집이고, 분열적인 감상이지만 나는 내 삶을 선택했고, 책임을 지려 한다.

　나는 여전히 '인간은 똥 싸는 부처'라는 말이 무슨 뜻인지 도무지 모른다. 하지만, 아버지의 도덕적 선택을 존중하며, 삶의 실존을 고민하는 모든 이들을 지지한다. 내 선택 또한 존중받고 지지받는 날이 오길 바란다. 똥 싸는 부처인 우리 인간의 주체적 선택을 억압하는 것들에서 벗어나, 누구나 자유롭고 불완전한 선택을 하는 날이 오리라 믿는다.

2010. 6. 15 병역거부선언

이태준

평화와 공존을 위해, 군대가 아닌 다른 길을 걷겠습니다

지금껏 지녀온 양심과 행위를 모두 폐기하라

침묵과 복종. 그것이 제가 군대에 대해 내린 결론입니다. 파병을 국익으로 포장해서 미화할 것을 요구하는 조직, 천안함 사건에 대해 진상규명은 뒷전인 채 전쟁불사를 외치는 조직, 저는 그 조직에서 평화의 목소리를 낼 수 없습니다. 또한 불온도서를 지정하고 특정 신문조차 읽지 못하게 하는 검열 속에서 국방일보를 맹신하고 군대 선전물을 낭독하며 국가주의를 습득해야 합니다. 이를 통해 차별을 철폐하고 평화로운 사회를 만들기 위해 제가 대학 캠퍼스에서, 바람개비인연맺기학교에서, 대학생사람연대에서, 사회당에서, 그리고 그 모든 사람이 살아가는 현장 속에서, 지금껏 해온 모든 행동들이 반사회적 행위였다는 것을 인정해야 합니다. 그곳에는 침묵과 복종만 있을 뿐, 이성적 사유와 평화·공존의 노력은 정지됩니다.

폭력과 정상남성 이데올로기를 찬양하라

또한 민중을 향해 겨누게 되는 총검술을 습득하거나, 기본권을 요구하며 집회에 참가한 시민들을 방패와 곤봉으로 찍어누르는 기술을 익혀야 할 것입니다. 군대의 거대한 관료조직 안에서 내가 하는 모든 업무와 역할은 결국 국가폭력을 위한 합목적성을 갖습니다. 성적 대상화와 마초적 문화에 적응하며 장단도 맞춰야 할 것입니다. 기간은 왜 또 그렇게 긴지, 사회와는 어째서 완전히 격리가 되어야 하는지 납득할 수 없어도 그저 받아들여야 합니다. 그 모든 의문과 주장은 지워야만 하니까요. 이런 군대에 적응을 못해 혹 내 옆의 동료가 목숨을 끊는 비극이 발생해도 저는 그를 능력없는 부적응자 정도로 생각하고 신속히 기억에서 지워야 합니다. 한마디로 복종하는 법, 침묵하는 법, 눈치 보는 법을 군대를 통해 배우게 되는 것이다. 소통하는 법, 질문을 던지는 법, 저항하는 법은 아마 까맣게 잊어버릴지도 모를 일입니다. 그 모든 과정을 통해 저는 한 명의 정상남성, 전역증이라는 인증서를 가진 인간으로 생산될 것입니다.

거부합니다
이 모든 것이 대한민국 남성이 걷는 주류적 길이라고 한다면, 이 모든 것이 국방의 신성한 의무를 위해 필요한 길이라면, 나는 흔쾌히 그 길을 '거부'하고자 합니다. 그 경험은 나의 존재와 의식 자체를 뒤바꿀 것을 폭력적으로 강요하기 때문입니다. 저로서는 그런 기억과 경험이 사회 속에서 '정상남성 이데올로기'의 형태로 주류 타이틀을 획득함으로서 이중, 삼중으로 발생하게 될 폭력과 차별을 견딜 수 없습니다.

공존을 위해
한국 사회는 병영국가 대한민국, 경찰국가 대한민국이란 딱지에서 아직까지 결코 자유로울 수 없습니다. 차별과 배제에 신음하는 노동자, 농민, 빈민, 장애인, 여성에게 대한민국의 권력과 주류를 자임하는 사회적 문화는 폭력과 소통의 단절, 침묵의 강요로 그들의 권리를 빼앗고 위험인물로 낙인찍는 법에 더 익숙합니다. 그런 폭력과 침묵의 강요가 파생된 지점이 어디인지 추적해보았을 때 군대가 큰 축을 담당하고 있는 것을 목격하게 됩니다.

평화를 위해
또한 침략전쟁에 동조한 대한민국 군대가 평화적 역할을 수행하고 있다고 볼 수 없기 때문에, 저는 그것을 묵인한 채 그 일원이 될 수 없습니다. 이라크, 아프가니탄 파병에 이어 얼마 전에도 대한민국 군대는 아랍에미리트에 공병대 목적으로 파병을 강행했습니다. 저는 평화를 목적으로 수행된 파병은 여지껏 없었다고 봅니다. 지금껏 모든 파병은 탐욕으로 파생된 전쟁을 지원하는, 혹은 잠재적 적대와 전쟁가능성을 부추기는 촉매제 역할을 했을 뿐입니다. 진정 대한민국 정부가 국제연대와 평화를 지향하고자 한다면 당장 파병을 중단하고 국제원조나 식량지원에 더 많은 노력을 기울여야 할 것입니다. 저는 전쟁에 반대하고, 평화는 평화적 수단으로만 쟁취될 수 있다고 믿는, 지극히 상식적인 평화주의자입니다.

우리 안에서부터 평화를, 평화군축을 추구해야 합니다

군대가 공적참여 의무의 형식을 독점하고, 국방이 공적참여 의무의 테마를 독점해온 한국사회에서 군대문화와 정상남성이데올로기는 당연한 것으로 인식되어왔습니다. 그 당연함의 전제는 이것입니다. "모든 국민은 군인으로 (혹은 군사주의를 수용하는 인간) 재생산되어야 한다!" 저는 이제 이 전제를 깨뜨리는 도전을 할 때라고 봅니다. 그 깨뜨림은 결국 군대가 점유하고 있는 과도한 사회적 지분을 축소하는 것입니다. 그 깨뜨림은 자본주의적 폭력—전쟁—을 긍정하는 군대를 뿌리부터 바꾸는 과정입니다. 그 깨뜨림은 국방의 미명하에 자행되는 기본권 탄압에 맞서 싸우는 일입니다. 또한 그 깨뜨림은 군대에 국한되지 않은 새로운 공적참여 조건을 마련하는 일입니다.

자유의지와 평화를 전제로 한 사회복무제가 대안입니다

대체복무제를 병역의무에 대한 예외 규정으로 인식하던 틀을 뒤바꿔봅시다. 국방 패러다임에서 공적참여 패러다임으로 '확대'해보자는 말입니다. 군사분야 외에 복지·생태·의료 등 많은 분야를 포괄하는 사회복무제 형태를 도입하는 것, 그래서 군복무는 그 사회복무제 중 하나의 선택사항으로 존재하는 것은 과연 불가능한 꿈일까요. 대체복무제 형태로 지금껏 거론되어온 분야들 외에도 군인이 꼭 수행하지 않아도 되는 수해복구, 대민지원 등의 분야를 적극적으로 사회복무의 일부로 수렴함으로서 군대 자체도 효율화를 기하고 해당 분야의 가치도 더 증진될 수 있습니다. 게다가 이러한 형태의 사회복무제는 여성과 남성 모두가 동등하게 참여하는 것과 평화적 신념을 지닌 이들도 부담없이 참여하는 것을 가능케 합니다. 그리고 신체검사로 결격을 판단 짓는 것이 아닌 개인의 자유의지, 사회의 필요성으로 공적참여 방식이 결정됩니다. 상업적이지도 않고, 관료적이지도 않은 국민의 자발적 참여로 사회가 필요로 하는 가치를 창출하는 사회복무제를 통해 기존 징병제가 갖고 있던 평화주의와의 충돌과 정상남성 이데올로기라는 편협함을 극복할 수 있습니다. 한마디로 평화가 국민 공적참여 의무의 본체이고 불가피한 무력으로서 군대는 최소화시키고 부분으로 존재하는, 패러다임의 전환이 저는 현재 한국 징병제가 평화적인 방식으로 재편되는 핵심사항이라고 봅니다.

과도한 복무기간과 격리적 복무방식을 바꿔야 합니다

덧붙여 과도하게 긴 복무기간을 대폭 축소해야 합니다. 현재의 복무기간과 격리조치적인 복무방식은 필요 이상의 기본권 탄압과 비효율성을 야기합니다. 사회복무제를 설령 시행한다고 해도 현재 수준의 복무기간과 복무방식이라면 기본권 탄압의 성격에서 완전히 자유로울 수는 없을 것입니다. 또한 징병제를 실시하고 있는 전 세계 83개국의 징병기간은 보통 4~12개월 수준입니다. 공적참여를 보편적 의무로 규정해놓고 실상 내용과 형식은 전혀 보편적일 수 없는 형태를 강요한다면 그것은 의무라기보다는 강제동원의 타이틀을 붙이는 편이 더 나을 것 입니다.

군대만이 유일한 공적참여 방식이어야 한다는 군사주의적 편견을 극복하면, 사회가 필요로 하는 가치를 창출하는 다른 공적참여 방식의 길을 얼마든지 상상할 수 있습니다. 그 '대안의 길'을 만들어내고자 현재의 군대에 거부하는 것이야말로 징집영장을 받은 개인이 할 수 있는 최선의 평화적·이성적 선택이라고 생각합니다.

평화와 공존의 의무를 수행하겠습니다

참혹한 전쟁으로 죽어간 무고한 생명, 빈곤과 차별이 상식처럼 벌어지고 있는 현실, 우리에게 지금 필요한 의무는 그 현실에 달려가 고통받는 생명을 살리는 일입니다. 지금 인간에게 필요한 것은 총과 칼, 적대와 전쟁을 준비하는 예비적 무력의 확산이 아니라 고통받고 죽어가는 민중에게 달려가는 겸손한 마음과 평화와 공존을 받아들일 수 있는 준비를 하는 것입니다.

저는 그 의무를 수행해야 합니다. 무기와 폭력, 그것이 전제되는 의무가 아닌, 평화와 공존이 실현될 수 있는 의무를 말입니다.

그 신념이 비록 지금 대한민국에서 받아들여지지 않아 감옥에 가게 된다 해도 굽히거나 타협하지 않겠습니다. 그 신념이야말로 나의 전부이니까요. 그 신념이야말로 인간과 역사의 가장 절실한 가치라 굳게 믿습니다.

2010. 11. 9 병역거부선언

안지환

아, 오날 일인의 아나키스트로서 국가의 역(役)에 거부한다

인간은 그 누군가 자신이 되고자 하는 이가 되고자 하는 순간부터 그 존재가 된다. 나는 어린 날에부터 아나키스트가 되고자 하였다. 이는 서양의 신 지식에 감흥하여 그를 따르고자 하는 것이 아니라, 내 나름의 선을 찾아가던 중에 내가 임의로 결론한 많은 것들이 선구의 아나키스트들이 주장한 것들과 같은 맥락에 있다고 생각하였기 때문으로, 어느 누군가에게서 당신의 이상이 무엇입니까, 하는 질문에 편히 답하기 위해 '아나키즘'이라는 단어의 허울을 빌어 쓰고 있는 것이다. 단어가 갖고 있는 설명과 지시를 가지고 내가 여러분께 말씀드리고 싶은 여러 가지 것들을 다 전달할 수 없음에도, 굳이 자신을 아나키스트로 소개하는 이유는, 발언하는 것의 책임으로부터 도망하지 않기 위함이다. 명백히 이야기하자면, 그렇다, 내가 아나키스트라고 자신을 명하는 일은 우스운 것이 사실이다. 꼴도 우습기로서니, 아나키스트란 도대체 무엇인가, 당신이 주장하는 아나키즘이란 도대체 무엇인가, 하는 질문을 시작하게 되자면 이야기는 길어지고 또 기다 아니다 결론지을 수도 없는 문제일 뿐이다. 그럼에도 다시 한 번, 자신이 아나키스트라 밝히는 것은, 눈 덮인 들판을 걷는 지금에 방향 삼을 별빛 찾는 마음에서이다.

그러니 다시 한 번, 명백히 이야기하자면, 아는 아나키스트 이전에, 그저 일개 자유인으로서, 아니, 일개 인간으로, 하고 싶지 않은 일을 하지 않겠다는 주장을 할 따름이다. 그에 있어 여러분과 국가의 제재가 이제부터 시작될 것이고, 싸우고 싶은 마음이 일절 없음에도 불구하고, 여러분의 힘에 대항해야만 하는 내가 방패삼아 내 세울 것이 아나키즘이라 할 수 있겠다.

이하 경어로 글을 다시 시작하겠습니다.
여러분에게 제가 자신의 양심에 따라 병역을 거부하겠다고 선언하는 데에 있어서, 저의 양심의 기준이란 어떤 것인지, 그 구성의 개인사적 과정과 내 양심의 진실함을 여러분께 증명할 필요는 법적으로도 도의적으로도 일체 없습니다. 이는 치기로 하는 이야기가 아니라, 실로 그러한 것입니다. 제가 아침에 산을 오르고, 비가 오면 바닷가에 나가보는 것, 점심게 대청에 누워 잠을 자는 것, 들에 핀 개망초를 꺾어다 방 안 화병에 꽂아놓는 것, 그러한 일들을 그 누구의 허락 없이 할 수 있어야 하는 자유와 마찬가지로, 군역을 치르지 않는 일 또한 일개인의 자유입니다. 그 자유를 제지하고자 한다면, 제지하는 측에서 그 사유를 설명해야 하는 것이 이치이지, 내 쪽에서 개망초를 좋아하게 된 사연과 개망초를 꺾으면서 느낀 기쁨과 죄책감 따위의 심경 변화와 그것을 화병에 꽂아두고 바라보는 이유 따위를 설명할 필요가 없는 것입니다.

오늘 제가 이 선언을 하는 것에서 파생되는 가장 근본적인 문제는, 선언 이후, 지금부터 시작되는 일련의 법 절차입니다. 첫째로, 양심의 선언을 하는 자에게 양심의 검증을 요구하는 것, 둘째로, 근본적으로, 국가가(아무리 좋게 이야기해도 공동체가) 개인의 자유를 침탈하는 데에 그 개인이 납득할 만큼의 충분한 논의나 교섭 따위가 없었다는 것. 이는 즉, (국가의) 폭력에 대한 부분입니다.

현재의 자본주의 아래에서 법체제의 허구
오늘날의 이 곳, 리퍼블릭 오브 코리아라고 하는 국가가 주장하는 바에 따르면, 이 국가의 법은 저를 포함한 국민 여러분 모두가 함께 지키기로 합의한 계약입니다. 공화국인 대한민국은 대의민주주의, 대의제, 의회민주주의 따위로 설명할 수 있는 정치 법체제를 자국의 체제라 이야기합니다. 간략히 이 체제가 이야기하는 바를 설명하자면,

1. 국민이 자신의 의사를 반영할 수 있는 대표자를 뽑는다,
2. 대표자가 법을 제정한다, 대표자가 법을 시행하는 기관을 통솔한다.

3. 대표자가 제정하는 법은 국민이 직접 뽑음으로서 그 의사를 위임 혹은 대표하였기 때문에, 국민 전체가 제정한 것과 같은 것으로서
4. 국가의 법은 국민이 제정한 것이다. 즉, 국민 모두의 합의 계약이다.

정도로 이야기할 수 있겠습니다. 즉, 공화국에서 법이란 형식적으로는 '국가라는 공동체의 구성원 모두가, 생활에 있어 불편하게 될 일들, 상호 간의 자유를 침해하게 될 일들 따위를 대비하여 미리 공동의 약속을 해두는 것'이란 말입니다. 그러나 여러분, 진실로 법은 국가의 구성원인 우리 모두가 합의한 것입니까.

타국의 사정은 안타깝지만 다음에 이야기하도록 하고, 이곳, 한반도의 남쪽에 위치한 인구 5천만 명이 살고 있는 이 지역에는, 오늘도 여전히 계급이 존재합니다. 직업, 소득, 교육수준, 그 모든 생활의 요소들이 빡빡하게 짜여진 톱니바퀴처럼 작동하며 우리는 눈에 보이지 않지만 필시 나뉘어져 있는 계급으로 존재합니다. 재산을 화폐로 환산하고, 그 화폐를 보유하고 있는 정도로 나누어 본다면, 눈에 보이게도 계급을 갈라 볼 수 있습니다. 실제로 국가는 차상위 계층, 극빈층 따위로 그 재산에 따른 계급 분류를 하기도 하고, 기업은 학력이나 부모의 직업, 사는 곳 따위로 계급을 분류하기도 합니다. 계급은 실재합니다.

예컨대 정치가들은 두루뭉술 중산층과 서민이란 말을 쓰고 있습니다. 이는 사전적으로 잘못된 계급 분류입니다. 말하자면 30ml급과 30cm급을 같은 단위인양 이야기하는 것과 같습니다. 중산층은 중산계급의 다른 표현으로; 노동자인가 생산수단을 갖고 있는 경영자인가 하는 분류로 나뉘는 단위로; 유산계급과 무산계급의 사이에 있는 계급을 말하고, 서민이란 본디 왕이나 벼슬아치 따위를 제외한 만백성을 일컫는 말입니다. 서민을 계층에 대한 분류로 이야기하자면, 서민과 서민이 아닌 이들로 나뉠 수밖에 없습니다.

만일에 정치가들이 중산층이 서민보다 재산 보유 등의 기준에서 바로 위의 계급이라는 식으로 이야기하는 것이라면, 이는 중산층은 모두 직함을 갖고 있는 이들, 그러니까 자기 자신들을 일컫는 것이라고 봐도 무방할 것입니다. 그러니까 중산층(벼슬아치들) 및 정치가들과 기업가들(대개 무슨 연구소 이사 따위의 직함을 하나씩 갖고 있으니까)과 서민(무산계급 및 모든 노동자들)으로 계급을 나누는 것이라고 봐도 무방하다 이 말입니다.

정치가들은 형식적으로는 본디 서민이나 서민이 아닌 이의 범주를 넘

어서서, 모든 국민이 같은 권리를 갖고 있는 국가의 구성원 일인으로, 단위별 국민이 다수결의 원칙에 의거하여 표결로 뽑는 일개 대표자일 뿐입니다. 대표자의 직함은 실제로 권력이 있으나, 그 권력은 단위의 국민들이 일시적으로 대표자에게 이양하기로 계약함으로 부여되는 권리이지, 조선조나 제정 때 같은 왕정국가의 직함자에게 왕이 내려주는 절대 권력의 일부가 아니라는 말입니다. 그런데 정치가들은 일정 때 이후로 공화국이 되면서 폐기해야 했을 서민과 서민 아닌 이들의 분류를 아직도 쓰고 있습니다.

예컨대 유산계급의 이익을 대변하는 정당은 있을 수 있는 일입니다. 마찬가지로 중산계급과 무산계급의 이익을 대변하는 정당 또한 있을 수 있습니다. 이는 공화국의 법 체제가 지켜주기로 한 권리입니다. 모든 국민이 자신을 대변하는 대표자를 뽑을 수 있는 것입니다. 그러나 서민을 대변하는 정당이라니, 이것은 애초에 말이 안 되는 이야기인 것입니다.

이러한 분류 방식은 실제 사회의 계급 상황을 여실히 보여줍니다. 실제 아직도 우리 사회는 온전한 공화국, 민주주의 국가의 형태가 아닙니다. 간접민주주의의 기본조차 이루어지지 못했습니다. 여전히 상위계급(그러니까 벼슬아치들과 이후 말할 유산계급)은 국가의 법에 의거한 권리 분배에 따르지 않고, 절대권력을 행할 수 있습니다. 하층계급 그러니까 서민은 상위계급의 권력 행사에 대해 이의를 제기할 수 없습니다. 다양한 장치를 준비해두고 있다는 변명을 하여도 실제적으로 그들의 권력에 반할 수 있는 힘이 없음을 우리는 알고 있습니다.

왕정국가도 아닌 오늘날에 그들의 절대권력은 도대체 어디에서 기인하는가

자본주의 사회에서 돈은 권력이고, 권력은 돈입니다. 돈이 있으면 무엇이건 살 수 있고, 할 수 있습니다. 이에 사람들은 돈을 많이 '갖고자' 합니다.

오늘날 어떠한 이익을 이야기할 때에, 모든 이익은 돈으로 귀결됩니다. 예쁘면 이익이다, 하는 것도 예쁘면 좋은 배우자 만날 수 있고, 좋은 배우자란 돈 잘 버는 상위계급의 배우자를 의미하고, 남은 인생 돈 걱정 없이 살 수 있으니 이익이다, 하는 것이고, 똑똑하면 이익이다 하는 것도 마찬가지로 똑똑하면 좋은 대학 가서 좋은 직장에 갈 수 있고, 여기서 좋은 직장이란 돈 잘 버는 직장을 의미하고, 남은 인생 돈 걱정 없이 살 수 있으니 이익이다 하는 말입니다. 국익이라는 말은 곧 외자 유치, 자본의 국내 흡수를 말합니다. 자본주의 사회에서 '좋은', '잘' 따위의 단어들은 본질적으로 그것이 함유하고 있던 수많은 의미들을 다 휘발시키고 '더 많은 자본'의 의미로만 그 힘을 발휘합니다. 화폐의 마력이란 그만큼 대단한 것입니다.

경제학자들은 그 성향이 어떻건, 그 파가 어느 쪽이건 가장 기본적으로, 화폐가 계속해서 움직여야 제대로 된 경제 상태라는 것을 기본으로 설정합니다. 돌고 돌아 돈이라 하는 말 그대로, 돈은 계속해서 돌아야 하는 것입니다. 사실 화폐라는 것은 실체가 아니고 어떤 가치를 담아놓는 허울입니다. 화폐가 돈다는 것은, 말하자면 그 가치가 돈다는 의미입니다. 생명체의 혈액이 계속 순환하고, 지구의 물과 공기가 계속 순환하여 생명이 이어지듯이, 화폐가 대변하는 그 가치, 자본이라는 것은 계속 순환해야 합니다. 이는 저의 독단적 주장이 아니라 자본에 대한 모든 학자들의 기본 주장입니다. 그런데 한정되어 있는 자본을 어느 누가 축적만 하고 있으면, 응당 다른 사람들은 그만큼 가질 수 없게 됩니다. 순환이 되지 않으면 불황이 오고 공황이 오는 것입니다. 그러나 오늘날의 경제학자들은 이 상황에 대해 축적만 하고 있을 사람은 없다고 합니다. 자본을 축적하는 것은 예상치 못하는 앞날에 생길 일을 위해 준비해두는 것으로, 그 위험보다 '투자'를 통해서 후에 더 많은 자본을 획득할 수 있다면, 그 이익을 위해 갖고 있는 자본을 풀게 되기 때문에, 궁극적으로 자본을 축적만 하는 사람은 없다고 이야기합니다. 그러므로 이에 대해 걱정할 필요가 없다는 것입니다. 그것이 오늘날 전 세계의 경제 상황을 정책으로 유지시키는 가장 기본이 되는 논리입니다. 부차적으로 생기는 현실의 문제들에 대한 정책들을 내놓을 뿐, 기본적으로 자본은 자연히 절로 잘 순환하게 되어 있다는 것입니다.

그러나 현실은 어떻습니까. 화폐란 땅이나 쌀이나 배추나 무 같은 것이 아니라 오래 두어도 썩지 않고 많이 쌓아도 부피가 커지지 않습니다. 오늘날에 화폐 뒤에 0을 하나둘 더 붙이는 일은 몇 바이트의 전산적 공간만 있으면 충분합니다. 사람은 더 이상 돈에 대해 자연스럽게 생각하지 않습니다. 자본을 이미 갖고 있던 사람들은 그 자본을 씨자본으로 계속해서 더 많은 자본을 축적하는 데에 혈안이 되었고, 그들이 더 많은 자본을 축적하는 만큼 시장에 남은 자본은 적어집니다. 우리가 사용할 수 있는 자본은 점점 줄어만 갑니다. 불황이나 경제위기는 기본적으로 이런 상황에서 기인합니다. 이미 자본을 선점하고 있던 자본가들은 시간이 지날수록 더욱 더 많은 자본을 축적합니다. 그리고 그들은 그 돈을 자연스레 흐르도록 내버려둘 생각이 전혀 없습니다. 우리는 많은 사례들을 통해 알 수 있습니다. 자본가들이 자본을 자연스럽게

순환하도록 두지 않는 것이 현실입니다. 그들은 악의적이건 의도하지 않았건 일단은 여러 방법(불법과 합법 어떠한 식으로건 가능한 모든 방법)을 통해 굴을 파고 우물을 파서 자본을 쌓아두고자 합니다.

세계 자본의 8할을 전체 인구 중 2할의 상위계층이 갖고 있다는 식의 이야기는 이제 너무나 익숙한 이야기입니다. 자본주의는 그것이 당연한 것처럼 이야기하지만, 그러나 애초에 자본주의가 주장하는 바에 따르면, 이러한 소유의 편중 현상은 당연한 것이 아닙니다.

사실 자본주의의 근간 자체가 현실에서는 제대로 작동하지 못하고 있습니다. 자본주의는 일한 만큼 돈을 벌고, 돈을 가진 만큼 할 수 있는 일이 생기는 것이니, 만민에게 공평한 것처럼 이야기하지만, 사실 구체적으로 따지고 들어가자면 애초에 '일한 만큼의 돈'이라는 것의 책정부터가 커다란 난관인 것입니다. 수요와 공급의 자연스러운 상호관계 속에 '일한 만큼의 돈'도 자연스레 정확히 책정될 것이라고 이야기하지만, 현실에서 일한 만큼의 대가로 주는 보수를 책정하는 것은 사용자와 노동자 양측의 자연스러운 견제 속에 이루어지는 것이 아니라 대개 사용자인 자본가의 편의에 맞추어져 이루어집니다. 그것은 이미 다들 주지하시다시피, 돈을 가진 것이 곧 권력이 되는 오늘날의 현실 때문입니다. 자본을 선점하고 있던 자본가들의 시초도 문제가 됩니다. 이는 공평한 선상에서 이루어진 이상적인 자본주의 체제의 시작이 아니라, 왕정에서 민주주의로 넘어오던 시기에 왕권국가에서부터 기득권을 갖고 있던 이들이 대체적으로 자본을 선점한 상태로 이루어진 현실 때문이기도 합니다. 한국의 경우 많은 기득권 계층은 통상 친일계, 그러니까 황제에 충성을 다짐하던 왕권국가에서의 기득권들이었음을 우리는 알고 있습니다. 그 외에도 우리의 경우 독재 시기(마찬가지 왕권국가에 진배없는)를 거치며 비슷한 경우들이 여럿 있습니다. 그러나 부친이 친일이니 너도 악이다 하는 식의 논리를 펴고자 하는 것이 아닙니다. 이제부터 이야기하고자 하는, 자본가가 자본을 갖고 있는 것 자체가 권력이 되는 현실 그 자체가 본질적인 문제인 것입니다.

앞서 이야기했듯이 간접민주주의 공화정 체제 아래에서 위정자들은 본디는 단순히 우리의 대표자일 뿐입니다. 그들에게 이양된 권력은 공공의 평화를 위해 일시적으로 위임된 것에 불과합니다. 기본적으로는 같은 권리를 가진 같은 인간인 것입니다.

마찬가지, 민주주의를 근간으로 하고 있는 자본주의 체제에서, 그러니까 정상적이고 건강한 자본주의 체제에서, 노동자와 사용자는 동일한 권리를 가진 인간일 뿐입니다. 마치 배가 앞으로 나아가는 데에 있어서, 키를 맡는 사람이 필요하고, 노를 젓는 사람이 필요하고, 망을 보는 사람이 필요하고, 돛을 펴는 사람이 필요하고, 이 모두를 통괄하여 지시해줄 사람이 필요하듯이, 경제활동을 하는 사업체에 있어서도 각자의 역할을 맡는 사람들이 필요합니다. 이들은 상하의 관계, 주종의 관계가 아니라, 맡은 역할이 다른 같은 인간일 뿐입니다. 그래야 정상인 것입니다.

우리는 '갑과 을'의 관계라는 말을 곧잘 씁니다. 갑이 주고 을이 종이라는 의미로 갑과 을의 관계라는 말을 사용하고 있습니다. 그러나 이것은 심각한 언어도단이며, 그 언어도단에 이르기까지 얼마나 우리 사회가 병적으로 기형이 되었는지를 단적으로 보여주는 예입니다. 갑과 을은, 갑을병정무기경신임계, 천간의 순서 중 첫 번째와 두 번째 천간입니다. 천간은 십이지와 함께 육십간지를 이루는 구성요소로, 우리가 통상 임진년 병자년 하는 식의 해를 세는 단위, 그러니까 숫자를 세는 단위인 것입니다. 말하자면 1, 2, 3, 4, 5, 6과 마찬가지이고, 알파벳 a, b, c, d와 마찬가지인, 약속된 순서를 표시하는 단위일 뿐입니다. 동양 철학에서 간지 하나 하나가 의미하는 바와 그 신묘한 과학에 대한 부분은 차치하고, 또 갑을병정무기경신임계가 모두 각각의 중요한 의미를 갖고 있는 동등한 구성체라는 부분도 차치하겠습니다. 갑과 을은 단순한 표시문자일 뿐입니다. 말하자면 통상 우리가 계약서를 쓸 때에, A와 B의 관계라고도 쓸 수 있는 것을 갑과 을의 관계라고 쓰고 있는 것입니다. 이는 무조건적으로 갑이 주고 을이 종이라는 의미가 아니고, 계약서의 작성에서 개별 계약 주체의 모든 이름을 다 쓰는 것이 복잡하니까 편하게 보자고 갑을병정 하는 천간의 단위를 써왔다는 것일 뿐이라는 이야기입니다. 계약서에는, 그러니까 민주주의 국가에서 작성되는 모든 계약서에서는 주와 종의 관계로 이루어지는 계약 따위는 존재하지 않습니다. 존재할 수가 없습니다. 주와 종은 주인과 노예를 말하는데, 만인의 권리가 같다고 하는 것에서 출발하는 체제가 주종의 관계를 법적으로 허락할 수가 없는 것입니다. 앞서 말했듯이, 사용자는 단지 사업체를 세우고, 그 활동의 방향을 잡아가는 역할을 하고 있는 사람일 뿐이며, 노동자는 사용자와 함께 서로의 동의할 수 있는 조건으로 계약하여 사업체에서 일을 하고 있는 사람일 뿐인 것입니다. 그것이 당연한 이야기인 것입니다. 그러나 우리 사회는 자본주의 체제에서, 돈을 가진 것이 잘난 것이고, 일을 하는 사람보다 일을 시키는 사람이 위에 있다는 것이

주지된 사실인 것 마냥 착각하고 있는 것입니다. 그러나 그것은 결코 민주주의공화국이라고 하는 곳에서 허용되어서는 안 될 인식입니다.

그러나 실상은 우리 모두가 이 세계 역사상 유례없는 기괴한 논리에 자의건 타의건 순응하며 그런 현실을 받아들이고 있습니다. 이것은 말도 안 되는 상황입니다. 모든 국민의 암묵적인 갑과 을의 계약 속에서, 실제 자본가들은 자본을 갖고 있는 만큼 자신이 권력을 갖고 있는 것으로 판단하여, 그 권력으로 수많은 범법행위들을 자행하고도 공공연히 법의 심판을 빠져나가고 있으며, 이러한 상황은 결단코 제대로 된 법치 민주주의 공화국 체제라고 할 수가 없는 것입니다.

법치 민주주의 공화국 체제가 온전히 이루어졌을 때에, 모든 평화와 평등이 찾아온다는 이야기를 하는 것이 아닙니다. 그러나 최소한 현재의 국가가 자신의 존재를 법치 민주주의 공화국이라고 주장하고 있는 바, 국가는 최소한 자신이 주장하고 있는 체제의 정확한 실현이나마 우리에게 보여줘야 한다는 말입니다. 그러나 국가란 무엇입니까. 국가란 국민이라고 불리우는 구성원들의 공동체입니다. 결국 국가란 우리란 말인데, 우리가 국가 자신임에도 우리는 국가의 상태에 아무런 힘을 발휘할 수가 없습니다. 혹은 의지가 없습니다.

자본가들은 국가(라는 이름의 출처를 알 수 없는 권력)와 함께 그 힘을 공고히 하여 '서민'을 제 맘대로 갖다 씁니다. 시뮬레이션 게임에서 우리가 신이 되거나 경영자가 되어 게임 속 인물을 들어다 어디에 앉혀놓고 일을 시키고, 잠 못 자고 일을 하게 하고, 그러다 죽으면 갖다버려서 공동묘지를 만들어 행성을 꾸며보고, 다시 부활시키고, 물에 빠뜨리고, 하늘에 집어던지는 것과 마찬가지로, 지금 권력을 가진 이들에게는 시뮬레이션 게임 사용자의 무한 권력에 진배없을 만큼의 거대한 권력이 주어져 있습니다. 수천억 돈을 빼돌려 상상도 할 수 없을 만큼 비싼 차를 사고, 상상도 할 수 없을 만큼 큰 집을 짓습니다. 사람을 패고 도청하고 감시하고 수많은 가정을 파괴합니다. 민주주의와 자본주의 체제가 허락하는 정당한 수익으로 행해지는 일이 아닌 경우가 허다할 뿐더러, 저는 여러분에게, 체제가 허락하는 정당한 수익의 정도가 어디까지인지에 대해서도 묻고자 합니다. 얼마 전까지 매점매석은 큰 문제가 아니었습니다. 금융자본주의에서는 하루가 다르게 새로운 수법의 돈 버는 방식이 생겨나고, 하루가 다르게 그 새로운 수법들을 제재하는 법이 생겨납니다. 법이란 절대적인 것이 아니며, 대자본가들이 자본을 갖고 놀음하는 것에 대한 법령 또한 현재의 것이 정의가 아닙니다. 법이란 우리가 만들고 우리가 공표하고 우리가 지키는 것입니다. 우리는 수많은 경제와 관련된 연구결과들에 대해 주의를 기울여 도대체 어디까지 어떤 식으로 이 자본주의 체제를 활용할 것인지에 대해서, 단 한번이라도 제대로 된 논의를 해야 할 것입니다. 그렇지 않으면, 지금처럼 그저 내버려둔다면, 자본가들은 자신이 가진 자본과 그 자본만큼의 힘으로 언제나 자신들에게 유리한 법을 만들고 유지시키고자 할 것이고, 그에 대해 우리는 사실은 표결로서 대응할 힘이 있음에도 제대로 된 대응 한 번 못해본 채, 언제나 그들이 원하는 대로, 그들 마음대로 할 수 있는 국가를 유지하고 있을 것입니다.

이 이야기를 지금 저의 입장에서 꺼내는 것은 논지에 벗어난 사고를 유발시키는 것일 수도 있지만, 정치가들과 정치가들의 자녀, 자본가들, 소위 지도층이라 불리는 기득권력층과 그들의 자녀들은, 하나같이 합법적인 사유로 병역을 면제받고 있는 것이 실제 조사의 결과로 나타나고 있습니다. 병역에 대한 문제는 왜 나는 갔는데 너는 가지 않느냐 하는 평등성에 대한 문제가 그 첫 번째 지적되는 부분인데, 이 형평성에 대한 부분에서 우리가 가장 눈여겨 봐야 할 것은 형평성을 깨고 있는 것이, 자신의 결정으로 병역 대신 징역을 살고 있는 이들이 아니라, (이들은 현재까지 국가가 주장하는 법의 형평성에 의거한 징벌을 받고 있으므로) 돈을 주고 병역 등을 면제 받을 권리를 사고 있는 사람들이 있다는 사실입니다. 평등의 모양을 가장한 현재의 법이 자본으로 살 수 있는 면죄부를 언제나 제공하고 있다는 사실이라는 것입니다. 돈이 있느냐 없느냐에 따라 우리의 권리 정도는 달라지는 것입니다. 그것이 바로 현재의 불평등의 가장 큰 근간이 되는 것입니다.

나의 아나키즘

이상으로 저는 법치 간접 민주주의 공화정의 온전한 실현이 정의롭고 평등한 사회를 만드는 길이다 함을 주장하는 바가 아닙니다. 외려 저는 간접민주주의가 요구하는 희생도 인정할 수 없는 입장입니다. 요는 간접민주주의가 이상적인 상황에 도달한다 하여도, 이는 다수결에 의거한 표결 방식의 의사결정 제도입니다. 즉, 앞서 누누이 말씀드렸듯이 모든 국민이 합의하는 법이라는 것이, 실상은 다수의 국민이 합의하는 법으로서; 그러니까 다수가 소수에게 실제적인 물리력을 행사하는 것이 이 다수결의 근간이 된다는 데에서, 가장 큰 폭력이 있다는 말씀입니다. 단적으로 말해서, 범법자의 신체를 구속시키는 것은, 정의에 의거한 신성한 징벌이 아니라, 예컨대 우리의 경우, 5천만 명의 인간들이 합심하여 한 명을 잡아서 자유를 빼앗고 가두어놓는 것이라고 말할 수 있다는 것입니다. 이는 실로 무서운 결정입니다. 법의 강제성이란 너무나 무서운 것입니다. 단지 '법이기 때문에'라고 '법'의 이름을 들먹이고, 그 뒤에 우리가 비겁히 숨을 수 있는 내용의 것이 아니라는 말입니다. 법이란 우리의 힘입니다. 우리 모두의 힘을 빌어 합쳐놓은 것이 법으로, 모든 법 집행은 우리 모두가, 5천만 명 인간들이 다 제 손으로 행하는 일과 다름없다는 것입니다. 혹은 더 슬프게 말하자면, 법이 정하는 정도에 따라서, 3천만 명이 나머지의 자유를 구속하는 것, 혹은 2천5백만 하고도 한 명이 나머지의 자유를 구속하는 것이 될 수도 있는 일입니다.

다시 말해서, 법이란 법 체제 구성원 모두의 권력이 동원된 물리적인 구속 수단이기도 한 것입니다. 사형을 언도한다면 이는 그 사회 구성원 모두가 힘을 합쳐 한 명의 인간을 죽이는 일입니다. 실상 신체의 자유를 구속시키는 것은 어떠한 의미로는 사회적 죽음을 의미한다고도 볼 수 있습니다. 전쟁에 국가의 훈련된 정규군을 보내는 것은 그 전쟁에서 일어나는 모든 살육의 행위들에 이 국가의 모든 구성원들이 합의하고 동참함을 의미합니다. 경찰이 철거민을 벼랑 끝으로 몰아 떨어지게 하는 것도, 이주단속반이 노동자를 창밖으로 몰아 떨어져 죽게 하는 것도, 시장 상인들을 개 패듯이 패서 실명 시키는 것도, 법의 이름하에서 이루어지는 이상, 이는 우리 모두가 우리 모두의 손으로 합의하고 행하는 일이라는 것을 의미합니다. 법에게 허용해주는 강제력이란 너무나 무서운 것입니다. 쉽게 생각해서는 안 될 부분입니다. 하물며 군대라 하는 것은 전적으로 효율적으로 적을 살육하는 데에 그 목적을 두고 있으며, 군의 모든 체제와 운영 방식과 훈련들, 모든 군물품들은 최대한으로 그 목적에 부합되게 그간 단련되어온 것들입니다. 법으로서 이러한, 너무나 무서운 '군대'라는 것을 인정하고 운영하고 있을 때에는, 우리의 안전을 위해서, 라고 단언하고 끝낼 문제가 아닌 것입니다. 왜냐하면 무력의 이용이란, 자위와 안전을 위한다고 말하여도, 전 세계가 합법으로 인정하여도, 그것의 근본은 내재하는 폭력이며, 그 폭력을 통한 협박이며, 또한 실제적 폭력, 그것도 무시무시한 폭력이기 때문입니다. 그러한 도구를 그래도 굳이 선택하겠다면, 그에 대해서 사회의 구성원들이 끝없이 계속 논의해도 부족하고 부족한 것입니다.

논의의 일개 주체로서, 사견을 말씀드리자면, 저는 개개인에게 개인의 권리보다 더 큰 권리(권력)을 부여하는 체제는 모두 근본적으로 사라져야 한다고 생각합니다. 이 개인 자신의 것보다 더 큰 권력은 곧 타인의 권리(권력)를 짓밟을 수 있는 폭력을 의미하며, 모든 개인이(심지어 모든 존재가) 동등한 권리를 갖고 있음을 우리가 인정하고 주창할 때에(실행할 때에) 진실된 의미의 평등이 실현되었다 말할 수 있을 것이며, 이를 저는 아나키즘의 실현이라고 생각하고 있습니다. 그렇다면 동등한 권리란 무엇인가. 애초에 동등한 권리란 (권력이란) 언어도단이 아닌가. 그것을 정하는 이는 누구인가.

모든 권리에 대하여
예를 들어 만일 누군가의 무력 침공으로 나의 친구들과 나의 가족들이 위험에 처한다면 나는 응당, 기꺼이 총을 들지 모릅니다. 상대가 누구이건 내가 사랑하는 이들의 안전을 지키기 위해서는 나 또한 상대에게 폭력을 행사하고 살상을 행할지도 모르는 일입니다. 나는 무조건적인 반전론자이며 무조건적인 비폭력주의자이며 무조건적인 평화론자이나, 앞서 지속적으로 이야기했듯이 완벽히 옳은 그 어떤 것은 없으며, 결국 모든 것은 선택에 대한 문제입니다. 나에게는 물론 이 선택의 사항을 타인에게 강요할 권리가 없습니다. '모두에게는 모든 권리가 있다.' 그리하여 저는 저항권을 주장하는 이들에게 그들이 잘못되었으니 그만두라고 할 권리는 없습니다. 그러나 또 동시에 그들에게 그만두라고 말할 권리가 있으며, 나아가서는 저항권자들을 저지하고자 실력을 행사할 권리 또한 있는 것입니다. 이 무슨 무법 상태와 같은 이야기를 하고 있느냐고 이야기할 수도 있겠으나, 말 그대로 이러한 무법상태에서의 혼란을 막기 위하여 법이라는 것을 정하겠다는 것이 오늘날 법의 기본 취지인 것입니다.

모두에게 모든 권리가 있는 와중에, 우리는 숱한 권리들의 충돌을 볼 수밖에 없습니다. 예컨대 노동자에게는 파업권이 있습니다. 그렇다면 자본가에게는 파업의 저지권이 없는가? 하면 응당 자본가에게도 파업의 저지권이 있습니다. 말뿐일까, 자본가에게는 파업 노동자를 전부 해고할 권리도 있고 파업 노동자를 전부 폭력으로 다스릴 권리도 있습니다. 그렇다면 노동자에게는? 노동자도 마찬가지 자본가의 목을 베어 공장문에 걸어놓을 권리가 있습니다. 자본가는 노동자들에게 총을 갈길 권리가 있습니다. 이처럼 권리란 그저 존재하는 것입니다. 파업권과 마찬가지로 물을 마실 권리도 있고, 국경을 넘을 권리도 있고, 지나가던 사람을 쥐어팰 권리도 있습니다. 모두에게는 모든 권리가 있습니다. 그러나 우리 모두의 권리들에는 각기 서로의 권리들을 침해하는 부분이 있는 것입니다. 나의 권리가 타인의 권리를 침해하는 폭력이 되어도, 그 권리는 존재하고 있습니다. 그 누구이건 살아갈 권리는 있습니다. 그러나 내가 살기 위해 살아 있는 타 생명을 죽이는 권리 또한 존재하고 있기는 마찬가지입니다. 이 상충하는 권리를 나무의 가지치기를 하듯이 정리하는 것이 법입니다. 우리 모두가, 그러니까 법체제하에 살기로 약속하는 그 입법민주주의 국가의 구성원 국민 모두가 전반적으로 합의하여 어떤 권리보다 다른 권리를 우선하는 것으로 약속하는, 이 계약, 이것이 법인 것입니다. 법은 도덕이나 정의에 대한 것이 아닙니다. 물론 사회 도덕이나 정의에 따라 우리의 합의가 방향을 잡을 것입니다만, 기본적으로 법은 이 권리들을 정리하는 하나의 약속, 계약일 뿐인 것입니다. 법이란 대다수의 사람들의 권리를 지키기 위해 소수의 권리를 짓밟는 것을 그 근본으로 하고 있는 것입니다. 법은 지금 편하기 위해 자연하는 어떤 것의 성장을 잘라내고 존재하는 어떤 것을 인정치 아니하는 태도에 불과합니다.

무엇보다 법이 지키고 있다는, 이 '대다수'의 권리라고 설명되어지는, 공공의 이익이라는 부분은, 너무나도 애매모호한 것입니다. 예컨대 나치정권 아래에서는, 외국인이나 병자, 노약자, 정신질환자들을 사회적 낭비를 막는다는 이유로 죽이는 것이 법이었습니다. 이란에서는 간통죄의 여성을 땅에 묻어 머리만 내어놓고 돌팔매질해서 죽이는 것이 법입니다. 조선민주주의인민공화국에서는 국경을 넘으려 하면 공개처형, 총살하는 것이 법입니다. 프랑스에서는 법적으로 독재를 가결하기도 했습니다. 공화국 내에서 노예제도가 합법인 시기가 바로 얼마 전입니다. 공공의 권익은 설명되어지기 나름인 것입니다. 우리가 지금은 법으로서 당연히 지켜야 할 것들이라 여기고 있는 많은 것들은 시대나 상황에 따라 사실은 언제든지 유동 가능한 것이라는 말입니다.

즉, 법은 선택에 관한 문제입니다. 법은 우리 모두의 동등한 권리를 지켜주는 대리자가 아니라, 우리 모두의 선택집합체에 불과합니다. 진실된 의미로 우리 모두의 평등한 권리를 이야기하자면, 우리는 법보다 더 나은 것을 찾아야 합니다. 우리가 법에 안주하는 순간부터, 우리는 진실된 의미의 자유를 잃는 것이고, 진실된 의미의 평등을 잃는 것입니다. 저는 '지금의 몇 가지 부조리한 법 조항'에 대해 이야기하고 있는 것이 아닙니다. 법이라는 체제가 갖고 있는 근본적인 부조리에 대해 이야기하는 것입니다.

그러나 안타깝게도 저는 지금 여러분에게 더 나은 (혹은 낫다고 이야기할 수 있는) 무엇인가를 제시할 수 있는 입장은 아닙니다. 저는 학문을 수행하는 학자도 아니고, 전문적인 지식을 가진 전문가도 아닙니다. 단지 오늘 이 선언을 통해서, 지금의 것이 여전히 문제가 있으며, 우리는 더 나은 것을 찾아야 한다는 이야기를 하고자 하는 것입니다.

그저 다시 한 번, 법이 우리 사회의 가장 마지막 지향점으로 마감되어서는 안 될 것이라는 말씀을 드립니다. 결국 모두가 갖고 있는 모든 권리는 만인이 평등하다는 다소 억지스럽게 정리된 단언으로 이야기할 수 있는 것도, 임의에 따라 언제든 지정될 수 있는 것도 아닙니다. 모두의 모든 권리는 요컨대 있다고도 하고 없다고도 할 수 있는 선적인 차원의 것일지도 모릅니다. 말 그대로 모든 이의 모든 권리인 것이라고밖에는 저로서는 설명할 길이 없습니다. 그러니, 그에 대한 우리의 선택이, 남아 있는 중요한 과제인데, 그 선택을 지금처럼 쉬이 타자에게 대리시키고 말 것인가 하는 이야기인 것입니다.

저는 수많은 폭력들을 봤습니다. 구조적인 것, 상황이 만들어내는 것, 그러한 체제에 의한 폭력뿐 아니라 단순히 일개인이 타인보다 육체적으로 더 큰 힘이 있음으로써 행사하는 폭력까지. 그 모든 폭력들의 기인체인 부조리에 대해 눈을 감고 살아갈 수는 없는 일이었습니다. 왜냐하면 오늘날 이 체제에서 사는 이상, 나에게 책임이 있기 때문에. 그 폭력의 현장을 내 눈앞에서 목도했기 때문에, 살아가는 나에게도 그 책임이 있기 때문에 나는 죄책감을 벗어던질 수가 없이 매일 매일을 살아갑니다.

부탁의 말씀

결국, 오늘 병역을 거부하겠다는 이 선언을 행하고, 징역의 길을 택하는 것은, 여러분들에게 나의 권리를 주장하는 바일뿐만이 아니라, 나 자신 또한 여러분들의 권리를 인정하는 기본적인 나의 입장 때문이라고 말할 수 있습니다. 나는 내가 하고 싶지 않은 일을 하지 않을 자유가 있으나, 결국 여러분들에게도 내가 하고 싶지 않은 역을 시킬 자유가 있는 것입니다. 그리하여 나는 여러분들에게 부탁을 하고 있는 것입니다. 나의 자유를 빼앗지 말아 달라. 나의 권리를 빼앗지 말아 달라. 여러분들에게는 힘이 있습니다. 5천만 명의 강제력으로 여러분은 언제든지 저를 구속할 수 있습니다. 부디 그 무시무시한 힘으로 저를 죽이지 말아주십시오. 제 가족들에게 슬픔과 고통을 안겨주지 말아주십시오. 저의 부재로 힘겨워할 사랑하는 사람들에게 고통의 시간을 주지 말아주십시오. 각고의 번민 끝에 내놓은 결정, 더불어 가족에게 해서는 안 될 너무나 가혹한 슬픔 안겨주며 지은 결정을 건네드리니, 신중히 받아 숙고해주시길 고대하겠습니다.

우리는 타인의 고통에 대해, 애끊는 마음, 애타는 마음이 든다는 말을 씁니다. 여기서 '애'라는 것은 '간(肝)'을 뜻하는 순 우리말입니다. 요즘에 와서 서양 의술이 들어와 해부학적으로 간이라는 것이 신체 일부의 장기만을 뜻하는 말로 사용되고 있지만, 예로부터 동양에서 '간'이라는 것은 우리 몸속, 무엇이 있었는지 확실히 알지 못할 때부터, 우리 몸속 그 자체를 칭하는 말이었습니다. 그리고 속도 없다 할 때의 그 속이 바로 '애'입니다. 그래서 이 말은 통상 우리의 속, 마음 자체를 칭하는 말이었습니다. 남의 고통을 보고, 혹은 남의 슬픔을 보고서 애끊는다, 내 속이 탄다 하는 것은, 그저 남의 고통을 보고 생각으로 슬프다 하는 것이 아니라, 내 마음도 같이 아프다는 뜻으로 말하는 것입니다. 이웃한 오키나와에서는 치무구리사라고 하여, 오키나와의 토속어인 우치나구치에 이 속이 아프다는 말과 같은 표현이 있습니다. 치무구리사는 한자로 표현하면 肝苦(간고)로, 말 그대로 간이 아프다, 속이 아프다, 애가 아프다는 말입니다. 일전에 김규항 씨는 예수가 뭇 사람들의 삶의 고통을 바라보며 그당시 사람들의 말로 간이 아프다, 속이 아프다는 표현을 언제나 했었다는 이야기를 한 바 있습니다. 토속의 우리 선조들, 어느 민족 어느 국가 그런 것을 차치하고, 옛 사람들, 온 세상에 예로부터 살던 사람들은 실로 타자의 고통을 마치 자신의 고통인 것처럼 아파하던 이들이었습니다.

많은 아나키스트들은 인간이 갖고 있는 심성 중에 상호부조의 심성에 기대를 걸고 있으며 뭇 사람들이 백일몽이라 치부하는 우리의 이상이 이 상호부조의 정신을 깨움으로 이루어질 것이라 말합니다. 나 또한 같은 입장이라 말할 수 있을 것이나, 어쩌면 늦었는지도 모를 일입니다. 우리는 여러 과거의 사례들, 흔히 원주민이라고 말할 수 있는, 열강의 확장으로 세계가 정복되어가기 이전, 땅에서 본디 살던 모든 족속들의 그 토속적 삶의 형태에서 어떤 이상적인 것을 찾고 있습니다. 실제로 어떠한 형태의 삶을 살았던 사람들이 있었다는 증명을 하고자 합니다. 아나키즘이란 대단한 이야기가 아니라, 그런 촌의 삶들의 방식을 (형식적이건 전면적이건) 재현하는 데 있을지도 모릅니다. 그러나 실상은 그네들에게도 폭력적인 면은 있었으며 어떠한 에덴동산이라도 끝내는 무엇인가에 물들어갔을지 모릅니다.

나는 그래서 다시 한 번 선택에 대한 이야기를 하고자 합니다. 우리는 지금 언제라도 선택을 할 수 있습니다. 과거보다 오늘날 우리에게 선택의 힘은 더 커졌습니다. 과거에 선택의 힘을 전적으로 지니고 있던 권력층들이, 이제는 형식적으로나마 모든 선택의 힘이 우리 모두에게 똑같이 나뉘어져 있다고 이야기하기 때문입니다. 우리는 지금부터의 삶에 대해서 선택할 수 있습니다. 지금까지처럼 강자들의 편의에 맞춘 세계에서 살지, 혹은 새로운 어떤 삶의 방식들을 찾아볼 것인지. 체제를 바꿔보고 정비해가며, 아이들이 새로운 방식으로 살아갈 수 있도록 해볼 수 있습니다. 모든 과거의 실패와 환희의 날들, 그 실제의 정보들을 잘 연구해서, 새로운 사례를 만들어볼 수 있습니다.

과학은 실재하는 것의 실체를 온전히 밝혀주는 것이 아닙니다. 과학은 우리가 모을 수 있는 정보를 최대한 모아서, 실체가 어떤 것인지 추측하여, 다수의 사람들이 인정할 수 있을 만하다 싶을 때, '그러한 것'으로 공표하여 정보를 정리하는 작업입니다. 인간의 본성, 인간이 여지껏 연구하여 밝혀온 것들은 확정적인 것이 아닙니다. 성선인지 성악인지, 폭력성이 인간에게 항시 내재되어 언제든 폭발할 수 있는 것인지, 사실을 밝혀내는 것은 중요치 않을 것입니다(소용없음을 말하는 것은 아닙니다). 무엇보다 우리가 어떻게 우리의 입장을 지정할 것인지가 더 중요한 것입니다.

이미 오늘날의 생활방식으로 상호부조나 인간의 애타는 마음 따위가 고갈된 상태라 하더라도, 이제 그것을 다시 살려내기 위한 방법들을 찾아야 한다는 말입니다. 교육이라는 선택을 할 수도 있습니다. 선전이라는 선택을 할 수도 있습니다. 최소한 '인간은 원래가 죄악을 저지를 수밖에 없는 존재이니, 살인을 저지를 수밖에 없는 존재이니, 팔다리에 족쇄를 채운 채 사는 것 외엔 방법이 없다'는 결론으로 살아가진 말아야 할 것 아니겠습니까.

확언할 수 있는 것은 지금까지의 근현대적 생활방식을 지속하는 이상, 인류가 전쟁에 직면하게 될 것임이 틀림없고(그것이 국지전이건 대규모 핵전쟁이건 반드시 전쟁은 계속해서 일어납니다. 오늘날의 자본주의 체제는 전쟁을 하나의 산업으로 삼아 생존하고 있으며, 정치적 체제 또한 대대적인 대립과 갈등의 게임을 통한 이권 차지를 기본으로 삼고 있으므로. 자본가들 중에는 그들의 이익을 위해 전쟁이 일어나기 바라는 사람들이 언제나 존재합니다), 전쟁으로 우리가 파멸에 이르지 않는다 하여도, 결국 지구의 우주적인 수명이 채 다되기 전에 지구 자원 자체의 고갈에 직면하게 될 것 또한 틀림없습니다. 절대로 계속 지금처럼 살 수는 없다는 것입니다.

대단한 신 체제의 전면적인 시작을 이야기하는 것이 아닙니다. 이대로 계속 살 수 없다는 사실을 인정하고, 새로운 방식에 대해서 논의하고, 바꾸는 것을 시작이라도 해야 한다는 것입니다.

　예를 들어 소유제도에 대해서 새로운 방향을 제시하는 사람들이 있습니다. 생산의 체제에 대해서, 소비에 대해서 새로운 방향을 제시하는 사람들도 있습니다. 고민을 놓지 말아야 합니다. 눈과 귀를 열고 있어야 합니다. 결국 번복을 하고 돌아가게 될지라도, 조심해서 나아가야 합니다. 뜻을 세우고 나아가야 합니다. 가만히 앉아 끝나기를 기다리고만 있는 것은 죽은 것과 마찬가지이기 때문입니다.

어떤 이들은 우리를 허황된 몽상가쯤으로 치부합니다. 그러나 우리는 알고 있습니다. 우리가 본 것들. 우리가 몸으로 부딪쳐야 했던 그것들, 그 '현실'들, 혹은 현실이라 부르지도 못할 적의 투사체들. 그것들을 보았기 때문에, 느꼈기 때문에, 가만히 있을 수가 없었습니다.

　바닷사람이 다른 바닷사람을 보면, 탄 배가 달라도 같은 바닷사람으로 뜨거운 애정을 느끼듯이, 우리는 결국 우리가, 같은, 사람이란 것을 느낄 수 있습니다.

　삶이 몰아간 자리에서 투사가 되어야만 했던, 모든 부조리에 맞서 싸우는 동지 여러분. 저들이 조소하듯 우리가 서로에게 아무런 실용적인 힘이 되지 못해도 좋습니다. 그들의 건조한 잣대를 안타깝다는 미소로 응대해줍시다. 그리고 서로에게 건네는 연대의 한마디, 아무 힘 없을지 몰라도 사랑을 느낄 수 있는 연대의 말 한마디, 그 마음의 전달만으로 우리는 무쇠 갑옷보다 더 질긴 힘을 얻을 수 있을 것입니다.

　우리가 모두 이어져 있음을 느낄 때에, 우리의 승리는 시작할 것입니다. 사랑과 분노와 안타까움, 애타는(肝苦) 연대의 마음. 그것을 느낄 수 있는지 없는지를 생각할 겨를도 없이, 우리의 마음에서 마음으로 전달되어질 따뜻한 그 무엇이 우리를 끝까지 살게 할 것입니다.

　살아남아 사랑합시다.

2010. 11. 30 병역거부선언

(문명진)

내가 총을 들 수 없는 이유

1.

군대 대신 감옥에 가는 것, 이것은 제 삶에 있어 가장 큰 화두 중 하나였습니다. 어느 특정한 시점에 병역을 거부하기로 결심한 것은 아닙니다. 병역을 거부하는 이유를 짧고 간결한 말로 설명하는 것도 쉽지가 않습니다. 다만 확실한 것은, 제가 병역거부라는 선택지를 처음 알게 된 2003년부터 지금에 이르기까지, 제 자신에게 군인이 되어 총을 들고 서 있는 저의 모습을 납득시키기가 점점 더 어려워졌다는 점입니다. 그래서 이 글은 제가 병역을 거부하기까지 거쳐온 고민의 여정을 보여주는 글이 될 것 같습니다.

    2003년 발발한 이라크 전쟁은 제가 국가와 전쟁 그리고 군대에 대해 진지하게 사유하게 된 첫 번째 계기였습니다. 당시 갓 대학에 입학한 새내기였던 저는 한국군의 이라크 파병을 반대하는 집회에 다녀오면서 '국익'이라는 것에 대해 생각해보게 되었습니다. 국가의 이익은 구체적으로 누구의 이익을 의미하는 것인가에 대한 질문을 하게 되었습니다. 그동안 받아온 국가교육과정을 통해 '체력은 국력'이라는 식으로 저와 국가를 동일시하고 있던 제 가치관은 이때부터 균열이 생기기 시작했습니다. '민중의 지팡이'라고 알고 있던 경찰이 시위대를 진압하는 모습을 보면서 지금껏 내가 배우고 믿어왔던 세상만이 전부가 아니라는 것을 깨닫게 되었습니다.

    병역거부를 계속 고민하던 저는 미군기지 확장이전 반대 투쟁이 벌어지던 2006년 평택 대추리에서 펼쳐진 일련의 사건들을 경험하면서 병역거부에 대한 확신을 갖게 되었습니다. 그저 자신이 살아오던 땅에서 계속 살고 싶어 했던 주민들에게 정부가 한 일은 군대와 경찰을 동원하며 그들을 모두 몰아내는 것이었습니다. '여명의 황새울' 작전이 벌어지던 5월 4일 동틀녘 대추리에서 저는 군대와 경찰의 무자비한 폭력을 눈앞에서 보았습니다. 압도적인 힘의 우위를 내세운 국가폭력 앞에 사람들은 똑같이 폭력으로 맞서거나 혹은 무기력함을 느낄 수밖에 없었습니다. 악마와 싸우다가 악마가 되는 일을 피하기 위해 비폭력적인 대응방식을 고민했지만, 국가안보를 지킨다는 군대가 자국 국민을 적으로 몰아 공격하는 모습을 보면서 원초적인 두려움을 느꼈습니다.

제게 있어 군대는 '인간을 인간으로 보지 않는 것'을 내면화하는 공간입니다. 평택 대추리, 광우병 촛불집회, 용산참사 때의 전·의경을 보면서 저는 한 인간이 어떻게 다른 인간에게 폭력을 휘두를 수 있는지 질문을 던져보았습니다. 이라크 전쟁, 아프가니스탄 전쟁 동안 투하되는 미사일을 보면서 어떻게 사람이 살고 있는 곳에 미사일을 쏠 수 있는지 이해해보고자 했습니다. 제가 내린 결론은, 상대를 나와 같은 감정과 욕구를 지닌 인간으로 보지 않을 때에야 비로소 총구를 겨눌 수 있다는 것이었습니다. 저에게 군인이 되는 것의 의미는 정부의 정책을 관철시키기 위한 동원과 명령에 복종해야 하는 로봇이 되는 것이라는 점이 보다 명확해졌습니다.

2.

병역을 거부하고 이제 (아마도) 감옥에 갈 날을 기다리고 있는 지금, 제가 그동안 만났던 아이들 얼굴이 생각납니다. 올 봄에 초등학교로 교생실습을 나가서 만난 아이들입니다. 급식실로 가는 그 짧은 길에서도 제 손을 서로 잡지 못해 아쉬워하고, 밥 먹을 때도 서로 제 옆에 앉으려는 아이들을 보면서 제가 그들의 삶에 중요한 존재가 된 듯한 기분에 행복했습니다. 쉬는 시간마다 달려와서 저랑 묵찌빠를 하면서 마냥 좋아하는 아이들, 복도에서 걷다가 떨어진 필통을 주워줘서 고마웠다고 편지를 쓴 아이, 자기도 커서 교생선생님이 되고 싶다고 말하는 아이들을 보면서 제가 살아 있음을 느꼈습니다. 아이들 한 명 한 명의 얼굴을 보면서 각자가 지닌 기쁨과 고통에 기꺼이 공감하고 싶은 마음이 들었습니다.

제가 대학에서 공부한 교육학은 교육이 무엇인지 더 나아가 인간은 어떻게 성장하는지에 대한 질문을 던져주었습니다. 교육이 무언가에 대한 고민은 내가 사는 이유 그리고 내가 지금 중요시 여기는 가치에 대한 고민으로 이어졌습니다. 비록 한 달이라는 짧은 기간이었지만 교생실습기간을 거치며 제가 결론 내린 교육의 목적은 '서로 사랑하는 법을 배우는 것'이었습니다. 서로 티격태격하는 갈등을 겪으며 자신의 바닥을 경험하겠지만 서로의 부족함을 감싸주고 존재로 연결되는 과정을 통해 우리는 성장해나간다고 믿습니다.

제가 이해하는 '안보'는 각자가 안전함을 느끼며 살 수 있는 상태입니다. 인간을 인간으로 보지 않는 법을 배우고 살상훈련을 하는 것은 '안보'에 도움이 되지 않습니다. 국가안보를 지키기 위해 존재한다는 군대에서 서로에 대한 두려움과 적개심을 경험하게 될 제 자신을 상상하고 싶지 않았습니다. 개인의 양심을 죽일 수밖에 없는 상명하달의 조직문화, 남성중심의 위계질서와 같은 군사 문화가 군대를 통해 사회전반에서 유지되고 재생산되는 메커니즘에 동참하고 싶지 않았습니다. 이는 타협할 수 없는 제 내면의 진지한 목소리이며 이런 저의 신념을 도저히 속일 수 없었기에 기꺼이 병역거부의 길을 선택하였습니다.

3.
얼마 전 집속탄금지협약 1차 당사국회의에 참가하기 위해 라오스에 다녀왔습니다. 지금도 라오스에서는 불발 상태로 남아 있는 집속탄으로 인해 하루에 한 명꼴로 사망자가 발생하고 있습니다. 미국이 베트남전쟁 당시 라오스 전역에 투하한

> '안보'는 각자가 안전함을 느끼며 살 수 있는 상태입니다. 인간을 인간으로 보지 않는 법을 배우고 살상훈련을 하는 것은 '안보'에 도움이 되지 않습니다

수백만 개의 집속탄들이 40년이 지난 지금까지도 피해를 주고 있는 것입니다. 이미 국제사회에서 비인도적인 무기로 낙인이 찍힌 집속탄에 대해 한국 정부는 여전히 국가안보를 이유로 필요성을 주장하고 있으며, 한국의 기업들 역시 집속탄을 생산하여 이윤을 챙기고 있습니다.

최근 이슈가 된 연평도 사건에서 한국정부는 보다 강경한 대응을 주장하고 있습니다. 뉴스에는 이에 맞춰 한국군이 자랑하는 다연장로케트포를 소개하기도 했습니다. 하지만 초토화되는 것은 북의 해안포가 아니라 누군가의 삶 혹은 우리의 인간성입니다. 포격을 한 북한도 비판받아야 하지만, 갈등국면을 조장한 한국 정부도 비판을 피할 수는 없습니다. 이번 사건으로 한국에

서도 여러 사람이 목숨을 잃었지만 북한에서도 분명 한국의 공격으로 죽거나 다친 사람들이 있을 것입니다. 지금처럼 계속 서로에 대한 공포와 적개심을 키워나간다면 앞으로 눈물을 흘릴 사람들은 더 많아질 것입니다.

이 세상에 죽어도 괜찮은 생명은 없습니다. 한국을 비롯한 주변국들은 더 이상의 군비경쟁을 멈추어야 합니다. 서로간의 적대를 조장하고 군비를 증강하는 것으로 이익을 보는 것은 소수의 지배계급과 군수업체들뿐입니다. 폭력은 또 다른 보복과 폭력의 악순환을 낳습니다. 저의 병역거부는 이 악순환의 고리 속에서 제가 택할 수 있는 최소한이자 최선의 선택입니다.

4.
제게 있어 병역거부는 저의 삶의 방식 자체에 대한 성찰을 할 수 있도록 도와준 계기입니다. 누군가의 병역거부 소견서에도 언급된 적이 있지만, 저 역시 애초에 평화로워서 병역거부를 결심하게 되었다기보다는 오히려 병역거부를 고민하면서 여성주의와 평화주의에 대한 고민을 심화시킬 수 있었습니다. '전쟁없는세상'을 통해 만난 사람들 덕분에 채식을 시작했고, 자전거를 타게 되었습니다. 적게 벌고 덜 소비하며 세상에 가능한 해를 덜 끼치며 사는 삶의 방식에 대한 고민들을 시작한 것입니다. 돌이켜 보면 지금 제 삶의 8할은 병역거부를 고민하고 '전쟁없는세상'에서 활동을 시작한 이후에 만들어졌다고 해도 틀린 말은 아닐 것입니다.

**이 세상에
죽어도 괜찮은
생명은 없습니다**

하지만 한편으로 병역거부를 고민하며 아직 닥치지 않은 수감생활을 미리 상상하는 것은 제게 스트레스가 되기도 했습니다. 미래의 삶에 대한 고민을 할 때마다 제가 언젠가는 감옥에 가게 된다는 생각이 잊지 않고 찾아와 저를 괴롭힐 때가 있었습니다. 감옥에 갔다가 나중에 후회하지 않겠느냐며 저의 결정을 만류하는 어머니의 얼굴을 보는 것은 결코 쉬운 일이 아니었습니다. 군대를 안 가고 감옥에 가는 것이 왜 꼭 저여야 하느냐고 말하는 부모님과 싸우면서 그분들에게 이해를 받지 못하는 것에 슬프고 화가 나기도 했지만, 한편으론 기어이 부모님의 뜻을 거슬러야만 하는 사실에 대한 죄송한 마음도 여전히 남아 있습니다.

그리고, 제가 병역을 거부하기까지의 고민과 결심에 자극과 영향을 준 친구들에게 고맙다는 인사를 하고 싶습니다. 병역거부는 분명 제 개인의 선택이지만 그것이 결코 저 혼자만의 고민의 결과는 아니라고 믿습니다. 소심하고 우유부단한 제가 병역거부에 대한 확신을 가질 수 있었던 것은 제가 완전하거나 잘나서가 아니라 주변에서 비폭력적인 삶의 방식을 실천하는 사람들을 보며 저도 많은 자극을 받았기 때문일 것입니다. 지금의 저에게 병역거부는 어떤 특별한 선택이라기보다는 제 삶의 맥락 속에서 자연스럽게 도출된 선택이라고 말하는 것이 더 정확할 것 같습니다.

저의 병역거부가 군대의 존재이유에 대해 환기하는 계기가 되었으면 하는 바람이 있습니다. 내 양심의 자유, 네 양심의 자유라는 상대주의를 넘어, 우리 사회의 군사주의에 대한 문제제기를 하고 싶었습니다. 이번 병역거부가 저로 하여금 타인의 상처와 고통에 예민하게 반응하며 공감할 수 있는 존재로 살아갈 수 있도록 쉼 없이 깨우쳐주는 자극이 되었으면 합니다.

2010. 12. 14 병역거부선언

이준규

평화롭지도, 평화를 지키지도 못하는 군대

제가 어린 꼬마이던 시절, 그때만 해도 TV에선 매주 우정의 무대도 했고 9시 뉴스에선 곧잘 무기홍보와 한국군대의 강성함, 북한의 악독함을 이야기하는 프로그램이 많았습니다. 그때도 지금처럼 정치에 관심이 많던 저는 선거나 정당, 정치인, 통일에도 관심이 많았지만 정작 군대가 어떻게 해야 한다거나 혹은 군인에 대해 생각한 기억은 전혀 없습니다. 군대에는 전혀 관심이 없었던 모양입니다.

하지만 그렇게 관심을 두지 않고 살던 시절은 오래가지 못했습니다. 한국에서 생물학적인 남성으로 태어난 이상 모두가 겪게 되는 문제가 군대이기 때문입니다.

군대에 대해 관심을 갖기 시작한 건 아마도 고등학교 진학 무렵부터입니다. 군대에 대해 사람들에게 듣는 여러 가지 이야기 중에 좋은 이야기를 듣기는 매우 힘들었습니다. 군대에서 겪게 되는 폭행과 폭언, 지극히 권위적이고 비민주적인 내부 생활, 2년간 자신의 의지와 상관없이 지내야 하는 것에 따르는 괴로움 등 힘들고 어려운 곳이라는 이야기가 흔했습니다.

그럼에도 이런 이야기를 해주는 사람들처럼, 가지 않으면 좋지만 가지 않을 수 없다고, 또한 군대가 우리를 지켜준다고, 당시엔 저도 어렴풋이 그리 생각했습니다.

초·중·고등학교 시절, 여느 학생들처럼 하루에도 수십 대에서 많게는 백 대가 넘는, 체벌이라는 이름으로 포장된 폭력에 시달려 고통스러웠던 저는 때리는 않는 선생이 되겠다며 교대를 선택했습니다. 하지만 교대에선 복학생과 ROTC를 중심으로 한 남자단합대회라는 것이 있었습니다.

학내에서 남단이라고 불렸던 이것은 남자들끼리 모여 선후배 간의 관계를 돈독히 한다는 명목하에 선배의 권력을 확인하는 행사였습니다. 행사는 강압적인 분위기에서 선배들의 일방적인 지시를 수용하기를 요구받고 그를 따르지 않을 때는 폭언과 때로는 폭행이 이어지곤 했습니다.

불행하게도 이런 문화는 남단에만 그치지 않고, 노골화의 수준의 차이는 있었지만 학내 문화 전반에 퍼져 있었습니다. 그리고 곧 이것이 학내 문화만이 아니라 사회 전반의 문제라는 것을 알게 되었고, 그 중심에 군사주의가 있다는 것을 알게 되었습니다.

이 무렵부터 저에게는 조금씩 다른 생각이 자라고 있었습니다. 아마도 그 시작은 새내기 때 들었던, '왜 꼭 통일을 해야 하나?'라는 질문이었습니다. 막연히 통일은 당연히 해야 하는 것이라고만 생각해온 저에게 남북 간의 문제의 핵심은 통일이 아니라 평화라는 걸 처음으로 알게 되었습니다. 그 이후 '평화'라는 단어와 늘 함께인 '군대'와 '전쟁'에 대한 고민은 제 안에서 조금씩 살을 붙여갔습니다.

학교에서의 군사주의 문화를 통해 군대라는 공간의 폭력성에 주목하던 저는 이라크전쟁을 통해 군대에 대한 스스로의 마지막 질문을 마무리하게 되었습니다. 그전까지만 해도 한국군이 한국의 평화를 위해 방어를 하는 군대라는 생각을 했고, 그것이 존재함으로 평화가 유지되고 있는 게 아닐까 생각했습니다. 하지만 파병은 한국군이 평화를 목적으로 방어를 하는 군대가 아님을 확인시켜주었고, 미국군의 압도적인 화력에도 불구하고 아직까지도 이라크는 평화는커녕 폭력적인 공간으로 변화하는 것을 통해 군사력이 평화를 가져올 수 없다는 것을 확인했습니다. 또한 머릿속으로 알고 있었던 전쟁의 끔찍함은, 동시대에 벌어진 관타나모 수용소 사태 등을 통해 그 실상을 드러냈습니다. 전쟁은 선악의 충돌이 아니라 그저 살육의 현장일 뿐이라는 사실이 더욱 명확해졌습니다.

두 가지 경험

저는 2005년 대학에서 수업시간에 교수에게 폭행을 당했습니다. 이유는 자신의 책에 자신이 원하는 펜으로 이름을 적지 않았다는 것이었습니다. 너무나도 터무니없는 일이었지만, 교수는 학교로부터 아무런 징계도 받지 않았고 검찰에서도 그것이 교수의 '체벌'이라는 터무니없는 주장을 받아들여서 기소유예 처분을 내렸습니다.

그 일로 저는 엄청난 분노와 절망에 휩싸였습니다. 거의 3개월 동안 잠에 들지 못하고 혹시라도 잠이 들면 늘 그를 죽이거나 그가 나를 죽이는 꿈만을 꿨습니다. 그리고 한동안 그를 죽이고 나도 죽는 것이 나의 꿈이었습니다.

휴학 후 집안사정으로 학교에 돌아가야만 했던 저에게 교수들은 비웃음을 날렸고 사정은 알지도 못하는 학생들로부터도 도망자라는 손가락질을 당해야 했습니다. 그렇게 끔찍한 학교생활에서 곁에 남아 있어 준 것은 당시 제 연인이었습니다.

하지만 머지않아 이별을 통보받은 저는 제 곁에 남은 사람이 아무도 없다는 절망감에 그녀의 뺨을 때렸습니다. 곧바로 후회했지만 이미 제 오른팔은 끔찍해져 있었습니다. 오른팔을 떼내버리고 싶었지만 그러지 못하는 제가 원망스러웠습니다. 그런 오른팔로 밥을 먹고 이렇게 글을 쓰는 뻔뻔한 저를 보며 폭력적이고 끔찍한 나를 만나게 되었습니다.

내 몸은 그런 나를 잊지 말라는 것인지 눈을 감으면 교수에게 폭행을 당했던 왼쪽 뺨과 왼쪽 허벅지는 딱딱한 돌처럼 느껴지고, 폭행을 했던 오른손은 피가 잔뜩 묻은 것처럼 보이게 합니다.

시간이 지나 자연스럽게 피해자로서, 그리고 가해자로서의 저를 보면서 군인으로서의 나를 생각해보게 되었습니다. 총을 들고 소위 '적'이라고 불리는 사람에게 총을 겨누고 그 총으로 사람을 죽이는 나를 상상해보았습니다. 그 때의 내 모습은 어떠한 이유로도 용서할 수 없는 살인이었습니다.

앞서 두 경험은 제 삶을 완전히 바꾸어놓았습니다. 하지만 제가 겪은 두 가지 일은 전쟁에서 겪게 되는 살인에 비하면 비교조차 할 수 없는 것이었습니다. 아직도 교수의 폭행은 잊을 수도 분노하지 않을 수도 없고, 아직도 끔찍했던 내 손이 만든 붉은 뺨이 생각나는 데, 전쟁 속에서 내 모습은 상상조차 되지 않는 것이었습니다.

그래서 알게 되었습니다. 내가 벌인 살인으로 인해 그를 아끼고 사랑했을 가족과 친구들이 가질 분노, 매일 같이 온 몸이 피투성이로 보일 제 자신을 말입니다. 그리고 아무리 생각해봐도 그들에게 용서를 구할 방법이 전혀 없다는 것, 그리고 그런 분노를 만든 나를 용서할 수도 없음을 말입니다.

여린 마음

저는 맞는 것이 어릴 때부터 싫었습니다. 어쩌면 그 때문에 덜 맞을 수 있는 모범생이 되었는지도 모르겠습니다. 하지만 내가 맞는 것뿐 아니라 다른 친구들이 맞고 있는 것도 너무 고통스러웠습니다. 중학교 때의 대규모 체벌, 고등학교 때 같은 방을 썼던 친구가 체벌이라는 이름으로 폭행당한 후 엉덩이가 검게 변한 일, 대학 시절 남단과 교수의 폭행까지. 언제나 고통과 상처로 남았습니다.

그래서 늘 어떻게든 맞서고 싶었지만, 한 일이라곤 중학교 때 떨면서 적었던 학교 게시판 글, 남단을 불참하고 썼던 자보, 교수를 고발하는 소극적인 방법밖엔 없었습니다. 아픔에서 벗어나지도 못하고 제대로 맞서지도 못하는 겁 많고 여린 내 마음이 미웠습니다.

하지만 폭력에 아파하는 친구들을 볼 수 있게 한 것도, 내 폭행 이후에 나의 끔찍함을 발견할 수 있게 한 것도, 그리고 내가 전쟁의 끔찍한 살인자가 되어 그것을 바라보게 한 것도, 도망치기 좋아하고 잘 아프고 여린 제 마음이란 걸 이제는 압니다. 그 마음이, 다른 사람이 아플 때 온전히 이해하지는 못하더라도 타인을 걱정할 수 있게 하는, 내게 가장 소중한 것임을 이제는 알게 되었습니다.

군대는 강하기를 요구합니다. 그래서 사람들이 "군대도 갔다가 왔는데…"라고 하는 건 이런 맥락일 겁니다. 하지만 이런 강함은 약함을 폄하합니다. 그 정도쯤이라고 말입니다.

> 제가 꿈꾸는 세상은
> 여리고 약한 사람들이 모여
> 서로가 다치지 않게
> 서로 아끼면서
> 사는 곳입니다

제가 꿈꾸는 세상은 여리고 약한 사람들이 모여 서로가 다치지 않게 서로 아끼면서 사는 곳입니다. 그리고 저는 사람들이 저처럼 겁 많고 여리다고 생각합니다. 심지어 군대도 말입니다. 수개월을 전투를 연습하고, 상대는 자신과 같은 사람이 아니라 적일 뿐이라고 계속 쇠뇌하고도, 전쟁터에선 다른 한 명을 죽이지 못해 수만 발을 쏘고, 살아 돌아와선 살인의 기억을 지우지 못해 힘들어하는 여린 사람들이 있는 곳입니다. 그럼에도 다른 사람들이 공격할까 봐 더 크고 많은 총을 들어야 할 것만 같은 겁 많은 사람들, 저와 같은 여리고 겁 많은 사람들입니다. 그들도 저와 같이 더 이상 총을 드는 일 없이 평화롭기만을 바랄 거라고 생각합니다. 그래서 비록 작은 목소리라도, 겁이 나겠지만 평화를 얻으려면 총을 놓아야 하지 않겠냐고, 그것이 함께 바라는 게 아니냐고 이야기하려 합니다.

　제 여린 마음은 제게 다시 이야기합니다. 도망치라고. 군대에서 도망치라고. 내가 피투성이가 되는 걸 보고 싶지 않다고. 다른 사람에게 약해도 된다고, 아픈 건 잘못이 아니라고 이야기하고 싶다고 말입니다.

2011. 5. 2 병역거부선언

홍원석

1. 가톨릭 교회에서는 이미

교도권(magisterium)은 '전쟁의 야만성'을 비난하며, 전쟁에 대해 달리 생각할 것을 요구한다. 사실상 '원자핵 시대에 전쟁을 정의의 도구로 이용할 수 있다고는 거의 상상할 수 없다.' 전쟁은 '재앙'이고, 결코 국가 간에 발생하는 문제를 해결할 수 있는 적절한 길이 아니며, '지금껏 한 번도 그러지 못했으며, 앞으로도 결코 그러지 못할 것이다.' 전쟁은 새롭고 더욱 복잡한 분쟁을 불러일으키기 때문이다. 전쟁이 발발하면, 그것은 '불필요한 대량학살'이 되고 '되돌릴 수 없는 모험'이 되어 인류의 현재와 미래를 위협한다. '평화로는 잃을 게 아무 것도 없다. 그러나 전쟁으로는 모든 것을 잃을 것이다.' 무력 전쟁으로 발생하는 피해는 물질적인 것만이 아니라 도덕적인 것도 있다. 결국, 전쟁은 '진정한 모든 인도주의의 실패'이며, '언제나 인류에게 좌절을 안겨 주는 것'이다. '결코 다시는 일부 민족들이 다른 민족들과 대적하는 일이 있어서는 안 될 것이다. 더 이상, 더 이상 전쟁은 없어야 한다'라고 전쟁의 속성을 규정했다.(『간추린 사회교리』 497항』)

또한 1962년부터 1965년까지 개최되었던 제2차 바티칸공의회에서 공포한 사목헌장「기쁨과 희망(Gaudium et Spes)」 79항에서는 '양심의 동기에서 무기 사용을 거부하는 사람들의 경우를 위한 법률을 인간답게 마련하여, 인간 공동체에 대한 다른 형태의 봉사를 인정하는 것이 마땅하다'라고 천명했다.

'이것은 (…) 국법이 인정하더라도 하느님의 법에 위배되는 관습들에는 공식적이 아니라 하더라도 협력하지 않아야 할 중대한 양심의 의무가 있다. 사실 그러한 협력은, 다른 사람의 자유에 대한 존중 때문이라고 해도, 또 그것이 국법으로 상정되고 요구되고 있다는 사실에 호소한다 해도, 정당해질 수는 없다. 그 누구도 자신이 한 행위에 대한 도덕적 책임에서 벗어날 수 없으며, 그러한 책임을 바탕으로 하느님의 심판을 받게 될 것이다'(『간추린 사회교리』 399항, 로마 2, 6; 14, 12 참조)라는 가르침인 것이다.

2. 군 입대에 대해, 병역거부에 대해 고민하기 시작한 것이 언제쯤이었을까?

언젠가 이 두 가지를 놓고 고민을 거듭하던 때, 가톨릭신앙을 가진 이들 중에서도 처음으로 병역거부를 선언한 이가 나왔다는 소식을 접하게 되었다. 결국 이는 나 혼자만의 고민거리가 아니라는 확신을 갖게 되었다. 그리고 내 안에 과연 병역거부를 택할 용기가 있는지, 과연 이를 설명할 나의 언어는 무엇인지 끊임없이 찾기 시작한다.

그리스도교 신앙

나 또한 가톨릭 신앙인이다. 태어나던 그해 유아세례를 받았으니 28년째 신자로서 살아오고 있는 셈이다. 그리고 외국의 에큐메니컬 공동체에 입회하여 수도자로서 살아가는 꿈을 갖고 있는 성소자이기도 하다. 언젠가 방문했던 그곳에서 대체복무를 위해 1년 여 동안 봉사자로 일하고 있다는 친구의 이야기를 듣고는 한국의 현실을 생각하며 자괴감에 빠졌던 시간들을 떠올려 본다.

신앙 안에서 살아가기를 결심하고 난 뒤에 우연히도 앞서 인용한 교회의 문헌들을 발견했다. 내 앞에 놓인 병역이란 문제에 대해 판단할 수 있는 준거들을 발견한 것이라 생각했다. 한국 가톨릭교회가 침묵하고 있을 때에도 소수이지만 병역거부자들이 나타나고 있다. 이미 병역거부가 보편적 인권으로 받아들여지고 교회의 공식교리가 이러한 상황에서 더 이상 침묵만 하지는 않기를 바란다.

양심의 언어, 평화의 언어, 인권의 언어 그사이 어딘가

나는 과연 양심적인가 혹은 평화적인가. 양심적 병역거부 혹은 양심에 따른 병역거부라는 명칭들을 대하며 끊임없이 번민했다. 사는 동안 매순간 끊임없이 따라다닐 이 물음들을 앞에 두고 내린 결론은, 이 쟁점들 안에 갇혀서는 안 된다는 것이다. 병역거부자들에게 보다 더 양심적이고 보다 더 온화한 인간이기를 요구하는 것 역시 차별이며 폭력이 아닌가. 나에게는 그저 복음을 구체적으로 살아내는 것이 유일한 관심사요 과제일 뿐이다.

이와 더불어 뿌리 깊은 국가 안보의 논리로 의혹과 비난의 시선을 던지는 이들에게 나는 인권의 언어를 이야기할 수밖에 없었다. 병역을 거부하는 것은 아주 기본적인 인권의 문제라고. 인권은 원래부터가 보편성의 원리라고 말이다. 한국의 특수성을 이야기하기 전에 보편성의 원리가 우선이며 그 특수성을 타개하기 위해 당신은 어디서 무엇을 했느냐고 물음을 던지는 것이다.

사실상 누군가의 가치관 혹은 가치 판단의 준거들을 이해하기 위해선 결국 그가 살아온 삶 전체를 이해하지 않고서는 불가능할 것이다.

유년의 기억

아빠가 돌아가시고도 마지막 모습은 볼 수 없었다. 아니, 일부러 보려고 하지도 않았다. 저 병풍 뒤 담요 덮인 아빠를. 돌아가신 아빠를 내 기억 속에 남겨놓는다는 것이 그 자체로 두려움이었다. 그리고 그 생각이 옳았음을 깨닫는다. 겨우 여덟 살짜리 꼬마가 직면해야 했던 그 두려움도 그 외로움도 또한 까닭이 있을 것이라 위안할 뿐이었다. 이때의 기억은 이제는 누군가의 죽음, 사랑하는 이와 영원히 떠난다는 것 자체로 잊을 수 없는 트라우마가 되어 남아 있다.

> 병역을 거부하는 것은
> 아주 기본적인 인권의 문제고,
> 인권은 원래부터가
> 보편성의 원리다

그리고 오랜 시간이 흐르고 아주 우연히도 곳곳에서 들려오던 전쟁 소식에서 사랑하는 사람들을 잃는, 비슷한 아픔들을 안고 있을 누군가를 떠올리며 잊으려 애썼던 그 기억들이 아프게 되살아나고 있음을 발견한다.

대추리에서 명동까지

2006년경이었던가. 내게도 평택 대추리에 미군기지가 들어선다는 소식이 들렸다. 곧이어 이 나라 공권력이 어떻게 주민들을 살던 땅에서 쫓아내고 있는지에 대한 소식들이 쏟아졌다. 그 중 많은 부분들이 주류언론들에서 가려졌다. 국가의 이름으로 자행되는 폭력이 어떤 것인지에 대해 나름 심각하게 고민할 수 있는 계기를 던져준 사건이었다고 생각한다. 그 폭력적인 상황에서 어김없이 동원되는 것은 군대와 경찰이란 이름의 국가 공권력이었다. 한참 군 입대를 고민하고 있었기에 자연스럽게도 '내가 그 안에 있다면?' 하는 생각이 들었다. 내 안에 무언가 알 수 없는 분노와 함께 부끄러움들이 일어남을 발견했다. 그동안 주입되어왔던 평화를 위한 군대라는 이미지가 벗겨지는 경험이었다. 더불어 그나마 몇 안 되는 군 입대에 대한 당위성들이 무너져내리는 것이기도 했다.

이러한 일은 이후에도 여러 곳에서 벌어지고 있음을 목격한다. 용산이 그랬고 현재의 강정마을과 명동의 재개발 구역이 그렇다. 평택의 쌍용자동차가 그랬고 현재의 유성기업과 한진중공업이 그렇다.

'충성!'을 생각하다

입영일자가 나왔다는 소식을 SNS에 남겼을 때 누군가 잘 다녀오라는 인사와 함께 '충성!'이라는 댓글을 남긴 적이 있다. 그 두 글자가 내게는 무척이나 불편한 것이었다. 일상 언어 깊숙이 녹아들어 있는 군대문화가 이런 것이구나 싶은 마음이 들었다. 특히 나와 가깝다고 여기는 사람들로부터 그런 일들을 겪게 되면 더욱 곤혹스럽고, 어쩔 수 없는 것인가 싶어 안타까울 따름이다.

나에게 있어서 병역을 거부한다는 것은 한편으로 인간관계에서 상하관계를 인정하지 않겠다는 것을 드러내는 것이라는 생각도 들었다. 충성이란 두 글자가 가장 빛을 발하는 것은 군대 조직일 것이다. 하지만 학교에서도 일터에서도 어디에서든 사람들은 끊임없이 상대방과 나 사이에 상하를 나누고 드러나든 암묵적으로든 복종을 강요하게 하지 않던가. 중요한 것은 상대방이 나와 같은 인간이라는 인식에서 비롯되는 존중이지 이와 같은 강요된 충성과 복종이 아니라 확신한다.

그리고

최근 몇몇 국회의원들이 나서 대체복무제 도입을 주요 내용으로 하는 병역법 개정안을 국회에 발의했다는 소식을 접했다. 그리고 판정위원회를 만들어 병역거부자들이 군 입대나 감옥행이 아닌 다른 형태로 인간에 대한 의무를 다할 수 있도록 하는 내용이 있는 것을 보았다. 조금 더 구체적으로는 복무기간을 현역의 1.5배로 하고 합숙생활을 하며, 노력봉사가 절실한 기관들에 배치하도록 하는 안이었다. 그러나 이것은 전혀 새로운 것은 아니다. 이미 몇 해 전 국방부에서 도입하려다 폐기했던 안과 크게 다르지 않다. 또한 병역거부와 대체복무를 국방의 의무의 자연스러운 한 부분으로 인정하고 있는 선진국들에 비하면 한참 부족한 것이다. 그럼에도 한 해에 1천여 명에 가까운 이들이 감옥에 있는 한국 현실에서 이렇게라도 공론의 장이 열리게 되기를 기대한다. 진정 중요한 것은 병역필이냐 미필이냐 혹은 면제냐를 가르는 구도가 아님을 인정할 수 있는 사회, 인간에 대한 헌신을 다양한 시각으로 인정할 수 있는 사회를 희망해본다.

    Dona la pace signore.

2011. 8. 23 병역거부선언

최기원

오늘 저는 병역을 거부합니다

국가폭력에 가담할 수 없습니다

대략 3년 전인 2009년 1월 20일 새벽, 불길이 다섯 철거민의 목숨을 앗아갔습니다. 우리가 이른바 '용산참사'로 부르는 사건입니다. 타오르는 불길을 보며 돈이라면 물불을 가리지 않는 이들이 그들의 삶을 수탈했고 돈의 하수인이 된 권력이 그들의 생명까지 앗아갔다는 사실을 깨달았습니다. 오랫동안 함께해왔던 강남 포이동 266번지 판자촌 주민들의 얼굴, 내가 가르치던 저소득층 공부방 학생들의 미래가 떠올랐기에 무언가 해야겠다는 생각을 했습니다. 그래서 저는 참사 당일 후배들과 함께 추모집회에 참여했습니다.

그 현장에서 철거민의 죽음을 공모한 공권력은 전혀 반성의 기미도 없이 방패와 곤봉을 휘둘렀습니다. 우리는 명동성당으로 쫓겨갔고 주변은 전투경찰로 가득 메워졌습니다. 자정이 가까울 무렵, 한 무리의 전투경찰이 다 때려 부술 기세로 시민들을 짓밟으며 달려들었고 거기에 한 후배가 말려들었습니다. 전경에게 머리를 심하게 구타당해 곤죽이 된 후배를 근처 병원에서 확인하고 그 친구의 부모님께 연락을 드렸습니다. 우연하게도, 그 후배의 아버지는 외과 의사였습니다. 저는 아버지가 아들을 수술하는 모습을 지켜보게 된 것입니다. 미안함, 자책감, 그리고 분노가 제 마음을 지배했고 수술 내내 눈물을 흘려야 했습니다. 3년이 다 된 지금도 그 광경을 떠올리면 오한이 일고 가슴이 먹먹해집니다.

평범한 삶을 죽음으로 내몬 것도 모자라 추모하는 시민들을 폭도 취급하는 공권력에 깊은 절망감을 느꼈습니다. 철거민들은 무엇을 잘못했기에 불에 타 죽어야 했던 겁니까? 후배는 무엇이 문제였기에 얻어맞아 두개골이 골절되어야 했던 겁니까? 군대와 경찰은 누구를 위해 존재하는 것이란 말입니까? 예전부터 갖고 있었던 공권력에 대한 회의와 의문은 확신이 되었습니다. 오랜 독재의 당사자로서, 또한 노근리와 5.18 등 수많은 민간인 학살의 당사자인 대한민국 군대와 경찰은 21세기에 들어서까지도 그 구태를 청산하지 못했다는 것입니다. 권력에는 굴종하고 힘없는 이들에게는 무자비한 폭력을 휘두르는 모습을 평택 대추리에서, 광화문 촛불집회에서, 용산에서, 쌍용자동차 공장에서, 그리고 최근에는 영도의 조선소와 제주도 강정마을에서 똑똑히 보았습니다.

제가 병역을 거부하는 첫 번째 이유는 현 대한민국 공권력을 국민의 안전보다는 가진 자의 재산과 권력만을 지키는 파수견으로 여기기 때문이며, 그러한 행위에 직간접적으로 참여동조할 수 있는 군복무는 저의 양심에 반한다는 점을 말씀드리고자 합니다. 저는 대학생활 동안 구로에서 오랫동안 저소득층 공부방을 했고, 장애아동 주말학교에 참여했습니다. 또한 철거민, 비정규직, 이주노동자, 장애인, 농민의 삶과 조금이나마 교감하려 했고 이들이 인간으로서 사회의 구성원으로서 서기 위해 저항할 때 늘 그 자리에 있기 위해 노력했습니다. 그러나 늘 우리는 강력하기 이를 데 없는 힘 앞에서 무릎꿇어야 했습니다. 전경의 곤봉 앞에서, 물대포 앞에서,

> 철거민들은 무엇을 잘못했기에 불에 타 죽어야 했던 겁니까?
> 후배는 무엇이 문제였기에 얻어맞아 두개골이 골절되어야 했던 겁니까?
> 군대와 경찰은 누구를 위해 존재하는 것이란 말입니까?

양보 없는 방패 앞에서 좌절해야만 했던 것입니다. 민중의 억압과 차별에 저항하던 제가 민중을 향해 총을 겨누는 행위, 시위 진압을 위한 기술을 익히는 행위를 명령과 복종에 의해 태연히 이행하는 것을 상상할 수 없습니다.

평화주의자로서의 신념 때문입니다

평생을 농사를 지으며 살아오신, 아흔이 되어가는 제 외할아버지는 일제에 징용되어 강제노역을 했고 한국전쟁에도 참전하여 처절한 고지전투에 투입되어야 했습니다. 큰외삼촌은 베트남에 파병되었다가 심각한 고엽제 후유증을 얻고 아직도 고생하고 있습니다. 전쟁의 상처는 아직 저, 그리고 우리 안

에 남아 있는 것입니다. 동서고금의 전쟁을 살펴보십시오. 전쟁의 원흉인 자들은 권세와 영화를 누리면서도 그 쓰라린 상처는 평범한 민중들이 다 짊어지는 것이 전쟁이라고 하는 괴물의 본질입니다. 왜 저들의 탐욕에 우리의 삶을 내놓아야 하는 것입니까?

2003년 이라크 전쟁은 충격이었습니다. 어떤 정당화도 불가능한 참혹한 범죄행위를 동시대인으로서 목격해야만 했습니다. 민주주의를 위한 성전이라는 이유로, 끝내 발견되지도 않는 대량학살무기가 있다는 명분으로 수십만의 죄 없는 이라크 민중들이 처참하게 살육당한 최악의 사건이었습니다. 여기에 한국정부는 미국을 도와 파병을 결정했습니다. 명백한 침략전쟁에 한국군이 참여했다는 것은, 한국군이 평화를 위해 존재한다는 것이 허상에 불과하다는 것을 베트남 전쟁 파병에 이어 다시 한 번 증명했다는 것을 의미한다고 봅니다. 파병은 오히려 증오를 부추기고 탐욕으로 점철된 전쟁을 정당화하고 있습니다. 왜, 무엇 때문에, 김선일 씨는 그 머나먼 타향에서 처참하게 살해당해야만 했던 것일까요.

저는 전쟁 없는 평화로운 세상은 총칼이 아니라 평화적 수단으로 가능하다고 믿습니다. 천안함과 연평도의 비극은 오로지 저 위협적인 김정일과 북한 정권에만 책임이 있는 것일까요? 물론 그들 역시 책임져야 합니다. 그러나 우리는 자신 역시 되돌아보아야 한다고 생각합니다. 오로지 군사적 수단으로 평화를 지키려 하는 발상은 마치 불쏘시개를 쌓아올리는 것처럼 위험하다는 것을 보여준 예가 아닐까 합니다. 좀더 많은 미사일과 탱크와 군함으로 제2의 천안함 사건, 제2의 연평도 포격을 막을 수 있을까요? 양차 세계대전에서 보듯 인류의 역사에서 일시적 안보를 위한 군비의 확장은 더욱 끔찍한 사태로 연결된 사례가 허다합니다. 그리고 그 일시적 안보라는 것을 위해 국민의 인권과 민주주의를 팽개친 사례 역시 부지기수며, 한국사회 역시 이에 해당됩니다. 우리에게 필요한 것은 창고에 총칼을 가득 채워넣는 것이 아니라 그 총칼을 녹여 어떻게 보습을 만들 수 있을지 궁구하는 것입니다.

제주 해군기지 건설은 안보와 국방을 위해 평범한 사람들이 어떻게 희생되는지 여실히 보여주고 있습니다. 저는 2007년 이 문제로 강정마을을 방문한 적이 있습니다. 평화롭고 아름다운 이 마을에서, 주민들의 이야기를 듣고 놀란 것은 친척처럼 가까이 지냈던 마을 사람들이 찬성과 반대로 갈라져 이야기도 하지 않고 가게도 다른 곳을 이용한다는 것이었습니다. 4년이 지난 지금까지도 문제는 결국 해결되지 않았고, 급기야 공사는 시작되고야 말았습니다다. 평화의 섬이라는, 4. 3 항쟁과 학살이라는 슬픈 역사를 갖고 있는 제주도에 해군기지가 들어서는 것도 비극이지만, 다수 주민의 생계를 위협하고 그들의 공동체를 갈기갈기 찢어놓은 일상의 비극에 눈물지을 수밖에 없습니다.

    이상과 같은 이유로 저는 한국의 군대가 평화를 위해 존재한다는 사실을 부정합니다. 탐욕스런 전쟁과 기만적인 안보의 본질, 부끄럽고 참담한 파병의 기억, 군사적 대립으로만 안전을 지킬 수 있다는 광적인 군사주의, 이로 말미암은 일상과 주권, 민주주의 파괴를 묵과할 수 없다는 것입니다. 평화는 평화적 수단으로 이룩할 수 있다는 평화주의의 신념을 가진 저로서는 입영하여 군사훈련을 받는 것을 받아들일 수 없습니다.

사회복무제를 요구합니다

제 앞에는 두 가지 선택밖에 없습니다. 제 양심에 반하는 병역의 의무를 이행할 것인가, 아니면 감옥에 갈 것인가 선택하는 고민의 과정은 정말 고통스러운 것이었습니다. 저는 공동체의 일원으로서 일정한 의무를 다해야 함을 부정하지 않습니다. 그러나 의무의 내용이 기본권을 침해하는 경우 주어진 선택지가 양자택일의 길 밖에 없다는 사실에 절망합니다.

    한국과 비슷한 국제관계에 놓여 있는 이스라엘이나 대만도 대체복무제를 시행하고 있으며 징병제를 실시하고 있는 국가 중 절반 이상이 대체복무제를 시행하고 있습니다. 실질적으로 처벌하는 국가는 얼마 없습니다. 현재 한국에서는 800여 명의 병역거부자들이 감옥에 갇혀 있는데, 우리나라를 제외하고는 아르메니아에서 70여 명, 다른 4개 나라에서 4명이 수감되어 있는 실정입니다. UN조차도 양심적 병역거부자를 처벌하는 것은 인권규약을 위반하는 것이라는 의견을 냈습니다. 이런 현실에도 불구하고 정부와 법원은 요지부동입니다. 이런 현실에 저는 또다시 좌절합니다.

    대안이 필요합니다. 올해 이정희, 김부겸 의원이 대체복무제를 포함한 병역법 개정 발의를 했습니다. 국회에서 진지하게 논의해주시길 청합니다. 덧붙여 대체복무제를 넘는 '사회복무제'가 필요함을 감히 말씀드립니다. 대체복무제는 국방의 의무를 대체한다는 의미로, 병역의무의 예외로 인정하는 수준입니다. '사회복무제'는 '국방'이라고 하는 좁은 영역을 넘어 공공의 복리를 증진한다는 넓은 의미의 의무를 공동체 성원에게 부여한다는 것을 의미합니다. 꼭 군이 하지 않아도 되지만 실제로 하고 있는 재해복구나 대민지원, 공익근무요원 등이 하고 있는 업무 등이 여기에 일단 포함될 것입니다. 나아가 교육, 복지, 의료 등 우리 사회에서 필요하다고 판단되는 모든 공적 영역으로 확장할 수 있으리라 봅니다. '신체 건강한 남성'을 대상으로만 했던 '국방의 의무'에서 여성이나 신체적 부적합자, 저와 같은 병역거부자 등 모든 사회구성원들이 참여할 수 있는 '사회공공에의 의무'로 전환하자는 것입니다. 이런 전환이 헌법의 정신에도 부합하고 국방을 포함한 각 분야의 효율도 증진할 수 있다고 봅니다. 국방의 영역은 불가피한 수준으로 최소화하는 노력과 더불어 평화와 공적참여라고 하는 가치를 중심에 둔 사회복무를 요청하는 바입니다.

감사드립니다
지금 이 시간에도 1천 명에 가까운 양심적 병역거부자가 감옥에 갇혀 있습니다. 대체복무제가 없는 한국사회는 종교적 이유나 혹은 저와 같은 이유로 병역을 거부하는 이들을 어떠한 예외 없이 교도소로 보내고 있습니다. 집총을 거부하다 구타로 맞아 죽기도 하고, 감옥에서 나오면 다시 입영영장을 보내 또 감옥행을 강제하기도 했었습니다. 반세기만에 양심적 병역거부와 대체복무제가 사회의 화두가 된 것도 이들의 굳은 믿음과 희생 끝에 이루어진 것입니다. 아마 제가 '병역거부'라는 것이 있다는 것을 몰랐다면, 끙끙 앓다가 '그래도 군대는 가야지' 하면서 입대했을지도 모를 일입니다. 그리고 아인슈타인이나 버트란드 러셀 같은 지성들의 병역거부 주장도 저에게 큰 용기를 주었습니다. 이런 점에서 저는 거인의 무등을 탄 난쟁이입니다. 평화의 한 길을 걸어온 수없이 많은 이들이 있었기에 그 길을 걸을 수 있는 제가 있다는 것을 느낍니다. 해방 이후 평화를 희구하며 병역을 거부한 이들은 1만 명이 넘고, 이들이 산 징역은 3만 년에 육박합니다. 이들이 감옥에서 보낸 3만 년의 시간이 전쟁없이 평화로운 3만 년의 미래로 바뀌리라는 희망을 가져봅니다.

마지막으로 모든 전쟁에서 죽어간 이들, 잔인한 국가폭력에 의해 희생된 이들, 병역거부로 목숨을 잃은 모든 이들을 추모하며 저는 이 자리에서 병역거부의 의사를 밝힙니다.

> 저는 거인의 무등을 탄 난쟁이입니다.
> 평화의 한 길을 걸어온 수없이 많은 이들이 있었기에 그 길을 걸을 수 있는 제가 있다는 것을 느낍니다

2011. 11. 1 병역거부선언

전길수

군은 시민의 권리와 자유를 지키기 위해서 존재하는 것입니다. 시민들이 군대의 무력을 용인하고 있는 것은, 그것이 오직 시민의 안전을 지킬 것이라는 믿음이 있기 때문입니다. 그러나 한국군의 지난 역사를 돌이켜보면, 한국전쟁 중 민간인 학살, 전시 성폭력, 성매매, 그리고 베트남전쟁 중 학살과 성폭력, 또한 군사쿠데타와 1980년 광주에서의 시민학살로 얼룩져 있습니다. 한국군은 이러한 오욕의 역사를 어떻게 기억하고 있으며, 다시 반복하지 않기 위해서 어떤 노력을 하고 있습니까? 그러한 노력이 있었다면 이라크 파병은 없었을 것이며, 군 의문사도 없었을 것입니다. 오히려 군은 북한 등을 주적으로 상정하고, 가상의 적에 대한 끊임없는 적개심을 조장하며, 국방력 증대의 논리를 장병들에게 주지시킵니다. 군대를 다녀온 남성이 상명하복 질서에 적응하고, 여성을 성적 대상으로서 소비하는 것은 바로 한국군의 수준을 보여주는 것입니다.

    제가 군대에 가면 어떤 모습일지는 단언하기 어렵습니다. 조직문화에 잘 적응하면서 군사훈련을 받고 국방안보의 중요성을 깨달을 수도 있고, 부당한 질서와 사람을 죽이는 훈련에 괴로워할 수도 있습니다. 저는 제가 후자이길 바라지만, 2년여의 시간 동안 자신이 요구받는 행동을 부당하게 여기며 실행하는 것은 견디기 힘든 일이므로 조금씩 타협하며 저 자신을 변화시켜 스스로 편해지는 길을 선택할 수도 있습니다. 상대방 혹은 사회의 요구와 나의 입장을 타협하고 조정하는 것은 일상적으로 행해지는 일이지만, 고립된 공간에서 지속적으로 계급질서 하에서 이뤄지는 것에 제 선택은 존재하는 것이 아닙니다. 나 자신을 죽여야만 유지되는 군대는 나의 것, 나아가 시민의 것이 아닙니다.

저는 중학교 2년을 폭력의 공포와 폭력에 대항하지 않는 나에 대한 비겁함에 시달렸으며, 자살과 살인을 고민하며 살았습니다. 그때 저는 다른 길을 선택할 수 있음을 알지 못하였습니다. 힘이 세고 권력이 있는 학생에게 그렇지 못한 학생은 맞고 빼앗기고, 그럼으로써 위축되는 모습을 지겹도록 보아왔습니다. 그런 불의를 지켜보기만 하고, 다른 행동을 하지 않는 제 자신의 나약함에 괴로웠습니다. 저의 정당한 문제제기가 계급에 구애받지 않고 받아들여질 수 있는 시스템이 지금 우리 군에 존재합니까?

전 국민에게 충격을 주었던 천안함 침몰보다 더 많은 군인이 자살하고 의문사합니다. 한두 해도 아니고 매년 그러합니다. 전시도 아니고, 신생 군대도 아니고, 경제적 빈곤 때문에 힘겨운 국가의 군대가 아님에도 그러합니다. 하물며 우리는 위의 조건 속에 있다 하더라도 어떻게 군을 만들지를 고민해야 하는데, 군의 모습은 그렇지 않습니다.

저의 정당한 문제제기가 계급에 구애받지 않고 받아들여질 수 있는 시스템이 지금 우리 군에 존재합니까?

위의 문제가 해결된다 하더라도, '평화를 위한 불가피한 선택으로서의 군대'의 정체성이 아니라, '전시를 위해 강력함을 유지해야 하는 군대'라는 정체성 하에서 이뤄지는 군사훈련은 부정의하기 때문에 참여할 수 없습니다. 저는 폭력의 피해자가 되고 싶지 않을 뿐만 아니라, 폭력의 가해자 또한 되고 싶지 않습니다. 그러나 군에 참여하게 되면, 상대방을 직접 조준해서 죽이는 훈련부터 간접적인 방법에 이르기까지 다양한 형태로 참여하며 언젠가는 실제 상황에서의 실행을 요구받을 것입니다. 그러나 그것이 적국 군인에게 한정된 살인일지라도, 적국 군인은 이 상황의 결정자가 아니며, 나와 같은 인간이며 나와 같은 이유로 참여한 군인일 뿐입니다. 그러나 상대방이 나와 같은 인간이라는 사실을 잊어야 하는 곳이 군대입니다.

전쟁의 부정의함과 전시에서 살인 행위에 가담하지 않는 것에 대해서는 구구절절 말하지 않겠습니다. 왜냐하면 대다수의 사람들 또한 전쟁을 바라지 않으며 군대가 전쟁을 위해서라기보다는 전쟁을 막기 위해서 존재해야 한다고 생각할 것이기 때문입니다. 다만 한 가지만 짚고 넘어가자면, 불과 40년 전에 한국군은 베트남에서 전쟁을 위해 존재했으며, 21세기 이라크에서 또한 그러하였습니다. 전쟁이 있어서는 안 된다는 사람들의 희망과 달리 전쟁은 한국군과 매우 가깝게 존재하고 있습니다.

저는 군대가 폐지되어야 한다고 주장하는 것은 아닙니다. 그러나 군대를 폐지할 수 있는 조건을 만드는 것은 중요합니다. 핵무기, 화학무기 등 대량살상무기의 영구적 폐기와 연구 중지, 남북한 대치 상황에서 재래식 무기의 제거와 배치 철수, 상호신뢰에 기반한 평화협정, 부와 자원의 편중과 그에 따른 독점 현상 타개 등 무력 충돌로 이어질 수 있는 현재의 부정의한 상태가 개선되지 않는 한, 군대 폐지가 이뤄지기는 힘들 수밖에 없습니다. '군대를 폐지하라'는 요구는 그것을 통해 평화의 조건을 만들자는 것이고, 또한 앞의 모순들을 해결하라는 외침입니다. 그러나 군대 폐지를 이루어질 수 없는 요구로만 여기는 태도로는, 군비축소와 신뢰에 기반한 안보체계는 만들어지기 어려울 것입니다.

안타깝게도 국방부와 징병제를 지지하는 사람들은 더 강력한 군이 더 안전한 국가로 만든다고 보고 있습니다. 이러한 강한 군의 모습에는 군 자신에 대한 성찰이 결여되어 있습니다. 현재의 국제질서와 외부 조건 속에서 군대가 정말로 '불가피'한 선택이었다면, 우리가 내부적으로 조정할 수 있는 부분은 그 이유에 걸맞게 구성되어야 합니다. 사병은 적절한 의식주를 제공받아야 할 뿐만 아니라 의료, 교육, 인권에 대한 권리 또한 보호받아야 합니다. 과거 군이 자행하고 은폐되었던 사건들 또한 재조사되어야 합니다. 그러나 현실은 그렇지 않습니다. 시민의 자유와 권리를 지키려고 물리력을 독점한 군이 그에 참여한 시민의 자유와 권리를 제약하고, 군에 속하지 않은 시민의 인권을 지키기 위해 고민하지 않고 있습니다. 이는 곧 군이 시민의 것이 아님을 보여주는 것입니다.

헌법 앞에서 자신을 증명하고 해명해야 할 것은 병역거부자인 제가 아니라 한국군입니다. 현재와 같은 상황이 지속되는 한, 저는 군에 참여할 수 없습니다. 참여하지 않는 것이 아니라, 참여할 수 없는 것입니다. 그래서 저

> 헌법 앞에서 자신을 증명하고 해명해야 할 것은 병역거부자인 제가 아니라 한국군입니다

는 요구합니다. 군사훈련 없이 의무를 다할 수 있는 대체복무제도를 요구합니다. 군사훈련이 없는 대체복무제도를 유엔 권고와 사회적 합의에 따라 마련한다면, 그 형태가 위에서 말한 것을 다소 벗어나더라도 군 변화의 긍정적 징후로써 받아들일 것입니다. 또한 이것의 마련에 시일이 걸린다면, 제 나이가 몇 살이 됐든 적절한 형태로 수행할 용의가 있으니 처벌을 미루기를 요구합니다.

2011. 11. 22 병역거부선언

(유윤종)

평화와 인권을 위한 인간으로서의, 활동가로서의 의무

2012년 4월 30일에 병역거부로 서울구치소에 수감되고 나서 일주일이 지났습니다. 감옥 안에서 이런저런 생각을 하다보니 제 병역거부의 이유를 다시 한 번 정리해봐야겠다는 생각을 했습니다. 사실 그 전에 써서 병무청 등에 제출한 소견서는 다소 시간에 쫓겨가며, 급한 마음에, 그리고 팩스 전송을 쉽게 하기 위해 가능한 한 짧게 쓴 것이었기 때문입니다. 하기사 요즘 세상에 길게 써봤자 다 읽어 볼 사람이 몇이나 되겠습니까? 그래도 대략적인 말들로 채워진 제 병역거부 이야기를 좀 더 풍부하고 구체적인 말들로 보완해보자는 욕심이 나서 이렇게 써봅니다.

1.
자명한 삶을 살아왔습니다. 살면서 선택의 갈림길에서 오래 갈등하거나 고민한 적이 얼마 없었습니다. 현재의 자신을 종합하여 가장 마음이 내키는 대로 내가 하고 싶고 할 수 있는 대로 결정하고 실천해왔습니다. 나와 나의 삶을 분리시켜서 선택하거나 소비하지 않고, 일치시킴으로써 자명한 삶, 자연스러운 삶을 만들어왔습니다. 그랬기 때문에 내 삶에 대해 다른 누군가에게 정당화하거나 변명할 필요성을 느껴본 적이 별로 없었습니다.

병역거부 역시 크게 다르지 않았습니다. 저에게는 그저 자연스럽고도 자명한 결정이었을 뿐이었습니다. 그래서 사람들이 병역거부의 이유를 묻거나 고민의 과정을 물어봤을 때 그렇게 말문이 막혔던 것 같습니다. 그렇지만 저의 병역거부가 정치적인 병역거부이고 운동의 한 형태이니, 다른 사람들과 대화하고 소통할 수 있도록 언어화하고 이야기하는 것이 필요할 것입니다.

우선 저에게 병역거부는 제가 평화운동에 참여하는 하나의 방식이라는 것부터 이야기해야 할 것입니다. 평화운동의 1차적인 주체는 물론 평화활동가들입니다. 저는 설령 병역거부를 했더라도 앞으로 계속 청소년운동을 중점적으로 하고 싶기 때문에, 평화활동가가 되지는 않을 겁니다, 아마도. 그러니까 저의 병역거부는 마치 다른 활동가들이나 시민들이 학생인권조례 서명을 주변에서 모아 주시는 것과 같은, 참여의 한 방식 정도로 생각하고 있습니다. 참여로서 져야 하는 부담이 좀 크기는 하지만, 어차피 군대에 현역으로 갔어야 했다고 생각하면 그리 큰 것도 아닙니다. 때문에 제게 병역거부는 그리 큰 결단도, 대단한 실천도 아닌 것입니다. (그래서 제가 너무 부각되는 것도 부담스럽고, 병역거부나 평화운동에 관한 질문에 대답하는 것도 다소 곤혹스럽습니다.)

2.

저는 이전에 썼던 소견서나 다른 글들에서 제가 병역을 거부하는 이유를 크게 두 가지 들었습니다. 하나는 현재 한국의 군대 · 징병제도가 개인의 인권을 과하게 제한 · 침해하고 있다는 것이었고, 다른 하나는 군사력을 강화함으로써 평화를 이룬다는 사고방식에 동의하지 않으며 평화적 수단에 의한 평화를 추구해야 한다는 저의 신념이었습니다. 이외에도 여성주의적인 비판이나 군대 조직의 비민주성 등도 떠올랐지만 일단 저의 경우에 가장 큰 것은 앞서 말한 이 두 가지인 것 같습니다.

이 중에 현재 군대 · 징병제가 개인의 인권을 침해한다는 것은 한국 징병제의 여러 측면들과 장면들에서 찾아볼 수 있고, 많은 분들이 동의할 거라고 생각합니다. 군인들의 인권 현실만 봐도 그렇습니다. 터무니없이 적은 임금, 도서나 어플리케이션까지 검열하는 행태, 식사나 생활 환경의 열악함 등, 한국 군대의 당연한 모습처럼 여겨지는 것들이 대체로 심각한 인권 문제인 것입니다. 더군다나 이중 상당수는 정부가 의지를 가지고 나서면 단기간 안에 개선 가능한 것들입니다. 현역 복무자들뿐 아니라 사실상 유급으로 해야 할 업무들까지 강제노동에 가깝게 인력을 채우고 있는 공익근무 등의 대체복무제를 역시 이런 문제들로부터 자유롭지는 못합니다. 징역에 처해지고 있는 저와 같은 병역거부자들의 문제는 말할 것도 없을 것입니다. 국가가 개인의 자유와 인권을 너무 가벼이 여기고 있는 것입니다. 또한 이런 경향은 한국 군대(전 · 의경)가 대추리에서, 촛불집회에서, 농민집회에서, 용산참사에서, 강정에서, 사람들의 인권을 짓밟고 폭력을 행사하는 것과도 연관이 있을 거라고 저는 생각합니다.

이런 이야기를 하면 먼저 국가에 대한 의무를 다해야 권리가 있다거나, 권리만 주장한다는 반박이 돌아올 가능성이 클 테지요. 그러나 의무와 권리를 교환관계로 보거나 의무가 권리에 앞선다고 하는 것은 잘못입니다. 권리와 의무는 실은 각각 독립적으로 성립하는 것입니다. 그리고 사회공동체의 목적 자체가 그 사회구성원, 사람들의 인권을 보장하는 것이니만큼 인권은 본래 의무보다 앞서는 것, 의무가 필요한 이유 자체가 인권을 보장하는 것이 되는 것이 더 올바른 해석입니다. 공동체가 불가피하게 의무를 부여해야 하더라도 그 방식과 내용은 사람들의 인권을 최대한 침해하지 않는 것이어야 합니다. 만일 그러한 제한이 없이 국가나 공동체가 마구잡이로 의무를 부과할 수 있다면, 인간보다 국가가 우선시되고 개인의 권리와 삶이 위태로워질 수밖에 없을 것이기 때문입니다. 저는 대한민국이라는 국가가 개인에게 일방적이고 과도한 희생을 강요하는 방식과 내용에 문제가 있고, 국가가 개인의 인권을 가능한 한 보장하고 의무 이행으로 생기는 피해에 대한 보상과 같은 기본적 의무도 제대로 하지 않고 있다고 생각합니다. 그렇기에 저는 설령 처벌을 받을지언정 그런 국가에 의무 이행 요구를 거부하는 것입니다. 이런 맥락에서 제가 병역거부의 이유로 든 '인권'은, 반·국가주의, 국가주의에 반대하는 의미를 가진 것이기도 합니다.

다음으로 저는, 군사력을 강화하고 전쟁을 준비함으로써 평화를 이룩한다는 사고방식에 반대하기 때문에 군사력의 일부인 군인이 되는 것을 거부합니다. 국가들이 군비경쟁을 하고 더욱 더 효과적인 살상·파괴 무기를 준비하는 것이 결국 더 큰 전쟁, 더 많은 희생을 의미한다는 것을 우리는 역사 속에서 배워왔습니다. 멀리 갈 것도 없이 한반도 역시 남한과 북한 사이의 군사적 긴장과 충돌로 많은 비용과 희생이 끊이지 않고 발생하고 있습니다. '전쟁을 하지 않는 상태'가 평화가 아니라 전쟁과 그와 같은 폭력들이 일어나는 원인과 구조를 제거하고 억제해야만 평화라고 할 수 있을 것입니다. 저는 우리가 전쟁을 준비하는 한 평화는 이룰 수 없다고 생각합니다.

저희 할아버지께서 안장되어 있는 현충원에서 기리고 있는 분들은, 국가를 위해 목숨을 바친 위대한 사람들이라기보다는 전쟁에서 남을 죽여야 했고 자신도 다치고 죽게 되었던 희생자들입니다. 북한에서도 마찬가지로 한국전쟁에서 다른 이들을 많이 죽인 사람들, 그리고 죽임을 당한 사람들을 나라를 위해

공을 세우고 목숨을 바친 사람들로 치장하고 있을 것입니다. 두 나라 사이에는 어떤 차이가 있을까요? 연평도 포격이 일어났을 때, 남한 역시 대응 포격을 해서 북한에 큰 피해를 입혔다고 했습니다. 그 '피해'로 몇 명이 죽고 무엇이 파괴되었을까요? 저는 우리가 전쟁 준비를 그만두기 위해 노력해야만, 남한에서도 북한에서도 사람이 죽지 않아도, 죽이지 않아도 될 수 있게 되리라 믿습니다.

이런 이야기는 흔히 철 없는 이상론이라고 폄하당합니다. 그러나 군사력 강화가 자위에만 쓰일 것이고 우리는 침략자·가해자가 되지 않을 것이라는 생각이야말로 철없는 환상입니다. 군비경쟁이 많은 사회적 비용과 희생을 초래하고, 전쟁 위협을 높이며 사람들이 목숨을 잃게 만든다는 것이 현실입니다. 공동으로 군축을 하는 것은 충분히 그리 멀지 않은 시일 내에 실현 가능한 목표일 것이라 생각합니다. 또한 국민국가라는 틀이 사라지고 지역 공동체 차원에서의 민주주의가 더 진전된다면 전쟁의 필요성이나 가능성도 크게 줄어들고, 상비군의 존재 이유 역시 크게 약화될 수 있을 것입니다. 서로 죽고 죽이는 전쟁을 사람들은 잘 원하지 않고, 소통과 연대가 활성화된다면 함부로 서로를 적대시할 수도 없기 때문입니다. 병역거부자들·평화운동가들마다 다르겠습니다만, 저는 치안유지를 위한 경찰의 역할이라거나 개개인이 자위를 위해 불가피하게 폭력에 호소하게 되는 것까지 부정하진 않습니다. 그러나 국가 단위에서 전쟁을 준비하고 훈련하는 조직화된 전쟁집단(군대)는 최소화되어야 하고 궁극적으로는 사라져야만, 진정한 인권과 평화의 실현이 가까워지리라 믿습니다. 그러므로 저는 저의 신념이 표현으로서 군사훈련을 받고 군대의 일원이 되는 것을 거부합니다.

이 두 가지, 인권·반국가주의와 평화주의·반군사주의는 서로 다른 결의 이유이지만 완전히 분리되어 있지는 않습니다. 예컨대 군대가, 국가가 개인의 인권을 존중하는 원칙을 지킨다면 섣불리 전쟁행위에 나설 수도 없고 군사주의 역시 약화될 수밖에 없을 것입니다. 또한 전쟁을 준비하고 군사력을 강화하는 것에 제동을 걸고 평화적 수단을 통한 진정한 평화를 추구한다면, 국가가 개인을 무리하게 강제로 동원하고 희생을 강요할 이유도 많이 없어질 것입니다. 그러므로 이 둘은 하나의 생각덩어리·가치관의 두 얼굴일 뿐일지도 모르겠습니다.

3.
저는 군대에 가기 싫어서, 군인이 되는 것이 두려워서 병역거부를 했습니다.

그러나 군대 생활의 힘듦이 제 병역거부의 이유라고 하자니 좀 어폐가 있는 것 같습니다. 왜냐하면 그런 면에서라면 감옥 생활도 마찬가지로 힘들고 두렵기 때문입니다. 한국 사회에서 병역거부자로 살게 될 것이 힘들고 두렵기 때문입니다. 그래서 사실 "군대냐 감옥이냐" 같은 생각을 하다가 그 딜레마 앞에서 '자살'이라는 탈출을 떠올린 적도 있었습니다. 그러므로 힘듦, 두려움만으로 따진다면 제가 군대가 아닌 감옥을 택한 걸 설명하기는 어려울 것입니다.

제가 병역거부를 하게 된 데에는 아마 많은 관계들이 작용했을 것입니다. 그 모든 것들을 다 담는 것은 무리일 테지요. 다만 제가 활동가이기 때문에 병역거부를 했다는 이야기는 하고 싶습니다. 병역거부는 적어도 군대에 가기 싫다고, 정면으로 말하고 불복종하기라도 하는 행위이기 때문입니다. 그렇게 함으로써 우리 사회가 변화하는 데 아주 조금이라도 기여할 수 있는 실천이기 때문입니다. 그래서 저에게는, 둘 다 싫은 군대와 감옥 중에서, 그래도 병역거부를 하고 감옥을 택하는 것이, 조금이라도 더 제가 저답게 살 수 있는 방법이고 제가 행복할 수 있는 방법으로 받아들여집니다. 가기 싫다면, 가야 하는 현실을 바꾸기 위해 뭐 하나라도 참여하자는 소박한 실천이 저의 병역거부인 것입니다.

감옥에 갇힌 지 이제 일주일이 지났습니다. 마음은 담담하고 평온합니다. 감옥에서는 되도록 절약하고, 제 주변 분들이 모아주신 후원금도 낭비하지 않도록 다짐하고 있습니다. 그리고 '전쟁없는세상'이나 길수 같은 다른 병역거부자들에게, 그러고도 여유가 좀 있다면 '오답승리의 희망'이나 '활기' 같은 청소년운동에게도 다소 돈을 보태고 싶습니다. 그 밖에도 제가 청소년운동이나 평화운동에 보탬이 될 것이 있다면 기여하고 싶구요. 이제 곧 교도소로 이감이 되고 일도 하게 되겠지만, 감옥 안에서도 될 수 있는 한은 활동가로 지내고 싶습니다. 저와 병역거부 문제에 대해 잠시 상담을 해주셨던 교수님께서, 병역거부는 제 이후의 삶을 구속하는 큰 결단이고, 과거에 구속되어버린 삶은 자유롭지 못하다고 하셨습니다. 하지만 저는 병역거부로 수감된 지금, 오히려 어깨의 짐을 하나 던 느낌입니다. 평화와 인권을 위해 실천하고 노력할 저의 인간으로서의 최소한의 의무를 좀 해낸 듯한 느낌이 들기 때문입니다.(2012. 5. 6 서울구치소에서)

2011. 11. 29 병역거부선언

김무석

나는 정의와 평화에 대한 신념에 따라 병역을 거부한다

현역 입영 예정일인 6월 24일 오후 2시, 난 훈련소에 가지 않았다. 나는 모든 억압과 착취, 불평등과 부정의에 반대하는 사회주의자로서의 신념에 따라 이런 결정을 내렸다. 나는 이 소견서를 통해 내 신념을 밝히고자 한다.

교과서에선 모든 사람들에게 '국방의 의무'가 부과된다고 가르쳤다. 많은 사람들이 자신의 형제와 가족들의 안전을 지키기 위해서 군대가 존재한다고 생각한다. 남자라면 누구나 한 번쯤 군대를 가야 한다고 말하고, 군대에 가지 않는 것은 비겁한 일로 여겨진다. 나 또한 그렇게 생각했다.

그러나 겉모습만 봐선 알 수 없는 것들이 있다. 어떤 껍질은 외부로부터 내용물을 보호하는 것처럼 보이기만 할 뿐, 실제론 내용물을 가두기 위해 존재하는 것일 수도 있다.

군대는 어떠한가? 이 나라의 군대는 정말 평범한 민중을 보호하기 위해 존재하는 것인가? 아니면 평범한 민중을 억압하기 위해 존재하는 것인가?

나는 군대가 계급으로 나뉜 자본주의에서 소수 지배자가 다수 민중을 억압하고 지배하기 위한 대표적인 억압 기구라고 생각한다.

박정희의 군대는 1961년에 5.16 군사정변을 일으켰다. 1964년엔 베트남전쟁에 참전해서 미국의 민족 억압과 학살을 지원했다. 1979년 10월 박정희의 유신독재에 항거해 부마항쟁이 벌어지자 군대는 대검을 들고 민주주의를 외치는 시민들을 진압했다.

전두환 시절 군대는 1979년에 12. 12 군사 반란을 일으켰고, 1980년에 5. 17 쿠데타를 일으켰다. 5. 18 광주 항쟁에서 발포해 시민들을 학살한 것도 이 나라의 군대였다.

이런 일들이 군사정권에서만 일어나지 않았다는 것은 군사 정권이 끝난 뒤에도 군대의 역할이 크게 변하지 않은 것을 봐도 알 수 있다.

노무현 정부 시절인 2003년 이 나라의 군대는 미국의 이라크 점령에 동원되었다. 이 전쟁에서 미국은 수십만 명을 학살했고, 2백만 명이 넘는 사람들을 난민으로 만들었다. 2006년 미군기지 이전에 반대한 평택 대추리의 주민들과 활동가들의 평화를 요구한 목소리는 군대의 군홧발에 무참히 짓밟혔다.

강제로 동원되어 명령에 따를 수밖에 없었던 사병들은 또 다른 희생자들이었다. 이처럼 군대는 평범한 민중의 이익과는 상관없이 소수 권력자들의 도구로 활용되어왔다.

지배계급의 도구

자본주의 체제의 권력자들이 군대를 이용한 목적은 두 가지였다. 지배자들은 자국의 민중들을 억압하기 위한 수단으로, 또한 타국과의 군사적 패권 경쟁을 위한 수단으로, 군대를 이용했다.

지배자들은 동의와 설득으로 지배를 유지하려고도 했지만, 궁극적으로는 군대, 경찰, 감옥과 같은 억압기구를 필요로 한다. 군사정권 시절에는 이 폭력이 노골적으로 전면에 드러났다.

이 나라에서 노동자·민중이 벌인 투쟁으로 이 억압기구들이 뒷켠으로 물러나긴 했다. 그러나 평택 미군기지 이전 반대 시위 진압에 군대가 투입된 것이나 쌍용자동차 노동자들의 점거 파업에 경찰 특공대가 투입된 것에서 볼 수 있듯이 지배자들은 결정적인 순간에 늘 폭력과 억압에 의존해왔다.

지배자들은 지정학적 경쟁에서 우위에 서기 위해서도 군대를 활용한다. 베트남과 이라크에 파병된 군대는 미국의 점령과 학살을 도왔고, 이 나라의 지배자들은 파병을 통해 군사적 영향력을 높이려 했다. 지배자들의 한미 동맹 전략은 지금도 전혀 변하지 않았다.

박근혜 정부는 첨단무기가 동원된 한미 합동군사훈련에 참가했고, 미국이 중국을 겨냥해 추진하고 있는 MD에 참여할 절차를 밟고 있다. MD 참여는 이 나라가 미국과 중국의 군사적 갈등에 더 쉽게 휘말리는 위험천만한 일이 될 수 있다.

미국의 패권 강화의 발판이 될 제주해군기지는 건설 과정부터 주민들을 탄압해 '제주해적기지'라고 불렸다. 주민과 활동가, 성직자에게 가해지는 경찰들의 폭력은 용인됐고, 여기에 저항하는 사람들은 연행되고 벌금을 물고 구속되었다.

나는 이처럼 세계 평화를 위협하는 미국의 세계 패권 전략을 뒷받침하고, 자국의 민중을 억압하는 데 이용되는 이 나라의 군대에 입대하기를 거부한다.

무고한 젊은이들을 억압하고 희생시키는 군대

부와 권력을 독점한 권력자들은 소수이기 때문에 군대의 성원은 압도적 다수인 노동자와 민중의 자녀들로 구성될 수밖에 없다. 이 때문에 지배계급은 군대를 통제하기 위하여 상명하복의 억압적 위계질서를 적용할 수밖에 없다.

실제로, 2013년 1월 30일 발표된 「군 인권실태 연구보고서」에 따르면 8.5퍼센트의 응답자가 구타당한 적이 있다고 답했다. '탈영 또는 자살하고 싶다'는 생각이 들었다는 병사는 34.6퍼센트였으며, 5년 간 실제로 자살한 군인의 숫자는 368명이었다.

> 「군 인권실태 연구보고서」에 따르면 구타 경험 있다는 응답자는 8.5퍼센트, '탈영 또는 자살하고 싶다'는 병사는 34.6퍼센트, 5년 간 실제로 자살한 군인의 숫자는 368명이었다

최근 군대 내에서 가혹행위로 자살한 경우 국가유공자로 인정해야 한다는 결정이 있었지만, 이미 무고하게 희생된 젊은이들의 삶은 어떤 것으로도 보상해 줄 수 없다.

'국방의 의무'를 준수하라고 앞장서 요구하는 권력자들은 역겹게도 정작 자신들의 자녀는 어떻게든 군대에 보내지 않으려 한다. 〈이제는 말할 수 있다〉의 '신의 아들과의 전쟁'편(MBC, 2004)은, 진짜 권력을 가진 사람들에게는 군대가 의무가 아니라는 것을 폭로했다.

권력층과 부유층, 예를 들면 재벌가의 병역 비리는 강력한 권력과 결탁되어 있기 때문에 건드릴 수 없었고, 과거 광범위하게 이루어진 병역비리 군·검 합동수사도 결국 내부 권력—기무사와 군·검찰—이 좌절시켰다는 것이다.

지배자들은 북한의 위협을 빌미로 군대와 안보 논리를 정당화해왔다. 그러나 북한의 지배계급과 남한의 지배계급은 서로 적대적 경쟁을 하면서도 서로의 존재를 정당화해왔다. 반면 북한의 평범한 젊은이들과 남한의 젊은이

들은 그 과정에서 모두 희생되고 억압받는다. 두 국가가 젊은이들을 군대에 동원하는 논리는 거울을 두고 마주보는 것 같이 똑같다. 김정은 정권의 이해관계를 위해 젊은이들을 희생시키는 군대와 박근혜 정권의 이해관계를 위해 젊은이들을 희생시키는 군대는 별로 다르지 않다.

신념을 지키기

지금까지 평화주의적, 종교적, 정치적 신념에 의해서 병역을 거부해온 사람들이 1만 7천여 명에 이른다. 각자의 신념은 달라도 그들은 자신의 신념을 지키려고 감옥을 선택했다.

나 또한 신념에 따른 행동으로 감옥에 가게 될 것이라는 것을 알고 있다. 그리고 나는 감옥에서 군대보다 더 큰 억압을 경험해야 한다는 것과, 감옥에서 나온 뒤에도 사회적 차별을 감내해야 한다는 것 또한 알고 있다.

따라서 '감옥을 선택한다'는 것은 단지 군대인가 감옥인가 하는 선택을 넘어서, '어떤 삶을 살 것인가'하는 질문과 마주치는 과정일 수밖에 없었다.

만약 내 삶의 목표가, 이 체제가 강요하는 경쟁과 생존의 논리에 타협한 삶을 사는 것이었다면, 이런 선택을 하기 힘들었을 것이다. 그러나 내 삶의 목표는 부조리와 모순에 가득 찬 이 사회의 변혁에 기여하는 것이기 때문에, 나는 내 신념을 지키고 그에 따른 억압과 고통을 감내하는 선택을 할 수 있었다.

나는 내가 겪을 모든 개인적 손해에도 불구하고, 신념에 따라 이 나라의 군대에 입대하길 거부한다.

2013. 6. 25 병역거부선언

김동현

1. 가장 개인적으로 가장 정치적인 병역거부를 하다

"개인적인 것이 정치적인 것이다.(The personal is political.)" 독일녹색당의 페트라 켈리가 68혁명 때 언급했다고 알려진 말이다. 한국의 페미니스트들에게는 '가장 개인적인 것이 가장 정치적인 것이다'라는 명제로 더 익숙할지도 모르겠다. 페미니즘 진영의 격언과도 같은 이 문장을 나는 이제 병역거부운동에까지 확산시키기로 한다.

세간의 오해와는 달리 '양심적 병역거부'에서의 '양심'은 가장 개인적인 '양심'이다. 나의 경우에 그것은 '평화주의적 병역거부'나 '반군사주의적 병역거부' 혹은 '비폭력주의적 병역거부'로 도치시킬 수 있을 것이다. '국가폭력에 대한 시민불복종적 병역거부'라 부를 수도 있겠다.

무어라 일컫든 나는 지금 '양심적 병역거부'를 선언한다. 사실 이 글을 쓰기 전부터, 정확히는 병역거부를 결심했던 7년 전부터 이미 여러 사람에게 선언하였다. 군대를 반대한다고 하면 그때마다 돌아오는 말은 "꿈 깨"였다. 물론이다. 나도 꿈에서 깨고 싶다. 내가 꾸는 꿈의 배경은 다음과 같다;

> 병역을 거부한다는 이유만으로 모조리 징역을 보내는 나라
> 해방 이후 누적 병역거부 수감자가 1만7천여 명으로 세계에서 압도적 1위를 기록하는 나라

2013년 현재 전 세계에 수감된 병역거부자의 92%가 속한 나라
유엔의 권고를 무시하는 나라
그러나 반기문을 존경하는 나라

저것들은 꿈이므로 기울여 쓴다. 선 채로 자는 사람은 없으므로 모든 꿈은 얼마간 기울어져 있다. 이제 여러분은 나에게 "꿈 깨"라고 말할 차례이다. 그 말에 나는 꿈에서 깬다. 눈을 뜨니 꿈에서 본 풍경이다. 장자의 호접몽까지 갈 생각은 없다. 나는 현실을 직시하기로 한다. 이제부터 내가 말할 것은 '기울어진' 현실이다.

2. 전쟁보다 소요 진압에 더 자주 쓰이는 군대

군대의 수단이자 목적은 전쟁이다. 군인은 군복을 완전히 벗기 전까지 살인기계의 설계도면에 자신의 초상화를 열심히 그려넣는다. 그러나 빨간색으로만 그려지는 군인의 기하학적 아름다움을 전쟁터에서만 꽃피우기가 아쉽다고 생각하는 이들이 있다. 그중에서도 도도하게 흐르는 강물 위로, 붉은 먹을 갈아 굵은 획을 긋고자 했던 몇몇 이들에 대해 말하고자 한다.

1947년 3월 1일, 제주의 한 어린이가 기마경관의 말발굽에 치었다. 성난 군중들이 말을 쫓았다. 경찰이 발포하였고 이로 인해 6명이 사망하고 6명이 중상을 입었다. 그로부터 1954년 9월 21일까지 7년 7개월 동안 이승만 정권은 끊임없이 육지에서 군대를 파병하여 도민들을 학살하였다. 사망자만 1만4천여 명, 사상자는 3만여 명이었다. 물론 이것은 어디까지나 집계된 수치이다. 이 학살을 '제주 4. 3 사건'이라 일컫지만 일부 교과서에는 왜곡이 돼 있다.

스위스 제네바에 본부를 둔 국제법학자회(International Commission of Jurists)는 인혁당 판결이 난 1974년 4월 8일을 '사법사상 암흑의 날'이라 선포했다. 초헌법적 긴급조치가 1호부터 9호까지 남발되던 시대였다. 이를 유지, 관리하기 위해 유신정권은 이 땅에 거대한 병영국가를 이룩하였다. 군대의 폭력이 학살이라 말할 만큼 집약적으로 표출된 상황은 없었으나, 그것은 국가의 시스템과 시민의 생활 전반에 걸쳐 구축한 군사주의의 치밀한 억압이 강하게 작용했기 때문이라는 해석을 내놓을 수 있다. 캠퍼스에서 군인들이 총을 메고 돌아다니던 시절이었다. 무엇을 더 말하겠는가.

1980년 5월 17일, 계엄령에 항의하는 학생들의 시위를 진압하기 위해 광주에 공수부대가 투입되었다. 이후 5월 18일부터 27일까지 열흘간 군대에 의한 유혈진압이 진행된다. 곤봉과 대검으로 난자된 생과 총에 관통된 삶들이 건물 안과 거리 곳곳에 누워 있었다. 사상자는 200에서 600명이라는 추측이 있지만 정확한 숫자는 알 수 없다.

어쩌면 여러분은 군대의 민간투입이 자행되던 시대는 암울한 군부독재 시절이 아니었느냐고 강변할지도 모른다. 그러나 역대 정권 중 가장 '민주적'이라고 평가받는 참여정부조차 평택의 대추리를 군홧발로 짓밟았다는 사실을 잊지 말아야 한다. 국방부는 주민들이 농사를 짓지 못하도록 철책을 세우고 마을로 들어가는 입구에는 검문소를 설치해 출입을 통제하였다. 2006년 5월 4일, '여명의 황새울' 작전이 시작되었다. 시위대 1천여 명을 진압하기 위해 투입된 공권력은 경찰 110개 중대 1만3천여 명, 용역업체 직원(소위 깡패) 1천2백여 명, 군인 2천여 명이었다. 다행히 사망자는 없었으나 200에서 300여 명의 부상자가 발생하였다.

3. 정의로운 전쟁은 없다

병역의 성스러움, 나아가 군대의 필요성을 역설하는 이들의 공통된 주장은 "정의로운 전쟁은 있다"이다. 그들이 정의하는 '정의로운 전쟁'이란 대개 침략 가능성을 억제하기 위한 침략전쟁이나, 침략에 대한 정당방위로서의 방어전쟁이다. 결론부터 말하자면, 정의로운 전쟁은 없다. 근대 이전의 전쟁에 대해 말하고 싶지는 않다. 여러분이 '야만'이라는 단어 하나로 논점을 회피할 것이기 때문이다. 나는 시민사회가 성립되고 민주주의가 확립되었다고 '믿는' 현대의 전쟁에 대해 말할 것이다. 그러나 이것도 실은 '야만'에 대한 이야기이다.

침략 가능성을 억제하기 위한 침략전쟁의 대표적인 사례는 이라크에 대한 미국의 침략전쟁이다. 걸프전 이후 지속적으로 이루어진 이라크의 군비확장과 2001년 발생한 9. 11 테러에 자극을 받은 미국은 이라크를 '악의 축'이라 규정하였다. 이어 2002년 8월, 조지 부시는 유엔 연설에서 이라크의 대량살상무기(WMD) 폐기를 요구하며 정권교체를 언급했다. 이에 이라크가 무기사찰을 수용했음에도 불구하고 미국은 유엔 안보리에 침공 승인을 요구한다. 그리고 2003년 3월 20일, 유엔 안보리의 동의가 이루어지지 않은 상태에서 이라크를 침공하였다.

미국의 입장에서 이라크 침략은 정당한 것이었다. 지속적인 군비확장을 하는 이라크의 정권은 반미세력이었고 9. 11 테러에서 볼 수 있듯 이라크는 하나의 국가이기보다는 거대한 테러집단이었다. 언제라도 다시 '제3의 후세인'이 비행기를 탄 채로 빌딩을 향해 돌진할 수 있었다. 게다가 비인도적 무기(인도적인 무기가 무엇인지는 모르겠으나)인 대량살상무기를 가지고 있다는 '의혹'이 있었다. 물론 미국은 언제나 정의로우므로 자국이 가진 대량살상무기는 괜찮았다.

전쟁에서 승리한 미국이 이라크를 샅샅이 뒤졌으나 대량살상무기는 어디에도 없었다. 미국이 입수했다고 하던 대량살상무기에 대한 정보의 신빙성이 논란이 되었다. 그러나 그 논란이 죽은 사람을 살리거나 무너진 건물을 세워주지는 못했다. 군수업자들은 돈을 벌었고 미국은 석유를 얻었고 이라크에는 친미정권이 들어섰다. 그리고 곧 내전이 시작되었다. 사실 뻔한 수순이었다.

테러에 대한 대항마로 전쟁을 선택하는 것은 테러에 대해 더 큰 테러로 보복하는 것 이상도 이하도 아니다. 이라크 침공 당시 미국은 최첨단 무기의 '정밀성'에 대해 확신을 가지고 있었다. 몇 마일 밖의 바늘귀도 뚫을 수 있다는 자신감이 팽배했다. 그러나 폭탄은 자주 민가에 떨어졌고 이라크 측 사망자 5만7천여 명 중 5만여 명은 민간인이었다. 이것이 침략 가능성을 억제하기 위한 침략전쟁이 보여주는 '야만'이다.

이제 여러분이 고대하던 침략에 대한 정당방위로서의 방어전쟁을 보기로 하자. 나는 우리가 익히 알고 있는 6. 25 전쟁을 일례로 들고 싶다. 1950년 6월 25일, 북한군이 38선을 넘어 남침을 개시하였다. 4일 만에 서울을 점령한 북한은 다시 3개월 만에 대구, 부산 등 경상도 일부를 제외한 전 지역을 장악하였다. 미군을 주축으로 한 유엔군이 9월 15일에 인천상륙작전을 감행하였고 28일에는 서울을 탈환했다. 그리고 유엔군과 한국군은 역으로 북침을 시작한다.

엎치락뒤치락하다 결국 38선이 그대로 휴전선으로 굳어진 것은 우리 모두가 아는 바이다. 중요한 것은 북한의 남침에 대항하여 방어전쟁을 하였고, 전세가 호전됨에 따라 남한이 북침을 하였다는 사실이다. 남한이든 북한이든 명분은 충분하였다. '조국통일'이 그것이다. 북한은 물론이고 남한의 이승만 또한 "아침은 개성에서, 점심은 평양에서, 저녁은 신의주에서 먹겠다"고 공공연하게 말했었다. 다시 말해 북한으로부터의 침략에 대한 정당방위로서의 방어전쟁의 실상은 파도 한 번에 무너져버리는 모래성처럼 허약한 명분에 기반을 두고 있었다. 남한의 군비가 북한보다 우세였다면 입장은 바뀌었을 것이고 어떤 상황에서든 북침은 정당하였을 것이다.

이제 우리는 역사상 존재했던 모든 전쟁이 정당하다는 것을 인정하여야 한다. 모든 침략전쟁은 당사자의 입장에서 정당하고 모든 방어전쟁 또한 당사자의 입장에서 정당하다. 그리하여 역설적으로 모든 전쟁이 정당하므로 모든 전쟁은 정당하지 않다. 전쟁이 어떤 상황에서든 최악의 선택이라는 점에서 그러하다.

폭력은 언제나 폭력으로 치환된다. 폭력의 본질은 순환성이다. 그리고 폭력의 가장 극단적인 형태가 전쟁이다. 누군가 주먹질을 하였을 때 똑같이 주먹을 날리고 곧 뒤엉켜 싸운다면 그것은 쌍방과실일 뿐이다. 우리는 누군가 주먹을 날리기 전에 말을 걸 수 있다. 주먹이 날아오더라도 똑같이 주먹을 내뻗지 않을 수 있다. 폭력에 대한 대안이 폭력밖에 없다면 그것이 '야만'이 아니고 무엇이란 말인가.

4. 민족이라는 허상, 국익이라는 야만

민족주의는 곧 국익주의이다. 나는 민족주의에서 비롯된 인간의 선택들이 낳은 참혹한 결과물들을 숱하게 안다. 근대 이후의 거의 모든 전쟁과 인간에 대한 억압은 민족주의와 긴밀한 관계를 유지한다. 팔레스타인 침략을 가능케 한 이스라엘의 시오니즘은 종교의 탈을 쓴 민족주의이다. 인종주의는 민족주의의 사생아이다. 나치의 홀로코스트는 민족주의의 자화상이다.

RO(Revolutionary Organization)로 유명해진 이석기와 그의 노선인 NL(National Liberation)은 철저히 민족주의에 기반을 둔다. 그들이 살고 있는 한국은 미국의 식민지이기 때문에 한민족의 강한 의지로 해방을 원하는 것이다. 민족주의가 낳은 한 편의 블랙코미디인데 마냥 웃을 수만은 없는 것이, 이들이 골방에서 엄숙하게 '딱총 모의'를 하는 모습이 상상되기 때문이고 이내 측은한 마음이 들면서 정말로 슬퍼지기 때문이다. 삐에로는 자신의 입가에 스마일을 그려넣지만 동시에 눈물 자국을 길게 그린다.

우리는 일제강점기를 기억한다. 일본에 의한 학살과 모진 탄압에 대해 분노한다. 그러나 베트남을 기억하는 사람은 없다. 베트콩의 잘린 머리를 양손에 하나씩 들고 활짝 웃으며 찍은 한국군의 사진에 대해 말하는 사람은 없다. 전 국민이 이라크에서 인질로 잡혀 죽은 김선일을 추모하지만, 이라크에 파병된 3천여 명의 자이툰부대가 그곳에서 몇 명을 죽였으며 그들의 이름이 무엇이었는지 궁금해하는 사람은 없다.

단일한 민족이란 대체 무엇이란 말인가. 역사상 전쟁을 겪지 않은 나라가 없고 전쟁이 나면 필연적으로 피가 섞인다. 민족이란 개념은 처음부터 허상인 것이다. 어디에도 없는 민족을 사랑하는 대신에 저 멀리 이국땅의 까만 피부를 사랑할 수는 없는가. 벽안의 금발을 사랑할 수는 없는가 말이다. 사람은 모두 지어미가 아홉 달 배 아파 낳은 새끼이고 물고 빨며 키운 자식이다. 어느 하나 소중하지 않은 생명이 없고 존엄하지 않은 인간이 없다. 이미 세상의 빛과 소금인 누군가의 생을 앗기 위해 군대는 존재한다. 민족주의는 국가로부터 살인면허를 내리며 살인연습을 하는 군대에 입영하라고 권한다. 살인과 살인연습이 싫다면 남는 선택은 감옥행뿐이라 말하고 있다.

5. 평화라는 길 위에서 변주곡을

바흐의 골트베르크 변주곡을 레온하르트의 쳄발로로 듣는다. 사라방드 풍의 아리아와 서른 개의 변주로 이루어진 곡이다. 악보에 적힌 도돌이표를 쓰지 않고 전곡을 연주하는 데 걸리는 시간은 대개 50분 내외이다. 카이저 링크 백작의 불면증 치료를 위해 작곡되었다는 설이 있지만 워낙 수학적으로 치밀하게 계산된 작품의 건축적 구조 때문에 설이 잘못되었다고 생각하는 사람들도 있다. 나는 음악을 배우지 않았기에 그런 것은 잘 모르겠고, 그저 듣는 것이 즐겁기 때문에 이 곡에 빠져 있다.

> 폭력의 본질은 순환성이다.
> 그리고 폭력의 가장
> 극단적인 형태가 전쟁이다

바흐(Bach)는 독일어로 '강'을 뜻한다. 더 정확히 말하자면 강보다는 좀 더 작은 샛강에 가깝다. 이름이 사람과 일치하는 경우는 원래 드물지만 초상화 속의 바흐를 들여다보고 있으면 '샛강'이라는 이름이 참 어색하다는 느낌을 받는다. 음악의 아버지라 불리는 이의 이름이라면 바다 중에서도 대양, 하다못해 흑해 정도는 되어야 하지 않나 싶다. 그러나 이런 생각도 골트베르크의 아리아를 듣고 있으면 사라진다. 잔잔하게 흐르는 물 위로 햇살이 빛나고 작은 물고기들이 헤엄을 치고 바람이 살랑 불면 나뭇잎 하나가 떨어져 뗏목이 되고. 그러니까 바흐는 영락없는 샛강이라는, 생각이 아니라 마음이 든다.

평화는 모든 사람들이 공유하는 가치이다. 양심적 병역거부자의 스펙트럼은 매우 다양하지만 최소한 평화라는 가치는 절실하게 공유하고 있다. 덧붙여 이 글을 읽는 여러분들 또한 평화를 원하는 사람들이라 생각한다. 우리의 행동이 달라지고 의견이 갈리게 되는 지점에 평화라는 말이 가지는 무게를 재는 저울이 놓여 있다고 생각하지 않는다.

    말하자면 우리는 변주를 하고 있는 것이다. 여기에는 악기도 없고 악보도 없다. 객석과 무대가 분리되어 있지 않으며 지휘자와 연주자가 따로 없다. '평화로 가는 길'을 찾는 것을 포기하면 '평화가 바로 길'임을 알게 된다. 나는 이제 여러분도 거기에 서지 말고 평화 위에 서자고 말한다. 이곳에서 함께 서로의 서툰 변주를 들어주자고, 가끔 불협화음을 내거든 씨익 웃어주자고. 평화 위에서, 평화라는 길 위에서.

시리아와 강정에 평화가 깃들기를 바라며
2013. 9. 24 병역거부선언

박정훈

나는 거절한다

밀양을 보라. 밀양 주민들에게 '국가'란 존재하는 것일까? 밀양 주민들에겐 자신들의 절박한 목소리를 경청하고 함께해준 것은 국가가 아니라 이름 없는 수많은 시민들이었다. 〈조선일보〉는 외부세력이 밀양의 갈등을 부추기고 있다고 원색적으로 보도하지만, 오히려 밀양 주민들의 외부세력은 한전과 수천 명의 경찰들이다. 그리고 서양인들이 아메리카 대륙을 점령할 때 인디언을 야만적이라고 비난하듯이 밀양 주민들의 저항을 비난하는 사람들, 정의롭지도 안전하지도 않게 생산된 전기를 값싼 가격에 사용하는 대기업들, 밀양 주민들을 보상금을 노리는 악마로 묘사하는 도시의 사람들과 정부와 언론들이야말로 무서운 외부인들이다.

    이들은 전쟁의 침략자처럼 폭력을 휘두르고 주민들을 그야말로 쓸어낸다. 국가는 선택된 사람들만을 보호했고, 비국민들에게 빨갱이, 불법시위자, 님비라는 딱지를 붙였다. 10월 8일 오늘, 군대에 입대하라는 국가의 명령을 받은 나는 선택할 수밖에 없었다. 정의롭지 못한 국가폭력에 동참할 수 없다. 나는 이제부터 국가의 보호를 받지 못하는 비국민이 되겠지만, 국가로부터 배제되고 폭행당하는 사람들의 친구가 되고자 한다. 최소한 그들을 탄압하는 국가의 편에 서지 않고자 한다.

    나는 야만적인 국가폭력에 동참하는 것을 거절한다. 군대 갔다온 남성, 우리 사회가 원하는 진짜 사나이가 된다는 달콤한 유혹도 거절한다. 나는 정의롭지 않은 개발로 얻는 이익도, 전쟁과 국가폭력으로 얻을 수 있다는 국익도 거절한다. 그것은 국가의 이익이 아니라 국가로부터 버림받은 사람들의 희생이다. 세상에 대대 크게 외쳐보지만, 그 누구도 듣지 않는 목소리가 있는 곳, 쌍용자동차 노동자들과 밀양 주민들의 농성현장. 나는 이곳에서 국가가 보호하고 있다는 당신과 나의 이야기, 우리 이웃들의 이야기를 하고자 한다. 내가 있을 곳은 군대가 아니라 이곳의 거리다.

휴전선을 보라는 국가의 명령. 군인의 등 뒤에서 죽어가는 국민들

매년 60만 명의 청년들이 국가안보를 위해 휴전선을 향해 눈을 돌리라는 명령을 받지만, 정작 국민들은 그들의 등 뒤에서 죽어간다. 대한민국의 자살율은 전 세계 1위다. 20대 사망 원인의 45%가 자살이고, 매년 250명의 대학생이 자살로 사망한다. 가난과 빈곤, 취직과 사업 실패 등 경제적 실패와 이를 바라보는 이웃들과 사회의 왜곡된 시선이 자살의 중요한 원인이다. 졸업식이 곧 실업식이 되고 실직이 세상에 대한 하직이 되는 세상, 경제적 실패가 삶의 실패가 되는 나라가 바로 대한민국이다. 사람들은 전쟁이 아니라 대한민국이 만든 세상에서 죽어가고 있다. 군인도 예외는 아니다. '2012년 군우울증 유병률 조사'에 따르면 군인 10명중 1명이 자살을 생각하고 있다고 한다.

노동자를 위한 나라는 없다. 기업 살인을 방조하는 나라

2010년 3월 삼성반도체공장에서 일했던 23세의 박지연 씨가 백혈병으로 사망한다. 이렇게 반도체공장에서 일하다가 희귀병에 걸려 사망한 노동자가 30여 명에 이르고, 피해자는 100여 명에 이를 것으로 예상된다. 2009년 쌍용자동차가 3천 명을 정리하면서 24명의 노동자들과 그 가족들이 죽었고, 살아남은 사람들은 정신적 경제적 압박을 받고 있다. 이마트의 냉동고에서, 배달을 하는 오토바이에서, 뜨거운 용광로에서 죽어간 이름조차 알 수 없는 아르바이트 노동자들이 있다. 삼성반도체에서 사람들이 병에 걸려 고통받고 있음에도, 쌍용자동차의 회계조작이 밝혀져도 우리 사회는 이들 기업을 처벌하거나 그 피해자들을 보호하지 못하고 있다. 지난해 일을 하다 다친 사람은 9만2천 명, 일을 하다 사망한 사람은 1천8백64명이다. 매일 5명꼴로 일을 하다가 죽어가고 있는 것이다. 삼성과 쌍차 노동자들과 같이 산업재해로 인정받지 못한 사람들까지 합치면 자본에 의해 다치거나 생명을 잃은 사람은 우리가 상상하는 것보다 훨씬 많을 것이다.

　기업의 무차별적인 살인행위를 방어하고 국민을 보호하는 것이 국가공동체가 해야 할 일이고, 그것이 바로 우리의 안보이겠지만 적어도 대한민국은 그런 나라가 아니다. 오히려 사회는 그들을, 그리고 그의 자식들까지 '빨갱이'라며 사회적으로 멸시하고 차별하고 있다.

댓글과 시위 진압이 안보인 나라

그 빨갱이들을 잡겠다며 나선 것이 바로 국가다. 원세훈, 남재준 두 전현직 국정원장이 대선후보를 비방하는 댓글을 다는 것이 국가안보라고 당당히 이야기한다. 국회청문회에 출석해서 진실만을 말하겠다는 증인 선서를 거부하는 김용판, 원세훈 씨가 각각 경찰청과 국정원장을 맡아 공공의 안녕과 평화를 지키겠다고 이야기한다. 4대강 사업을 지지하는 댓글을 다는 것, 경찰들이 국정원을 수사하는 것을 막는 것이 국가안보라고 한다. 국가안보기관이 자국민을 상대로 대북심리전을 펼친다. '좌익효수'라는 아이디를 사용하던 국정원 직원은 국가안보를 위해 성폭력적이고 야만적인 댓글들을 달았다. 최근에는 청와대가 나서 채동욱 검찰총장의 혼외자식 검증에 나섰다. 청와대는 〈조선일보〉가 1면 보도를 할 수 있도록 혼외자식이라는 의혹을 받고 있는 민간인의 정보를 뒤져서 언론사에 넘겼다. 조선일보 보도 전 몇몇 검찰들에게 검찰총장의 혼외자식 보도가 나갈 것이라며 줄을 잘 서라는 조언을 하는 것도 잊지 않았다. 전방에서 열심히 훈련을 받으며 나라를 지킨다고 생각하는 군인들, 그리고 국민의 안전을 위해 일하는 일선 경찰들이 뻘쭘할 지경이다.

용산에서 철거민들의 생존권을 건 시위를 무리하게 진압하다가 6명의 생명을 앗아간 김석기 전 경찰총장이 한국공항공사 신임사장 후보로 올랐다. 청와대 지시로 쌍용자동차 노동자를 진압한 조현오 씨가 경찰총장까지 올랐다. 반면 못살겠다고 외치는 국민들은 구속자가 되거나 전과자가 됐다. 밀양에서 강정마을에서 대한문에서 국민들은 계속해서 공공의 권력에 의해 짓밟힌다. 안보라는 것이 국민들을 편안히 보존하는 것이라면 대한민국의 안보는 지켜지지 않고 심지어 뻥뻥 뚫려서 국민들이 학살당하고 있다고 할 만하다. 실로 야만의 국가다.

이웃들이 죽어가는 공동체에서 홀로 평화롭게 살아갈 수 없다. 평화는 전쟁이 일어나지 않는 상태가 아니다. 당신과 나의 몸과 마음이 불안하지 않는 상태가 평화다. 평화를 위해 국가가 무기를 개발하고, 군사력을 늘리고, 핵을 보유하는 것은 갈등과 긴장을 높이고, 결국 우리를 파괴하는 행위다. 공장에서 노동자가 쫓겨나고, 삶의 터전에서 길거리로 내쫓기고, 말하지 못하는 자연의 생명들이 죽어가는 것, 여성과 성소수자와 장애인들이 배제되고 차별받는 것은 총성 없는 삶의 전쟁에서 자행되는 고요한 학살이다. 이러한 국가의 강제징집을 거부하는 것은 내가 할 수 있는 가장 적극적인 평화행동이다.

시민으로서의 의무

얼마 전 한 통계조사에서 대한민국 국민 75%가 아무리 노력해도 지위의 상승이 불가능하다고 믿는다고 답했다. 이러한 절망의 나라를 지키기 위해 지금도 60만 명의 젊은이들이 국방의 의무를 수행하겠다며 군복무 중이다. 국가로부터 아무런 혜택을 받지 못하는 청년들의 이타성이 존경스러울 정도다. 물론 국가는 이들의 불만을 '군가산점'으로 돌린다. 나는 지금 우리 사회의 한 구성원으로서 조금 다른 사회적인 의무를 수행하고자 한다. 평범한 사람들의 안녕과 평화를 위해, 그리고 우리가 살아가는 공동체가 노동자와 빈민과 장애인과 사회적으로 배제된 자들의 안전망이 되어줘야 한다는 것을 말하기 위해 이 야만의 나라의 부름을 거부한다. 이것이 내가 생각하는 시민으로서의 또 하나의 의무이다. 부당한 국가권력과 부조리한 사회에 다른 목소리를 내고 저항하는 것이 우리가 살아가는 공동체의 평화와 안녕을 위해 필요한 일일 것이다.

> **이웃들이 죽어가는 공동체에서 홀로 평화롭게 살아갈 수 없다.
> 평화는 전쟁이 일어나지 않는 상태가 아니다.
> 당신과 나의 몸과 마음이 불안하지 않는 상태가 평화다**

그래서 지금도 길거리와 일터에서 노동자들의 권리를 위해 싸움을 계속하는 노동자들, 우리 사회의 차별과 배제에 맞서 싸우는 장애인들과 성소수자들, 강정과 밀양에서 평화를 외치는 사람들, 광장에서 촛불을 들고 저항하는 시민들은 우리 사회에 꼭 필요한 일들을 하고 있는 우리 사회의 이웃들이다. 나 역시 그 일을 하려는 것뿐이다. 비록 나의 행동에 동의하지 못하더라도 이들의 목소리에는 관심을 가져주기를 호소드린다.

나는 조그마한 감옥에 구속되겠지만, 사상과 양심을 구속된 채 살아갈 수는 없다. 나는 진정한 자유를 위해 오늘 양심에 따라 병역을 거부한다.

쌍용자동차 노동자들의 복직을! 용산참사의 진실을!
밀양의 주민들과 강정에 평화를 바라며
2013. 10. 8 병역거부선언

조익진

1%의 이익을 위한 불의한 군대에 들어가지 않겠다

2013년 10월 8일, 나는 자본주의 군대가 행하는 불의와 억압에 반대하는 나의 신념에 따라 군대 입영을 거부한다.

지배자들은 '신성한 국방의 의무'를 주장한다. 그러나 프랑스 혁명기에 처음 등장한 '신성한 국방의 의무'라는 포장과 달리, 자본주의에서 군대는 체제의 이익을 도모하기 위한 지배계급의 도구로, 부당한 폭력과 학살, 민주주의 탄압의 온상이었다.

자본주의 군대의 만행

열강은 자본주의적 경쟁에서 유리한 고지를 점하기 위해 유형 낭자한 지정학적 쟁투에 몰두해왔다. 약소국을 침략해 민중들을 학살하기도 하고, 세계대전으로 인류사적 재앙을 만들어내기도 했다. 이로 인해 한반도 역시 끔찍한 전쟁과 분단의 고통에 시달려야 했다. 세계 패권을 놓고 다투던 미국과 소련은 해방 직후 한반도의 남과 북에 각각 군정을 세웠고, 민중 저항을 억눌렀고, 급기야 한반도의 통제권을 놓고 대리전을 벌였다.

21세기에도 이런 참상은 이어지고 있다

석유 통제권을 확보하기 위한 전쟁으로 이라크와 아프간에서 1백여만 명이 목숨을 잃었다. 지역 패권의 향방을 둘러싼 한·중·일·미의 긴장은 동북아시아에서 심각한 불안정을 불러일으키고 있다. 팔레스타인 민중들은 이스라엘의 점령으로 오늘도 고통 받고 있고, 미국과 서방은 아랍 혁명에도 개입하려 호시탐탐 기회를 엿보고 있다.

지정학적 긴장은 오히려 더 커지고 있다. 미국은 중동 침략의 실패를 만회하고, 경제 불황으로 인한 위기를 타개하기 위해 더 몸이 달았다. 미국은 중국을 포위하는 전 세계적 군사 네트워크를 형성하고 심지어 미사일 방어 체제까지 완성시키려고 질주하고 있다. 상처받은 야수가 더 위험하다는 말이 꼭 들어맞는 상황이다. 이에 맞서 중국도 천문학적인 군비 증강에 매진하고 있다.

동북아의 바다에서는 연일 한·미·일 군대와 북·중 군대의 군사훈련이 대결하듯 이어지고 있다. 세계는 점점 더 위험해지고 있다. 지금 세계 정세는 제1차 세계대전이 벌어지기 십수 년 전, 영국과 독일 등의 긴장이 증폭되던 당시 유럽과도 흡사한 점이 있다. 쇠퇴하는 1인자와 떠오르는 도전자의 충돌은 더 잔혹하고 야만적일 수 있다.

날이 갈수록 증폭되는 긴장이 예기치 못한 도화선을 만난다면, 우리는 멀지 않은 미래에 인류 역사의 페이지에 마침표를 찍을 새로운 재앙을 맞닥뜨려야 할지도 모른다. 자본주의 군대와 이를 필요로 하는 제국주의 체제가 계속 존재하는 이상 평화롭고 안전한 미래는 누구도 보장할 수 없다.

아류 제국주의

한국 군대 역시 이러한 불의에서 결코 예외가 아니다. 한국 군대도 지배계급의 충실한 도구로서 제국주의 위계 질서의 일부이자, 피비린내 나는 '역사와 전통'을 갖고 있는 '악의 축'이다.

물론 한국이 세계 패권을 놓고 경쟁하는 최정상의 제국주의 국가인 것은 아니다. 오히려 식민 통치로 고통 받은 역사를 기억하는 민중들의 가슴 속에는 제국주의에 대한 반감이 살아 숨쉬고 있다. 한국의 지배계급은 이러한 민중들의 정서를 거슬러 자신들의 배를 불리고 열강으로 발돋움하기 위해 군대를 활용해왔다.

베트남에는 수십 개의 '한국군 증오비'가 있다. 이 비에는 "하늘에 가 닿을 죄악, 만대가 기억하리라"고 써 있다. '북한놈'들과 같은 '빨갱이'들이니 가차없이 적을 죽이라는 상부의 세뇌에 따라, 베트남에 파병된 한국군들은 미군보다 더한 악명을 얻었다. 한편 베트남전 파병 군인들은 당시 미군이 사용한 고엽제 때문에 아직도 후유증으로 고통 받고 있다. 평범한 민중들이 전장에 파견돼 약소국의 민간인을 학살하고 자신의 생명도 위태롭게 한 대가로, 한국의 기업들은 대재벌로 성장할 수 있었다.

이후 아프가니스탄과 이라크와 소말리아와 동티모르와 레바논 등 셀 수 없이 많은 곳에 한국군이 파병됐다. 이 나라 지배자들은 미국의 침략에 동참하며 '국격'과 '국제적 책무' 운운했으나, 실제로 우리가 얻은 것은 테러 위협과 파병국의 국민이라는 오명뿐이다.

한·미·일 동맹

무엇보다 한국 지배자들은 한미동맹을 신주단지처럼 모시며 미국의 세계 패권 전략에 적극 협조할 것을 천명하고 있다. 5월에 미국을 방문한 박근혜는 한미동맹이 '글로벌 전략 동맹'임을 선언했다.

중국을 견제하기에 유리한 평택에 미군기지를 짓고, 미사일 방어 체제 구축의 핵심 요충지인 제주도에 해군기지를 지은 것은 이미 오래 전부터 이런 방향이 추진돼온 것을 잘 보여준다.

이를 위해 군 당국은 반발하는 주민들을 탄압했고 기지 건설 부지에 위치한 자연 유산도 파괴했다.

심지어 일본 군국주의 부활 시도에 은근히 협조하고 있기도 하다. 일본군 위안부 불인정과 독도 분쟁 등의 문제로 겉으로는 충돌하면서도 뒤에서는 한 · 미 ·

자본주의 군대와 이를 필요로 하는 제국주의 체제가 계속 존재하는 이상 평화롭고 안전한 미래는 누구도 보장할 수 없다

일 동맹 강화에 박차를 가하고 있다. 며칠 뒤에도 한 · 미 · 일 해상 합동훈련이 진행될 예정이다.

적극적인 군사 전략과 한 · 미 · 일 동맹을 통해 아류 제국주의의 꿈을 키우는 동안 민중들은 더 한층 고통을 강요받고 있다. 박근혜 정부는 복지 공약을 말 바꾸기 하면서 국방비는 대폭 증액했다. 이를 위해 노동자 증세를 추진하며 서민들의 유리 지갑마저 강탈하려 했다.

이처럼 한국 군대 역시 1%의 이익을 위해 99%의 삶과 평화를 희생시키고 있다. 나는 신념을 꺾지 않은 '죄'로 감옥에 갈지언정 지배계급을 위한 불의한 군대에는 입대하고 싶지 않다.

사상과 양심의 자유

물론 이러한 군대의 만행에도 불구하고 대다수의 청년들은 군대에 간다. 어떤 사람들은 군대가 신성하다고 생각하겠지만, 대다수는 군대에 문제가 있다고 생각해도 어쩔 수 없이 끌려간다.

병역거부에 대한 흔한 비판은 '그럼 군대에 가는 사람들이 비양심적이냐'는 질문이다. 당연하게도 어쩔 수 없이 군대에 가는 평범한 청년들이 비양심적인 것은 아니다. 그들은 비양심이 아니라 1%의 도구인 군대에 의한 피해자다.

황당한 것은 그렇게 묻는 권력자들 자신의 행태다. 가진 자들은 권력과 인맥을 동원해 갖은 수로 병역을 피해간다. 지난 2월 박근혜 정부의 내각 임명 당시 내정자 17명 중 9명이 '병역 기피' 의혹자였다.

이런 심각한 불평등을 해결하려면 지금 당장 억압적인 징병제를 폐지하고 모병제로 전환해야 한다. 그런데 이 나라는 모병제 도입은커녕 대체복무조차 인정하지 않고 있다.

누군가의 의견이 권력과 체제의 입맛에 맞지 않아도, 그가 소신을 지킬 자유를 보장하는 것이야말로 민주주의의 기본 원리 중 하나다. 어느 사상가는 이에 대해 "나는 당신의 사상에 동의하지 않는다. 그러나 당신이 그렇게 말할 자유를 지키기 위해서는 목숨까지 내놓겠다"고 말했다고 알려져 있다.

자유민주주의 체제를 자처하는 대한민국 헌법 19조도 사상과 양심의 자유를 국민 전체에게 보장해야 할 기본권으로 규정하고 있다. 그러나 이 나라의 실제 현실은 헌법 조문과는 전혀 다르다. 사상의 자유를 침해하는 국가보안법이 여전히 남아 악명을 떨치고 있다. 자유민주주의를 드높여 말하는 우파들은 걸핏하면 '북풍'을 일으켜 마녀 사냥을 펼치곤 한다.

양심에 따른 병역거부자들도 집총이나 병역을 인정할 수 없다는 자신의 신념(또는 신앙)을 지키려면 감옥에 가야만 하는 현실이다. 이제까지 1만7천 명의 젊은이가 죄도 없이 끌려가 전과자가 되어야 했다. 지금도 전 세계 병역거부 수감자 중 90% 이상이 한국에 갇혀 있다.

양심에 따른 병역거부

나 역시 병역을 거부하면 병역법 위반으로 교도소에 수감될 것이다. 그러나 진정으로 교도소에 갇혀야 할 것은 민주주의까지 후퇴시키며 병역거부자들을 탄압하고, 평범한 청년들을 군대에 보내 고통을 강요하는 이 나라 지배자들이다.

사실 병역을 거부하는 행위 자체에 대한 환상은 없다. 나 개인이 군대에 가지 않는다고 해서 강력한 국가 권력이 흔들리지는 않을 것이다. 자본주의 체제와 국가기구를 뒤흔들 진정한 힘은 아랍 혁명과 같은 아래로부터 대중 투쟁에서 나온다.

영웅적인 행동으로 사람들의 의식을 일깨우려는 생각도 없다. 진정으로 사람들의 의식을 바꾸는 것은 소수의 대리 행동이 아니라, 1987년 항쟁이나 1997년 총파업, 2008년 촛불과 같은 대중 자신의 집단적 투쟁 경험이다. 따라서 내게 더 중요한 것은 병역거부 그 자체보다 석방된 이후의 삶이다.

나는 탄압에 굴하지 않고 수감생활을 견뎌낼 것이다. 그리고 수감생활이 끝나면 진보적 대중운동의 일부로 복귀해, 모든 억압과 불의를 끝장내고 99%가 통제하는 사회를 만들고자 하는 내 신념을 실현하기 위해 노력할 것이다.

2013. 10. 8 병역거부선언

이상민

제 어린 시절 기억은 군대와 함께 시작됩니다. 제 아버지는 화전민이셨던 할아버지의 셋째 아들로 힘든 유년을 지나 노력 끝에 자수성가한 공군 조종사였습니다. 군 기지에서 다른 군인 자녀 친구들과 함께 자전거 타고, 물놀이 하고, 산을 타고, 군인 아저씨들이 주는 과자를 먹고, 장난감총을 가지고 놀며 자랐습니다. 당시 제 친구들, 그러니까 공군 조종사 아들들의 80%는 꿈이 전투기 조종사였습니다. 저와 제 친구들도 마찬가지였습니다. 그렇다보니 무기나 전투기, 전차 등에 대한 지식을 서로 뽐내며 머릿속에서 가상 전쟁을 벌여보는 일은 우리 또래의 즐거운 유희였습니다. 저 역시 어떤 전투기에는 어떤 무장을 할 수 있고 어느 미사일의 성능은 어떠하며 어느 폭탄의 살상 범위가 어느 정도인지에 대한 기억이 지금도 납니다. 장난감총 놀이는 우리들의 일상이었으며 저를 포함한 제 친구들은 총의 위력을 더 좋게 만드는 개조에도 능숙했습니다. 이것이 제 유년환경이었습니다.

초등학교 5학년 말, 아버지가 전역과 동시에 민간항공사로 이직을 하게 되면서 저는 서울에 정착하게 되었습니다. 서울은 저에게 낯선 곳이었습니다. 고기가 두 장이나 들어간 맥도날드의 햄버거는 문화 충격이었고, 처음 본 〈SBS〉라는 채널은 신기하기만 했습니다. 뉴스에서는 '왕따'라는 단어가 나왔습니다. 제가 살던 곳에서는 존재하지도 않던 개념이었는데 여기서는 흔하디흔한 현상이었습니다. 서울 친구들은 정말 공부를 열심히 했던 것 같습니다. 등수가 중요했고, 현기증 나게 많은 학원들은 무섭기만 했습니다. 그런 낯선 서울에서 저는 예전처럼 즐거움을 좇아 놀기 시작했습니다. 공부가 너무 하기 싫어서 고등학교도 실업계를 가고 싶었지만 부모님의 강력한 반대로 인문계 고등학교로 가야 했습니다. 그때 "실업계는 인간쓰레기가 가는 곳이다"라는 아버지의 말씀이 큰 충격으로 제 안에 자리잡았습니다. 그렇게 시간이 지나 억지로 수능을 치르고 유아교육과에 입학했습니다. 부모님의 반대가 만만치 않았지만 뜻을 굽히지 않았습니다. '내가 가르치는 애들은 좀 덜 불행했으면 좋겠다'라는 이타적인 마음과 '성인이 되었으니 내 일을 스스로 결정하고 싶다'라는 이기적인 마음의 결과였습니다.

오해가 있을 수도 있어 미리 말씀드리자면, 병역거부자의 삶을 선택하려는 지금의 제 모습과는 다르게도 제 대학생활은 무척 건전했습니다. 저는 기독교인이며, 어려서부터 부모님과 함께 교회에서 많은 시간을 보내면서 자라왔습니다. 교회와 성경은 저에게 있어 세상을 바라보는 안경이자 새로운 것들을 측량하는 잣대였습니다. 대학도 신학대학을 선택했으며 그 안에서 유아교육을 배웠고 동아리 활동도 성경을 공부하는 선교단체를 선택했습니다. 흔히들 말하는 '운동권'은 저에게 있어 멀고도 멀었습니다. 그러던 중 2007년 여름, 대학교 2학년 즈음에 「복음과 상황」이라는 기독교 월간지에서 종교적 신념 때문에 양심적 병역거부를 한 사람의 인터뷰를 보게 되었습니다. 처음에는 이상

> '내가 누군가를 해칠 수 있을까'라고 무심코 스스로에게 던진 질문 하나가 오늘의 나를 만들어냈다는 생각이 듭니다

하면서도 낯설었습니다. 기성 교회에서 자라온 저에게 있어 양심적 병역거부라는 건 이단인 여호와의증인들이나 하는 줄 알았기 때문입니다. 그러나 인터뷰 속 사람은 평범한 교회를 다니고 있는 사람이었고, 무척 생소하게도 '평화주의'를 이야기했습니다.

길고도 험난한 고민이 시작된 것은 그때부터였습니다. '내가 누군가를 해칠 수 있을까'라고 무심코 스스로에게 던진 질문 하나가 오늘의 나를 만들어냈다는 생각이 듭니다. 무척 어려운 질문이었습니다. 남한과 북한이 대치하고 있는 나라에서 태어나고, 군인의 아들이며, 동시에 신앙인으로서 살아온 저에게 특히나 어려운 질문이었습니다. 끊임없이 사색하고 관련 자료들을 찾아보고 막막할 땐 신에게 기도하며 이 시간들을 보냈습니다. 그러던 중 '기

독교평화주의'에 대해 알게 되었습니다. 기독교는 로마시대 때부터 병역거부자가 있었습니다. 제1차 세계대전이 있을 때도, 미국이 베트남이나 다른 나라와 전쟁을 벌일 때도 병역거부자들이 있었습니다. 제가 본 기독교는 혐오와 배척, 아집과 독선의 종교가 아니라 용서와 사랑, 화합과 관용의 종교임을 알게 되었습니다. 저는 신앙인으로서 이러한 길을 걸었던 많은 선배들이 무척 자랑스럽고 제가 혼자가 아니라는 사실에 많이 용기를 얻었습니다.

그리고 선택의 순간이 다가왔습니다. 7년의 고민 속에서 스스로에게 던지던 많은 질문들이 있었습니다. '나는 과연 이런 힘든 선택을 할 만한 사람인가', '나는 평화주의자인가', '내 행동의 정당성을 입증할 수 있는가' 등 쉽지 않은, 하지만 피할 수 없는 질문들이 쏟아졌습니다. 그중 첫 번째 질문은 가장 저를 망설이게 하는 질문이었습니다. 제 인생을 돌아봤을 때, 저는 찌질하고 전형적인 소인배임을 인정합니다. 어떤 일을 책임감 있게 하는 경우가 드물며, 주변 사람들에게 쉽게 상처를 주기도 합니다. 하지만 훌륭한 사람이 훌륭한 선택을 하는 게 아니라 훌륭한 선택이 훌륭한 사람을 만든다는 것을 믿기로 결정했습니다. 제 인생 속에서 자랑스럽게 말할 수 있는 것은, 인생이란 그래프 속에 날카롭게 튀어나온 과거의 변곡점들이 아니라 지금 당장 내가 서 있는 좌표임을 믿습니다. 또 저는 군사조직을 부정할 만한 근거를 찾지 못했습니다. 병역을 거부하긴 하지만 군대가 갖는 전쟁 억제 역할에 대해 부정하지 못합니다. 하지만 신앙인으로서 "나라마다 칼을 쳐서 보습을 만들고 창을 쳐서 낫을 만들리라. 민족들은 칼을 들고 서로 싸우지 않을 것이며 다시는 군사 훈련도 하지 아니하리라"(이사야 2:4)라고 말한 이사야 선지자의 이상을 굳게 새기고, 로마 병정에게 잡히시던 순간에도 "칼을 도로 칼집에 꽂아라. 칼을 쓰는 사람은 칼로 망하는 법이다. 내가 아버지께 청하기만 하면 당장에 열두 군단도 넘는 천사를 보내주실 수 있다는 것을 모르느냐?"(마태복음 26:52~53)라고 말씀하신 예수님의 겸손을 따르며 살기로 결정했습니다.

끝으로 저는 대한민국 군대와 군대에 입대하는 제 친구들을 부정하는 꽉 막힌 사람이 아닙니다. 사람은 누구나 자신의 양심에 따른 선택을 할 수 있고 그 선택은 존중받아야 마땅합니다. 다만 저 역시 신이 주신 이성과 양심에 따라 불가피한 선택을 하지만 대한민국 국민으로서 이러한 선택이 존중받길 바랍니다. 저는 신앙인으로서 군대 내부의 여러 미시적이고 폭력적인 문화에 대해 반대하고, 파병이나 전쟁 같은 국가 간에 일어날 수 있는 거시적인 폭력에 반대합니다. 또, 내 의지와 별개로 누군가를 다치게 할 수도 있고 원치 않는 피해자가 될 수도 있는 상황에 놓이는 걸 반대합니다. 총싸움과 전투기 이름 외우기를 좋아하던 소년이 지금은 이 모양 이 꼴이 되었습니다. 슬프고 안타깝지만, 어떻게 보면 재미있고 의미 있는 일입니다. 긴 이야기 읽어주셔서 감사합니다. 앞으로 헤쳐나가야 할 날들이 많습니다. 제 고민과 말들이 무의미해지지 않도록 지켜봐주시길 부탁드립니다.

2013. 10. 29 병역거부선언

(김성민)

무시되어도 좋을 사소한 양심은 없습니다

"군기를 잡아 달라." 새로 나간 교회의 성경학교에서 아동부 교사를 하게 되면서 요청받은 역할이었다. 교회에서까지 그 말을 들었을 때 놀랐지만, 새삼 놀라울 건 없었다. 생각해보면 그렇게 자랐다. 학교에서 체벌을 받고 수련회에서 기합을 받으며 우리는 원산폭격을 했다. 선배는 후배를 굴렸고, 센 놈은 약한 놈을 팼다. 점수든, 돈이든, 빽이든, 가진 게 있으면 맞지 않는 것은 예외가 아니라 사회의 규칙이다.

학교에서든 직장에서든 위에서 시키면 뭐든 하는 것이 미덕이었다. 남자들은 남자들만이 하는 일을 감당하며 억울해하면서 알량한 권력을 누렸다. 우리의 생각과 몸은 전시기에 우리가 약한 자를 지키는 것도, 그래서 우월한 것도 당연한 일이었다. 살기 위해 적을 짓밟고 우리끼린 뭉쳤다. 내 체력은 국력이고 국가는 나를 단속했다. 살아온 곳곳이 군대였고, 삶은 전쟁이었다. 내게 있어 병역거부는 군인이 되기를 거부하는 것만이 아니라 삶 깊숙이 파고든 일상 속 군기와 맞서는 것이었다.

병역거부는 일상 속 군기와 맞서는 일
우리 사회는 구석구석 빈틈없이 군대의 방식으로 구성돼 있다. 그것은 사람들의 몸과 마음에 배어 있다. 그것은 우리의 삶을 언제나 전시상태로 만든다. 일상에 녹아 있는 군대의 방식은 대규모의 군대를 지탱하고 대규모의 군대는 또 그 방식을 계속해서 만들어낸다.

군대가 된 사회에서는 행복하기 어렵다. 폭력과 경쟁을 내면화한 우리는 전쟁에서 그렇듯, 서로가 서로의 적이다. 군대의 방식에 맞지 않는 이들은 도태되고 약한 자들은 낙오된다. 우리는 긴장 속에서 치열하게 산다. 목표는 생존, 동력은 공포다. 살아남게 하기 위해, 경쟁에서 승리하게 하기 위해 부모들은 자식을, 선생들은 학생을 군대로 보낸다. 해병대 캠프에서 누군가 죽어도 계속.

국제앰네스티라는 인권단체 활동을 하며 어떤 이들이 그들의 양심을 이유로 병역을 거부한다는 것을 알았다. 선뜻 이해가 되지 않았지만 찾아보면 찾아볼수록 그들을 감옥에 보내는 것이 부당한 인권침해라고 생각하게 됐다. 하지만, 그때까지만 해도 그들의 '양심'은 내 것이 아니었고 그들의 권리는 그저 우리가 지켜줘야 하는 것이었다.

하지만, 무릇 지켜져야 할 권리들은 인류사회가 나름의 필요로 정해놓은 것들이다. 삶의 공간이 소중하기에 주거권이 있다. 민주주의는 소수의 의견이 묵살되지 않기 위해 표현의 자유를 옹호한다. 군복무를 거부할 수 있는 권리는 전쟁과 학살을 겪은 인류사회가 거대한 폭력의 틈바구니에서 개인이 할 수 있는 최대치의 노력을 보장하려는 것이다. 그러니까 이것은 양심을 보호하기 위해서만이 아니라 전쟁을 멈추기 위해 만들어지기도 한 것이다.

그것은 특정한 종교인의 것만도, 특별한 신념을 가진 이의 것만도 아니다. 군복무를 명령받는 내게도, 세상의 모든 폭력에 얼마만큼씩 관련된 사람으로서의 선택을 기다리는 문제다. 역설적이지만 감옥에 가게 된다는 결과 때문에 더 치열하게 군대에 대해 고민할 수 있었다. 추상적으로, 그저 지켜야 할 권리로서만 배웠던 인권을 들여다보며 그 내용에 공감했고 그것은 처음부터 만들어져 있는 것이 아니라 세상의 비극에 대한 깊은 성찰을 통해 만들어가는 것이라는 걸 느꼈다.

총을 들지 않는 양심을 가진 사람이 소수이기에 관용을 베풀어달라는 이야기를 하지 않겠다. 양심은 어느 사회나 일정 비율의 사람들만이 갖고 있는 특수한 것이 아니다. 대화 없는 관용은 양심을 구분하며 서로를 나눈다. 병역을 거부하는 것 또한 내게 보장된 권리임을 배웠기에, 행복하다. 박해 속에서도 서로의 양심을 꾸준히 지켜온 이들 덕분에 그 권리는 내게도 왔기에, 감사하다.

더 많은 사람들이 고민을 이어나가기 위해서라도 병역거부는 선택할 수 있는 권리가 되어야 한다. 우리의 삶이 평화로울 수 있을 권리를 위한 여러 노력의 하나로서 병역거부가 권리가 됐으면 한다. 양심이 부족하니까 그냥 군대에 가라는 권유가 아니라 사소한 양심으로도 군대를 거부할 수 있는 세상을 만들어가야 한다. 무시돼도 좋을 사소한 양심은 없다.

언제부터인가 강한 남성의 자리가 불편해졌다

군인에 대한 고민은 내가 가진 남성의 위치를 돌아보게 했다. 군대는 남성에게만 의무로 강요되며, 남성다움을 요구하는 구체적이고 상징적인 공간이다. 군인으로서 요구되는 덕목과 한국사회가 남성에게 요구하는 성격은 거의 같다. 군대로 구성된 사회가 정상남성에게 유리한 것은 당연하기에 한국사회에서 남성으로 키워지는 것, 군인으로 훈련되는 것은 그 자체로 권력이다. 군대는 남성들을 연대시키며 군대에 가지 못하는 자들을 배제한다. 군대생활을 통해 남성들은 지켜주는 존재로서 존경받아야 한다는, 고생하는 과정으로 보상받아야 한다는 경험을 공유한다.

    강한 남성으로 자랐다. 아마도 나는 좋은 군인이 될지도 모른다. 그렇게 태어난 것일 수도 있겠지만, 그렇게 요구받아왔고 또 노력해온 것이기도 하다. 운동을 즐기거나 기계를 만지거나 게임을 하거나 감정을 절제하거나 근육을 키우거나 명령을 내리거나 혹은 듣거나 하는 방식을 통해 남성으로, 예비 군인으로 자라났다. 그것이 살아가기에 편하다고 느꼈지만 돌아보면 그것은 다른 이에겐 위협이다. 내게 남성으로서 길러진 것들이 있다면 그것은 그 자체만으로 여성으로서 길러진 자들에게 위협이다.

    그리고 그 강함으로 인해 누군가에게 저지를 폭력이, 누군가 내게 두려워 할 폭력이 두려워졌다. 그것은 내게 긴장이다. 언제부터인가 강한 남성의 자리가 불편해졌다. 우리 사회는 사람들을 성별로, 또 강함과 약함으로 차별한다. 성에 따라 역할을 부여하고 그에 맞춰 키워낸 후 그에 따라 권력을 나눈다. 나는 그러한 사회가 부당하다고 느낀다. 짜여진 방식이 폭력적이라 생각한다. 고민을 거듭할수록 남성화된 나의 몸과 마음은 한계였고 그것은 내게 너무도 갑갑했다. 너무도 깊게 몸과 마음에 배어 있던 것들을 고쳐나가기란, 심지어 발견하기란 쉽지 않았다.

    나는 내게 남성일 것을 요구하는 것을, 나를 더 남성답게 만드는 것을, 나를 남성으로서만 보는 것을 원치 않는다. 군대는 나를 남성으로서만 여기고 전사로서만 훈련시킨다. 또한 그것은 대량으로 남성 전사를 만들어낸다.

그것은 우리 사회에 존재하는 남성성에 기반한 차별을 만들어내고 그 구조를 지탱한다. 나는 이러한 군대의 일원이 되기를 거부한다.

교회에서 자랐지만 교회에서 고민을 나눌 수 없었다
모태신앙으로 자랐다. 내가 가진 신앙은 삶의 태도에 큰 영향을 끼쳤다. 완벽하진 않겠지만 내가 믿는 신의 뜻을 떠올리며 나름의 윤리적 기준을 세우고 실천하며 예수의 길을 따라 살려고 한다. 원수를 사랑하라는 가르침을 언제나 떠올린다. 죽어야 할 사람이 있을까. 찌르고 쏘는 훈련으로 누군가를 사랑할 수 있을까. 사람을 죽이는 전쟁에, 우리들의 삶에 존재하는 전쟁에 나는 어떠한 태도를 취해야 할까. 기독교 역사에 희미하게나마 전쟁에 반대하고 평화의 길을 걸은 자들이 있었다. 십자군 전쟁부터 이라크 전쟁까지 신의 이름으로 저지른 불의한 전쟁들을 기억한다. 폭력에 대한 고민은 신앙적 고민이었고, 병역거부는 그 실천이다.

지난 몇 년간, 외로웠다. 교회에서 자랐지만 교회에서 고민을 나눌 수 없었다. 교회는 오히려 가장 큰 벽이었다. 평화에 대해 고민하는 병역거부자를 외면하고, 이단의 문제로만 치부했다. 사랑과 평화를 누구보다 많이 말하며, 윤리와 정의에 대해 끊임없이 말하는 게 교회 아닌가. 병역거부에 대해서 얘기만 꺼내면 국가안보와 반공과 정의로운 전쟁에 대해서 얘기한다. 그렇다면 그들이 복무하는 국가가, 그들이 참여하는 전쟁이, 그들을 부리는 군대가 정의로운지, 평화를 위한 최선인지 끊임없이 물어야 하지 않을까.

교회 안에도 군대가 불편하고 살인연습이 마음에 걸리고 전쟁이 안타까운 자들이 왜 없을까. 다만 그들은 속으로만 고통스러워하거나 자신이 틀렸다고 자책하며 숨죽인다. 이들은 너무도 나약하거나 삐딱하거나 혹은 시험 들린 것이었을 테니 더욱 기도하고 순종할 것을 요구받았을 것이다. 나는 그런 이들과 손잡고 싶다. 교회 안에서 군대를 질문하고 고민할 수 있기를 바란다. 병역거부가 또 하나의 신앙적 결단이자 선택으로 존중받고 축복받길 원한다. 전쟁과 폭력을 외면하고 가진 자들의 편에 서는 한국교회를 바라보며 나는 조금씩 교회 다니는 사람에서 예수 믿는 사람으로 바뀌어왔다. 하지만 오늘도, 박해하는 자들을 위하여 기도한다.

병역거부는 세상 모든 폭력을 줄여가는 실천
병역거부는 총을 내려놓는 것이 옳으냐 마느냐의 윤리적 딜레마만은 아니었다. 찬성하고 지지하는 것과 병역거부를 선택하는 것은 다른 문제였다. 선택하는 내게 책임과 피해가 따르는 일이었고, 그것은 그만큼의 의미와 가치가 있어야 감당할 만한 것이었다. 그것은 아는 것과 실천하는 것의 거리이기도 하고 느끼는 것과 변하는 것의 거리이기도 했다. 병역거부를 고민하며 다양한 결의 폭력에 대해서 새삼 느끼게 됐고, 그것들은 내게 중요한 문제가 됐다. 폭력은 총으로서만 생기는 것은 아니었다. 그것은 우리 사회가 구성된 방식에도 있고 서로의 위치 때문에도 생겨난다. 살아가는 존재들은 모두 연결되어 있고 그 관계에서 폭력이 생기기도 한다. 단지, 모르고 살았거나 무시해왔던 것이다.

무기 산업을 통해 이익을 얻는 것은 자본가뿐이 아니다. 한국의 군수기업이 다른 이들의 죽음을 팔아 이익을 얻으면 우리들은 조금씩이나마 그것을 나눈다. 그것은 주식이나 연금처럼 직접적일 수도 있고, 경제 성장 수치처럼 간접적인 것일 수도 있다. 무기뿐이 아니었다. 내가 먹는 고기가, 내가 타는 자가용이, 내가 쓰는 전기가, 누군가를 짓밟고 얻어진다. 그것들은 환경을 파괴하거나 불평등을 만들어내고 그것들은 어딘가에서 갈등과 전쟁을 일으킨다. 전기를 위해 삶의 터전을 빼앗는 밀양에도, 제철소를 위해 주민들을 내쫓는 인도의 오디샤에도, 석유 때문에 포화 속에서 살아가는 이라크에도 우리는 연루되어 있다.

> 전기를 위해 삶의 터전을 빼앗는 밀양에도, 제철소를 위해 주민들을 내쫓는 인도의 오디샤에도, 석유 때문에 포화 속에서 살아가는 이라크에도 우리는 연루되어 있다

누군가의 삶을 파괴하는 방식으로 구성돼 있는 삶과 일상을 살펴보기 시작했다. 구조를 탓하거나 자본주의 체제를 핑계로 묻어갈 수도 있겠지만 그러한 시스템은 나 같은 개인이 모여서 만드는 것이다. 아무리 작더라도 개인의 책임을 의식하게 되는 순간 삶은 불편해졌다. 나의 행위와 관계된 사람들, 나의 책임이 연루된 비극들을 의식하면 편리나 이익을 위해 외면할 수 없는 것들이 생겼다. 알려고 하지 않는 것, 알고도 변하지 않는 것은 나와의 관계에서 비롯되는 폭력을 방치하는 것이다. 타인의 불행을 딛고 얻은 행복은 달콤할까. 관계를 끊임없이 성찰하는 것, 그래서 삶을 변화시키려는 노력은 전쟁과 폭력에 반대하는 또 하나의 실천이다.

병역거부는 군대를 거부하는 것만이 아니라 세상 모든 폭력을 줄여가는 실천 중 하나로 여겨졌다. 그 과정 덕분에 새로운 눈을 얻고 새로운 관계를

맺으며 삶이 조금씩 변할 수 있었다. 병역거부를 고민한다는 것은 내게 있어 선물이었다. 병역거부를 결정하는 것은 어떤 논리적 결론 때문만이 아니라 넓혀온 고민, 그리고 삶의 변화가 쌓여서 가능한 것이다. 그것은 여전히 내게 버겁고 무겁지만 어떠한 투철한 신념이나 종교를 가진 사람만 할 수 있는 것은 아니라 믿었고, 함께하는 사람들은 내 선택을 가능케 했다.

모두의 이름으로, 다만 나의 이름을 빌려

'함께'는 내게 화두였다. 고집이 강하고 독립적으로 자란 나로서는 그것이 힘겨웠다. 해방촌 '빈집'에서의 공동생활은 그래서 내게 배움의 공간이었다. '빈집'은 집이라는 공간을 소유하는 '것'이 아닌 사는 '곳'으로 만들고자 한다. 정해져 있는 역할을 따르고 요구하기보다는 서로를 하나의 인격체로 보고 나름의 욕구를 파악하고 맞춰간다.

함께 사는 사람들, 연결돼 있는 사람들, 그리고 사람이 아닌 모든 관계들을 살피려 한다. 관계에서 생겨나는 폭력을, 서로가 주고받는 영향을 민감하게 보고 소통하고자 한다. 개인주의자로 자라거나 전체주의자로 훈육된 나에게 그것은 쉽지 않았다. 그것은 여전히 숙제지만 내게 공동체는 또 다른 이름의 평화였다. 위계질서로 짜여져 역할만 서로 바꿀 뿐인 군대를, 그리고 개인으로만 향하여 관계의 폭력을 성찰하지 않는 사회를 거부한다.

영장은 내게 왔지만 병역과 무관한 사람은 없다. 전쟁과 군대와 평화에 대해 다른 의견을 가지는 사람들, 군대가 만들어내는 위계와 삶을 전쟁으로 만들어가는 시스템에 저항하고 싶은 사람들 중에도 거부할 영장이 없는 사람들이 많다. 그러니까 군대에서 상처를 받은 할아버지도, 남자들처럼 군대에 가지 못해 아쉬워했던 엄마도, 군대를 다녀왔지만 여전히 폭력을 떠올리며 고민하는 친구도 군대 문제에 있어서 당사자다.

지금까지의 고민은 혼자만의 것이 아니다. 내 생각과 신념은 주위의 친구들과 함께 토론하고 고민하며 만들어온 것이다. 병역거부는 내 개인의 양심의 결정만이 아니라 관계의 산물이기도 하다. 모두가 같은 생각은 아닐지라도 평화에 대한 신념들을 공유하고 공감하는 이들이 함께였으면 좋겠다. 영장은 내게 왔지만 거부는 함께 뜻을 모으는 모두의 이름으로 한다.

어떤 상황이 와도 총을 들지 않겠냐는 질문은 여전히 내게 유효하다. 무기뿐 아니라 관계되고 책임 있는 모든 종류의 폭력에 대해 고민하는 것은 평생 날 따라올 것이다. 군인에겐 그 질문이 허용되지 않는다. 폭력의 순간, 그에겐 질문을 던질 권리가 없이 명령만이 존재한다. 나쁜 사람이 군대에 가는 것이 아니라 군대가 사람을 나쁘게 하는 것이다. 폭력의 주체로서 복잡한 맥락과 결들을 파악하고 선택할 여지를 주지 않는 군인이 되는 것은 지난 세월 고민하며 세워온 가치관과 모순된다. 생각하는 것과 실천하는 것의 모순을 줄이며 살아가려 노력하겠다. 군인이라는 모순을 내게 허용하는 것은 나에 대한 배반이다.

모든 이들이 너처럼 총을 들지 않는다면, 누가 나라를 지키느냐고 묻곤 한다. 그럴 때마다, 모든 이들이 총을 들지 않으면 전쟁은 일어나지 않을 것이라고 답한다. 하지만 묻는 이도 나도 이미 알고 있는 것은 모든 이들이 갑자기 총을 들지 않는 일은 일어나지 않을 것이라는 것이다. 그것은 단 하나의 준칙으로 세상을 설명하고 싶거나, 모든 이의 생각이 같아야 한다고 생각하는 이들의 억지나 환상일 뿐이다.

한 명씩 두 명씩 총을 내리고, 자기가 일상 속에서, 관계 사이에서 저지르는 폭력을 가만히 돌아보며 자신의 행위를 고민하는 것은 느리고 지난한 과정이다. 오늘 나는 결정했지만 그에 대한 고민과 책임은 나 자신과, 함께하는 사람들의 것으로 여전히 남았다. 완벽하고 분명하지는 않지만, 군대에 가든 안 가든, 서로 관계 맺고 살아가는 우리 모두가 고민을 쌓아갈 때 전쟁의 위협도, 일상의 위계도 줄어들 것이라 믿는다. 어떤 것이 더 평화로울지 고민하는 그 과정, 즉 평화로 가는 길이 평화다.

상상해본다. 영장의 명령대로 군인이 된다면. 그래서 내가 휴전선을 지키는 초병이라면, 저 앞의 강을 헤엄쳐 도망하려는 이를 발견하고 수백 발의 탄환을 쏘아 죽이라는 명령에 따를 수 있을까. 손에 떨림은 없을까. 고민은 없을까. 수칙에 의해서 수행한 적절한 대응이라고 스스로를 위안할 수 있을까. 내키지 않는다면 그 명령을 거부할 수 있을까. 거부했을 때 벌어질 일들이 두렵지 않을까. 실탄을 발사한 그 초병이 아주 약간이라도 그런 고민을 하고 괴로워했다면, 나는 기꺼이 그의 편이 되어주고 싶다. 군대 안에서든, 삭막한 사회에서든 어찌 하면 세상이 덜 잔인할까 고민하는 모든 이에게 이 글을 바친다.

모두의 이름으로 다만, 저의 이름을 빌려

2013. 11. 18 병역거부선언

강길모

나는 오늘 양심적 병역거부선언을 한다

2011년 5월 24일, 난 입대를 했다. 꽤 늦은 나이에, 군대에 대한 좌절감과 분노, 일말의 기대감이 뒤섞인 채로 37사단 훈련소에 입소했다. 연병장 모퉁이를 돌자마자 날아왔던 조교의 욕설, 아이 다루듯이 성인들을 대하는 간부의 태도. 나에겐 별 감흥을 주지 못했다.

그래, 군대니까. 하지만 무심코 들어간 화장실 칸 안에서 문에 붙어 있는 구호를 본 순간부터 혼란이 찾아오기 시작했다. "잊지 말자 천안함, 보복하자 연평도." 천안함과 연평도 사건 모두 북한에게 책임이 있다고 확신해왔지만, 직접적으로 보복하자는 식의 구호를 군대 안에서 보게 되니 전혀 다른 느낌이 들었다.

그 순간부터 모든 생활공간 안에 붙어 있는 각종 구호, 문구들이 눈에 띄기 시작했다. "안보의식 호국정신으로", "내 나라는 내가 지킨다" 모든 생활공간의 틈새에 박혀 있는 이런 극단적인 문구들을 보며 망연자실했다.

특히 "경제를 살리는 사대강 살리기 사업"식의 문구들이 생활관 곳곳에 붙어 있던 게 압권이었다. 내가 상상했던 것보다 군대는 한편으론 훨씬 더 단순했고, 한편으론 정치적이었다.

이틀 뒤에는 마침 37사단에서 13년만에 부활한 훈련생 면회가 있는 날이었다. 어설프게 각을 잡고 앉아서 몇 십 분 동안 훈련소장의 훈화를 들었다. '애국심+안보+군인정신+남자다움+복종+규율=자긍심'이라는 주제의,

나름대로 알찬, 그리고 너무나 편견이 가득한 훈화는 정말로 고통스러웠다.
몇 년 동안 끊임없이 추구해온 내 자신의 정치적 고민과 철학은 이 집단이 추구하는 가치체계 안에선 어떠한 의미도 없었다. 최종적인 결단은 사단 훈련소에서도 의경, 전경이 차출된다는 설명을 들었을 때 이루어졌다. 의경, 전경으로 차출되어 시위 현장에 투입된다면 도저히 군복무를 해낼 자신이 없었다. 결국 며칠간의 우여곡절 끝에 난 스스로 집으로 돌아왔다.
돌아온 날부터 우울증을 앓았다. 힘든 일, 내 성향과 맞지 않은 일을 무작정 피하고 있는 게 아닌지, 그 정도의 스트레스도 견디지 못할 정도로 나약한 게 아닌지 괴로웠다. 오랜 기간 고민을 했다. 정말 내 자신이 나약해서 포기한 것인지. 만약 그렇다면 좀 더 강해져서 돌아가면 되는 것 아닌가.
하지만 한편으론 의문이 들었다. 입대 전에도 가졌던 의문이 너무나 강렬하게 다가왔다. 인간을 이렇게 단순하고, 복종적이고, 극단적으로 만드는 일이 강제적으로 일어나도 괜찮은 것일까? 이게 정말 우리가, 내가, 이 국가에서 살아가기 위해 당연히 감내해야 할 의무일까? 이것이 과연 어쩔 수 없는 문제인가? 정말 나 자신이 '문제'가 있어서 이런 일들을 감내하지 못하는 것일까?

> **인간을 이렇게 단순하고, 복종적이고, 극단적으로 만드는 일이 강제적으로 일어나도 괜찮은 것일까? 이것이 과연 어쩔 수 없는 문제인가?**

많은 사람들, 특히 군필자들은 우리의 군대는 우리가 감당해야 할 어쩔 수 없는 의무라고 말한다. 북한이라는 주적이 있고, 다른 나라들도 호전성을 내보이는 동북아에선 60만 상비군은 필수이며, 이를 유지하기 위해서 현행 징병제는 어쩔 수 없다고 말한다. 북한이라는 위협 앞에서 정신 무장은 필수이기에 안보 교육이 필수라고 말한다.
하지만 이 모든 조치들이 정말 어쩔 수 없는 일일까? 누군가를 어느 날 문득 좋아하게 되는 것처럼 '어쩔 수 없는' 문제인가? 아니면 태어나면 언젠간 죽는다는 사실처럼 '어쩔 수 없는' 문제인가? 1+1이 2인 것처럼 '어쩔 수 없는' 문제인가?
본인 의사와는 무관하게 온갖 우파적, 보수적 교육을 받고 불합리한 대우를 참으며 강제로 군인이 되는 일이 대체 어떤 식의 '어쩔 수 없는 문제'일까? 이제는 확실하게 말할 수 있다. 이건 어쩔 수 없는 문제가 아니다.
북한이라는 주적과 국경을 맞대고 있는 전쟁 중인 국가라는 '픽션'이 이 불합리한 상황을 정당화할 수는 없다. 전쟁의 위협이 징병제를 특별히 더 정당화하는 것도, 군대의 현실적 필요성이 군대 이데올로기를 정당화하는 것도 아니다.

제2차 세계대전 당시 소련과 전쟁을 벌였고, 냉전 내내 직접 국경을 맞대고 있던 핀란드는 무려 1959년에 양심적 병역거부를 인정했다. 중국과 '분단'된 대만 역시 2000년에 대체복무제를 도입했고 곧 모병제로 전환된다. 이러한 사례 어디에 남자라면 반드시 군대에 가서 진짜 사나이가, 진정한 시민이 되어야 한다는 필연성이 있는가? 이러한 사례 어디에 자신의 정치적 신념과 정반대되는 교육을 억지로 받으면서 그 가치들을 내면화해야 하는 필연성이 있는다? 알 수 없는 노릇이다.

폭력이 가장 쉽게 정당화되는 방법은 '어쩔 수 없다'고 말문을 막는 일이다. 자본주의에서 노동자를 착취하는 일도, 갑을 관계에서 갑이 갑질하는 것도, 20대 팔팔한 청년들을 군대로 강제로 끌고 가는 것도. 다 죄다 현실적으로 어쩔 수 없다, 라고 말하면 그만이다. 우리 사회가 굴러가기 위해선 모두 어쩔 수 없다고 말한다. 그 어쩔 수 없는 일로 발생하는 고통들은 모두 무시된다.

그리고 우리 사회의 군사주의 문화는 이를 증폭시킨다. 군대 안에선 불합리한 처우도 생과 사를 다루는 살벌한 조직 안에선 그저 견뎌야만 하는 작은 일에 불과하며, 그런 조직의 위계질서는 명확해야 한다.

군대는 사나이를 강조한다. 사나이라는 강조된 남성성, 진정으로 우월한 인간이라는 이 남성성은 군대를 다녀온 남성들에게 권위를 부여한다. 군대는 개인들에게 이러한 논리를 강요한다. 그리고 그 개인들은 이러한 논리를 군대 이후의 삶의 영역에서도 적용시킨다. 이러한 군대의 논리는 사회에서도 똑같이 적용된다. 무한경쟁 속에서 살아남으려면 노동자는 불합리한 처우도 견뎌내야만 하고, 일이 능률적으로 진행되려면 갑을관계의 권위에 의문을 품어선 안 된다. 이 모든 것을 한마디로 표현하자면, 군대 다녀온 남자는 사나이다워야 한다.

모든 문제의 근원이 군대에서 출발한다고 주장하는 것은 아니다. 자본주의 사회는 언제나 무한경쟁 시장이라는 냉혹한 생존토대 위에 있으며, 고용인과 피고용인의 관계는 동등하지 않다. 대부분의 역사에서 남성은 언제나 기득권이었다.

하지만 이러한 문제들은 나아질 수 있다. 노동자는 보다 자신의 권리를 보장받아야 한다. 갑의 횡포는 법과 윤리에 의해 제어되어야 한다. 성역할의 고정관념은 보다 개개인들의 특성들이 존중되는 방향으로 개선되어야 한다. 이런 모든 문제들은 바뀔 수 있다.

우리들 자신이 무엇을 원하고, 무엇을 보다 높은 가치로 존중하느냐에 따라서 구체적인 모습은 얼마든지 달라질 수 있다. 이런 것들은 결코 어쩔 수 없는 일들이 아니다. 하지만 우리 사회의 군대와 군대 문화는 '어쩔 수 있는' 일들을 '어쩔 수 없는' 일이라고 말한다.

엉뚱하게, 개인들에게 고통으로 다가오는 폭력적인 일들은 '하면 되는' '까라면 까야 하는' 일이라고 말한다. 아파도 참고, 시키면 시키는 대로 해야 하고. 이것이 우리 사회의 징병제가 가지는 가장 심각한 문제이다. 우리 사회에서 군대는 국가의 물리적 폭력뿐만 아니라, 사회적 폭력, 문화적 폭력까지 정당화하고 재생산하는 도구로서 기능하고 있는 것이다.

내가 병역거부를 하겠다고 말했을 때 가장 자주 받았던 두 가지 질문이 있다. 첫째가 군대가 없으면 어떻게 전쟁을 막느냐는 질문이고, 둘째는 상대를 죽이지 않으면 자신이 죽는 상황에서 어떻게 할 거냐는 질문이었다.

첫 번째 질문에 대해, 나는 전쟁은 군대 이전의 단계에서, 보다 중요한 단계인 평화적인 국제관계를 지향하는 단계에서 결정된다고 답한다. 그러나 많은 사람들이 이러한 답변에 대해 코웃음을 친다. 만약 지금 당장 군대가 없다면 다른 나라의 침입을 어떻게 막을 것이냐, 당신의 주장은 이상론에 불과하다고. 하지만 우리가 평화적인 국제관계를 지향해야 하고, 더 보편주의적으로 생각해야 한다는 주장이 지금 당장 모든 군대를 폐지해야 한다는 주장은 아니다. 우리는 이념의 세계가 아니라 '지금 바로 여기'의 세계에서 살아간다. 따라서 지금 여건에서, 주어진 사회적 맥락 없는 논의는 전적으로 무의미하다. 지금 이 시점에서 군대를 통해 평화를 유지한다는 주장이 대체 어떤 의미를 지니고, 사회 전체가 군사주의화되어 있다는 사실이 무엇을 말해주는지, 이러한 현재 상태가 과연 얼마나 정당한지가 진짜 물어져야 할 질문이다.

지금 당장 군대가 없어지면 어떻게 할 거냐는 비현실적인 질문은 처음부터 적절하지 않았다. 우리나라의 군대만 사라지고, 다른 나라의 군대는 그대로 있는 마법 같은 일은 당연히 불가능하다. 가능하지도 않은 일을 그 무엇보다 중요한 전제로 다루는 것은 오류이다.

그리고 우리는 2000년 전 로마시대에 살고 있는 것이 아니라 21세기에 살고 있다. 군대를 더 키우고 힘을 비축하는 방식으로만 세계를 바라보는 일, 특정 국가 안에서만 세계를 바라보는 일은 그 자체로 퇴행적이다.

이러한 시각들은 어린 아이들이 어른들 몰래 친구랑 싸우고서는 자기가 최고라고 운운하는 그런 수준 이상이 아니다. 당연히 올바르지도 않을 뿐더러 처음부터 어떠한 문제도 해결할 수 없는 방식이기도 하다. 설사 최소한의 물리력이 요구된다고 할지라도 우리가 우선적으로 고려해야 하는 일은 그 이전의 여러 정치적 상황들을 보다 평화롭게 만드는 일 아닐까? 적어도 우리가 이성적인 존재이려고 노력하는 한, 이는 당연한 결론이다.

두 번째 질문. 상대를 죽이지 않으면 자기가 죽는 상황이라면 어떻게 할 거냐는 질문. 이 거칠고 조야한 질문이 오랜 시간 나를 괴롭혔었다. 이 질문은 병역거부를 준비하며 가장 많이 고민했던 질문이자 과거에 군 입대를 했던 이유였기도 하다. 아무리 피하려도 해도 개념적으로 대면해야 하는 상황이 아닌가, 그리고 나는 이럴 때 분명히 상대를 죽일 텐데, 이런 내가 병역거부를 한다는 게 말이 되는가. 그러나 지금은 이에 대해 나름대로 대답할 수 있다.

간단하게 말해서 이 질문은 미리 대답을 준비해선 안 되는 질문이다. 설사 대답을 준비한다고 해도 무의미하다. 이 질문은 행동 방침을 묻는 질문이 아니다. 어떤 행동이 더 윤리적이냐고 묻는 질문이다.

그러나, 이 질문을 실제 삶에서 만났을 때, 무엇을 하든 결정된 행위는 윤리적으로 면책될 수 없다. 죽이든가 죽든가의 문제는 윤리적으로 미리 답을 내릴 수 있는 문제가 아니다. 이에 대해 우리가 미리 내릴 수 있는 윤리적 답이 있다면, 스스로를 그런 상황에 놓이지 않게 만들어야 한다는 것뿐이다.

나는 모든 대한민국 남성이 현실적으로 어쩔 수 없기에 군대를 가야 한다는 주장에 동의하지 않는다. 선택의 여지도 없이 군대 아니면 감옥을 요구하는 제도에도 동의하지 않으며, 그러한 주장과 제도들로 인해 우리 사회가 겪는 내부적인 문제가 너무나 심각하다고 생각한다.

이런 나에게 다시 한 번 선택의 순간이 다가왔다. 군대냐 감옥이냐, 두 가지 방향만이 있다. 나는 더 이상 정당한 의문들을 개인의 품성으로 돌리는 폭력의 문화를 받아들이지 않는다. 그 대신 인권과 평화의 문화를 보다 진지하게 받아들이려 한다. 더 좋은 삶을 위하여. 전쟁 없는 세상을 위하여.

2014. 3. 11 병역거부선언

우리는 군대를 거부한다

전쟁없는세상 엮음

초판 1쇄 발행 2014년 5월 15일

편집   나현영
디자인 최진규

펴낸곳 포도밭출판사
펴낸이 최진규
등록   2014년 1월 15일 제2014-000001호
주소   충청북도 옥천군 옥천읍 성암1길 30, 102동 1406호
전화   070-7590-6708
팩스   0303-3445-5184
전자우편 podobatpub@gmail.com

ISBN 979-11-952770-1-8 03300

이 도서의 국립중앙도서관 출판시도서목록(CIP)은
서지정보유통지원시스템 홈페이지(http://seoji.nl.go.kr)와
국가자료공동목록시스템(http://www.nl.go.kr/kolisnet)에서
이용하실 수 있습니다. [CIP제어번호: CIP2014014296]

이 책은 저작권법에 따라 보호받는 저작물이므로
무단전재와 복제를 금합니다.

책값은 뒤표지에 있습니다. 잘못된 책은 바꾸어 드립니다.